高职高专"十三五"规划教材

新编审计实务

(第2版)

申建英　董继睿　周金琳　主　编
张俊玲　夏祖兴　副主编

南京大学出版社

内容简介

本书是项目化教材,共8个项目:认识审计;初步业务活动与审计计划;销售与收款循环的审计;采购与付款循环的审计;生产与存货循环的审计;投资与筹资循环的审计;货币资金审计;完成审计工作与出具审计报告。

本书内容仿真性强;学做一体,注重技能训练;吸收新知识,运用新法规。

本书既可作为高等职业院校会计专业审计相关课程的主教材,也可作为会计和审计实务工作者的参考资料,还可作为其他审计教材的辅助用书。

图书在版编目(CIP)数据

新编审计实务 / 申建英,董继睿,周金琳主编. -- 2版. -- 南京:南京大学出版社,2016.8(2018.6重印)
高职高专"十三五"规划教材. 财会专业
ISBN 978-7-305-17202-1

Ⅰ.①新… Ⅱ.①申… ②董… ③周… Ⅲ.①审计学-高等职业教育-教材 Ⅳ.①F239.0

中国版本图书馆 CIP 数据核字(2016)第 146365 号

出版发行	南京大学出版社
社　　址	南京市汉口路22号　邮　编　210093
出 版 人	金鑫荣
丛 书 名	高职高专"十三五"规划教材·财会专业
书　　名	新编审计实务(第2版)
主　　编	申建英　董继睿　周金琳
策划编辑	胡伟卷
责任编辑	许振伍　府剑萍　编辑热线　010-88252319
照　　排	北京圣鑫旺文化发展中心
印　　刷	丹阳市兴华印刷厂
开　　本	787×1092　1/16　印张　17.5　字数　486千
版　　次	2016年8月第2版　2018年6月第2次印刷
ISBN 978-7-305-17202-1	
定　　价	42.00元
网　　址	http://www.njupco.com
官方微博	http://weibo.com/njupco
官方微信号	njuyuexue
销售咨询热线:(025)83594756	

* 版权所有,侵权必究

* 凡购买南大版图书,如有印装质量问题,请与所购图书销售部门联系调换

第2版前言

自《新编审计实务》出版以来,受到了读者和教师的普遍欢迎,同时由于审计环境发生了一系列变化,审计理论和实务进一步发展,因此本版在第1版的基础上对部分内容进行了修订。修订后的内容总体上还是分8个项目:认识审计;初步业务活动与审计计划;销售与收款循环的审计;采购与付款循环的审计;生产与存货循环的审计;投资与筹资循环的审计;货币资金审计;完成审计工作与出具审计报告。

修订的内容主要是:项目1,增加了审计要素,修订了审计目标、审计重要性含义、审计证据的特性,增加了审计证据的分类、审计程序、审计工作底稿的编制目的,修订了内部控制五大要素含义、统计抽样和非统计抽样;项目2,增加了对内部控制描述的方法。项目3至项目7,修订了内部控制和控制测试的内容。同时,对各项目的实例也作了修订,力求与教学内容一致。

本书仍以会计师事务所执行被审计单位年度财务报表审计业务为主线,以"工学结合"人才培养模式的实施为目标,讲解深入浅出、易学易懂。本书具有如下特点。

1. 内容仿真性强

本书在内容组织上按照会计师事务所执行被审计单位年度财务报表审计的业务流程组织,有较强的仿真性,尽可能地接近实际操作流程。

2. 学做一体,注重技能训练

为了方便学习,加深理解,开阔思路,更好地掌握知识和技能,本书在教学内容中安排了丰富的教学案例和技能训练题,体现了"学中做,做中学"的教学理念。

3. 吸收新知识,运用新法规

本书在编写的过程中,力求按照新法规、新要求编写,以便读者能学到最新的理论和法规。特别是涉及营改增的业务,均相应作了修订。

本书由申建英、董继睿、周金琳担任主编,张俊玲、夏祖兴担任副主编。申建英负责拟定全书架构,并统筹定稿,同时编写项目1、项目4;董继睿编写项目2、项目3;周金琳编写项目5、项目6;张俊玲编写项目7、项目8。

在本书的编写过程中,编者参阅了大量的著作和文献,在此谨向各位作者表示诚挚的谢意。金华安泰会计师事务所的夏祖兴董事长审阅了编写提纲并提出了宝贵意见,在此一并表示谢意。

由于编者水平所限,书中难免存在疏漏之处,恳请各位读者批评指正。

编 者

下载本书PPT

第1版前言

随着审计环境发生的一系列变化,审计理论与实务也发生了很大变化,主要表现为风险导向审计模式的推广、审计理念的更新、执业准则的国际趋同等。近几年我国高职高专教育改革蓬勃发展。2006年11月16日,教育部发布了教高〔2006〕16号文件,提出要积极与行业企业合作开发课程,建立突出职业能力培养的课程标准,建设融"教、学、做"为一体,强化学生职业能力培养的优质教材。基于此,南京大学出版社组织全国部分高等职业院校中具有丰富审计专业知识和教学经验的教师编写了这本教材。

本教材以会计师事务所执行被审计单位年度财务报表审计业务为主线,以"工学结合"人才培养模式的实施为目标,在教学内容的组织和表现形式方面与传统教材有较大区别。本教材在编写过程中充分借鉴了现有审计教材的优点,并吸收了审计理论和实践的最新成果,能够满足高职高专教学"理论够用、重在操作"的教学需要,深入浅出,易学易懂。其特点具体如下。

1. 内容仿真性强

本教材在内容上按照会计师事务所执行被审计单位年度报表审计的业务流程组织,有较强的仿真性,尽可能接近实际操作流程。

2. 理论够用,突出实务

本教材审计理论内容精练,突出审计实务操作,对财务报表各项目审计的操作程序做了较详细的阐述。

3. 学做一体,注重技能训练

为了方便读者学习、加深理解、开阔思路,从而更好地掌握知识和技能,本教材安排了丰富的教学案例和技能训练题,体现了"学中做、做中学"的教学理念。

4. 吸收新知识,运用新法规

本教材以新审计准则和会计准则为指导,力求按照新法规、新要求编写,以便读者能学到最新的、最前沿的审计理论和法规。

本教材共分8个项目。由申建英、吴玲萍担任主编,赵爱月、夏祖兴担任副主编。申建英负责全书篇章架构,并统筹定稿,同时编写项目1、项目4。其他各项目的编写人员分别为赵爱月(项目3、项目8)、吴玲萍(项目6)、钟顺东(项目2)、王晓辉(项目5)、谭桂荣(项目7)。本教材由楼土明教授担任主审。

在本教材的编写过程中,编者参阅了大量的著作和文献,在此谨向各位作者表示诚挚的谢意。金华安泰会计师事务所的夏祖兴董事长审阅了教材编写提纲并提出了宝贵意见,在此一并表示谢意。

由于编者水平所限,书中难免存在疏漏之处,恳请各位读者批评指正。

编 者

目录

项目1 认识审计 / 1
  1.1 注册会计师审计概述 / 2
    1.1.1 注册会计师审计的概念 / 2
    1.1.2 审计要素 / 2
    1.1.3 注册会计师管理制度 / 2
    1.1.4 注册会计师执业准则体系与职业道德守则 / 4
  1.2 审计目标 / 7
    1.2.1 注册会计师的总体目标 / 7
    1.2.2 财务报表审计的责任 / 7
    1.2.3 管理层认定 / 8
    1.2.4 审计的具体目标 / 9
  1.3 审计工作过程 / 11
  1.4 审计风险与审计重要性 / 12
    1.4.1 审计风险的构成及其关系 / 12
    1.4.2 审计重要性 / 14
    1.4.3 重要性与审计风险的关系 / 19
  1.5 审计证据与审计工作底稿 / 19
    1.5.1 审计证据的特性 / 19
    1.5.2 审计证据的分类 / 21
    1.5.3 审计程序 / 21
    1.5.4 审计工作底稿的编制 / 22
  1.6 内部控制 / 25
    1.6.1 内部控制的含义和五大构成要素 / 25
    1.6.2 与审计相关的控制 / 27
    1.6.3 内部控制的固有局限 / 27
  1.7 审计抽样 / 27
    1.7.1 审计抽样的含义 / 27
    1.7.2 统计抽样和非统计抽样 / 28
    1.7.3 抽样风险和非抽样风险 / 28
    1.7.4 审计抽样的基本步骤 / 29
  技能训练 / 32

项目2 初步业务活动与审计计划 / 35
  2.1 接受业务委托 / 36
    2.1.1 初步业务活动的目的和内容 / 36
    2.1.2 了解被审计单位的基本情况 / 37
    2.1.3 评价客户接受与保持条件 / 38
    2.1.4 与客户商谈业务约定书的内容 / 40
    2.1.5 完成业务承接评价表的填制 / 40
    2.1.6 签订审计业务约定书 / 41
  2.2 编制审计计划 / 44
    2.2.1 编写总体审计策略 / 44
    2.2.2 编制具体的审计计划 / 46
  2.3 实施风险评估程序 / 47
    2.3.1 了解被审计单位及其环境 / 47
    2.3.2 了解被审计单位的内部控制 / 50
    2.3.3 评估重大错报风险 / 55
    2.3.4 风险应对 / 56
    2.3.5 控制测试 / 57
    2.3.6 实质性程序 / 59
    2.3.7 风险评估程序的实施过程 / 61
  技能训练 / 64

项目3 销售与收款循环的审计 / 68
  3.1 销售与收款循环的内部控制和控制测试 / 69
    3.1.1 销售与收款循环的内部控制 / 69
    3.1.2 销售与收款循环的控制测试 / 71
    3.1.3 销售与收款循环内部控制工作底稿的参考格式 / 72
  3.2 销售与收款交易的实质性程序 / 81
    3.2.1 销售与收款交易的实质性

目录

    程序 / 81
  3.2.2 收款交易的细节测试 / 85
  3.3 营业收入的实质性程序 / 85
  3.4 应收账款和坏账准备的实质性
    程序 / 91
    3.4.1 应收账款的实质性程序 / 92
    3.4.2 坏账准备的实质性程序 / 99
  3.5 应交税费的实质性程序 / 102
  3.6 销售费用的实质性程序 / 105
  3.7 其他账户的实质性程序 / 107
    3.7.1 应收票据的实质性程序 / 107
    3.7.2 预收款项的实质性程序 / 109
  技能训练 / 110

项目 4　采购与付款循环的审计 / 113
  4.1 采购与付款循环的内部控制与控
    制测试 / 114
    4.1.1 采购与付款循环的内部控制 / 114
    4.1.2 了解并记录固定资产的内部
      控制 / 117
    4.1.3 采购与付款循环的控制测试 / 118
  4.2 采购与付款循环的实质性程序 / 119
    4.2.1 采购与付款循环交易的实质
      性程序 / 119
    4.2.2 应付账款的实质性程序 / 120
    4.2.3 固定资产与累计折旧的实质
      性程序 / 124
    4.2.4 管理费用的实质性程序 / 136
    4.2.5 其他账户的实质性程序 / 139
  技能训练 / 140

项目 5　生产与存货循环的审计 / 144
  5.1 生产与存货循环的内部控制与控
    制测试 / 145
    5.1.1 生产与存货循环的内部控制 / 145
    5.1.2 生产与存货循环的控制测试 / 148
  5.2 生产与存货循环的实质性程序 / 149
    5.2.1 生产与存货循环交易的实质
      性程序 / 149
    5.2.2 存货的实质性程序 / 150

    5.2.3 材料采购的实质性程序 / 158
    5.2.4 原材料的实质性程序 / 159
    5.2.5 库存商品的实质性程序 / 163
    5.2.6 生产成本的实质性程序 / 167
    5.2.7 制造费用的实质性程序 / 168
    5.2.8 营业成本的实质性程序 / 169
  技能训练 / 173

项目 6　投资与筹资循环的审计 / 176
  6.1 投资与筹资循环的内部控制与控
    制测试 / 177
    6.1.1 了解投资与筹资循环的特性 / 177
    6.1.2 投资与筹资循环的内部
      控制 / 178
  6.2 投资活动的内部控制与控制测试 / 179
    6.2.1 投资活动内部控制的主要
      内容 / 179
    6.2.2 投资活动的控制测试 / 180
  6.3 投资交易的实质性程序 / 180
    6.3.1 交易性金融资产的实质性
      程序 / 180
    6.3.2 可供出售金融资产的实质性
      程序 / 183
    6.3.3 持有至到期投资的实质性
      程序 / 186
    6.3.4 长期股权投资的实质性程序 / 187
    6.3.5 应收利息的实质性程序 / 190
    6.3.6 投资收益的实质性程序 / 191
    6.3.7 应收股利的实质性程序 / 191
  6.4 筹资活动的内部控制与控制测试 / 192
  6.5 筹资交易的实质性程序 / 193
    6.5.1 短期借款的实质性程序 / 193
    6.5.2 长期借款的实质性程序 / 195
    6 5.3 应付债券的实质性程序 / 197
    6.5.4 财务费用的实质性程序 / 198
    6.5.5 实收资本（股本）的实质性
      程序 / 200
    6.5.6 资本公积的实质性程序 / 202
    6.5.7 盈余公积的审计 / 204

        6.5.8　未分配利润的审计 / 205
        6.5.9　应付股利的审计 / 206
    技能训练 / 207
项目 7　货币资金审计 / 210
    7.1　货币资金的内部控制与控制测试 /211
        7.1.1　货币资金与各业务循环的关系 / 211
        7.1.2　了解货币资金的内部控制 /211
        7.1.3　货币资金涉及的主要凭证和会计记录 / 213
        7.1.4　货币资金内部控制制度测试 /213
    7.2　货币资金的实质性程序 / 214
        7.2.1　货币资金的审计目标 / 214
        7.2.2　库存现金的实质性程序 / 215
        7.2.3　银行存款的实质性程序 / 218
        7.2.4　其他货币资金的实质性程序 /221

项目 8　完成审计工作与出具审计报告 / 227
    8.1　完成审计工作 / 228
        8.1.1　汇总审计差异 / 228
        8.1.2　考虑持续经营假设 / 239
        8.1.3　或有事项 / 243
        8.1.4　期后事项 / 245
        8.1.5　获取律师声明书 / 249
        8.1.6　管理层声明 / 250
    8.2　出具审计报告 / 254
        8.2.1　审计报告的基本内容 / 254
        8.2.2　标准审计报告 / 255
        8.2.3　非标准审计报告 / 256
    技能训练 / 262

参考文献 /267

项目 1

认识审计

知识目标

1. 了解注册会计师审计的概念、注册会计师管理制度。
2. 了解注册会计师的执业规范。
3. 了解审计总目标和具体审计目标的含义。
4. 了解审计的工作过程。
5. 了解审计重要性和审计风险的含义及其关系。
6. 了解审计证据和审计工作底稿的含义。
7. 了解内部控制的含义及构成要素。

能力目标

1. 能区分审计责任与会计责任。
2. 能运用获取审计证据的方法。
3. 能掌握审计工作底稿编制的一般方法。
4. 能在审计各阶段运用审计重要性原则。

引例 审计能降低信息风险，你了解吗？——一位信贷经理的决策逻辑

王启亮是大丰银行的信贷经理，他正在对某企业的贷款申请作决策。他认为，进行这个决策需要考虑借款人的财务报表所反映的财务状况。如果决定贷款给企业，那么贷款利率主要由 3 个因素决定：①无风险利率——该利率近似等于期限相同的国库券所能取得的收益率；②客户的经营风险——这一风险反映了客户由于环境或自身状况的变化而不能偿还贷款的可能性；③信贷决策的信息风险——这一风险反映的是信贷决策所依据的信息不正确的可能性，而财务报表不正确的可能性是导致信息风险的一个重要因素。

王经理进一步认为，对于无风险利率和客户的经营风险本身，他是无能为力的，唯一能够做到的是降低决策的信息风险，进而正确地评估客户的经营风险。那么，如何才能降低信息风险呢？他认为在理论上有 3 种途径：①由他自己亲自验证借款人的财务报表信息；②让银行和借款人共同分担信息风险；③要求借款人提供已审计的财务报表。

经过仔细考虑，他认为前两种途径都是不可取的。在第 1 种途径下，虽然他可以直接去借款人现场检查相关的记录，以取得有关报表可靠性的信息，但这并非他的专长，成本高得不可接受。在第 2 种途径下，如果因依赖了不正确的财务报表而遭受损失，可以对企业管理层起诉，但一旦公司因破产无法偿还贷款，企业管理层也不可能有足够的资金偿还贷款。因此，他认为还是第 3 种途径最为稳健——如果借款人的财务报表已经过审计，就可以认为其信息风险很小，从而可以考虑降低借款利率。

如果是你,你也会这样考虑吗?

1.1 注册会计师审计概述

1.1.1 注册会计师审计的概念

注册会计师审计起源于企业所有权和经营权的分离,是市场经济发展到一定阶段的产物。从发展历史看,注册会计师审计最早起源于意大利合伙企业,在英国股份公司出现后得以形成,伴随着美国资本市场的发展而发展和完善。

中国注册会计师审计的历史比西方国家要短得多,始于辛亥革命之后。在新中国成立初期,注册会计师审计在国民经济恢复中发挥了积极作用,但后来由于我国推行苏联高度集中的计划经济模式,注册会计师便悄然退出了经济舞台。在党的十一届三中全会以后,我国把工作中心转移到社会主义经济建设上来,商品经济得到迅速发展,为注册会计师制度的恢复重建创造了客观条件。

注册会计师审计是指注册会计师对财务报表是否不存在重大错报提供合理保证,以积极方式提出意见,增强除管理层之外的预期使用者对财务报表的信赖程度。

知识链接

审计按执行主体不同可划分为政府审计、内部审计和注册会计师审计。政府审计是由代表政府行使审计监督权的行政机关依法进行的审计。政府审计主要对本级各部门(含直属单位)和下级政府预算的执行情况和决算,以及预算外资金的管理和使用情况进行审计监督。内部审计是由部门内部审计机构和单位内部审计机构对本部门、本单位实施的审计,主要监督检查本部门、本单位的财务收支和经营管理活动。

1.1.2 审计要素

审计旨在增进某一鉴证对象信息的可信性。注册会计师通过收集充分、适当的证据来评价财务报表是否在所有重大方面符合会计准则,并提出审计报告,从而提高财务报表的可信性。因此,审计要素包括审计业务的三方关系、财务报表(鉴证对象)、财务报表编制基础(标准)、审计证据和审计报告。

1.1.3 注册会计师管理制度

1. 注册会计师考试

注册会计师是指依法取得注册会计师证书并接受委托从事审计和会计咨询、会计服务等业务的执业人员。具有高等专科以上学校毕业的学历,或者具有会计或相关专业中级以上技术职称的中国公民,可以申请参加由中国注册会计师协会组织实施的注册会计师全国统一考试。

2. 注册会计师业务范围

根据《中华人民共和国注册会计师法》(以下简称《注册会计师法》)的规定,注册会计师依法承办审计业务和会计咨询、会计服务业务。此外,注册会计师还根据委托人的委托,从事审阅业务、其他鉴证业务和相关服务。

(1) 审计业务

① 审查企业财务报表,出具审计报告。

② 验证企业资本,出具验资报告。

③ 办理企业合并、分立、清算事宜中的审计业务,出具有关的报告。

④ 办理法律、行政法规规定的其他审计业务,出具相应的审计报告。

(2) 审阅业务

(3) 其他鉴证业务

对非历史的财务信息(如招股说明书、贷款的未来现金流量预测等)、非财务信息(药品疗效、奖票统计等)进行鉴证。

(4) 相关服务

① 对财务信息执行商定程序。

② 代编财务信息。

③ 税务服务。

④ 管理咨询。

⑤ 会计服务。

3. 会计师事务所

会计师事务所是注册会计师依法承办业务的机构。根据《注册会计师法》的规定,我国会计师事务所分为合伙制和有限责任制两种组织形式。纵观世界各国会计师事务所的发展,会计师事务所主要有独资、普通合伙、有限责任、有限责任合伙4种组织形式。

(1) 独资会计师事务所

独资会计师事务所是指具有注册会计师执业资格的人员独立开业,承担无限责任的会计师事务所。独资会计师事务所的优点是可以满足规模较小的企业代理记账、纳税等方面的需求,但是作为单一所有者的注册会计师应对其行为承担无限责任,无力承担大型业务。

(2) 普通合伙会计师事务所

普通合伙会计师事务所是由两位或两位以上注册会计师作为合伙人而组成的合伙性质的会计师事务所。其债务由合伙人按出资比例或协议的约定,以各自的财产承担责任,合伙人对会计师事务所的债务承担连带责任。

(3) 有限责任会计师事务所

有限责任会计师事务所是指由注册会计师出资发起设立、承办注册会计师业务并负有限责任的社会中介机构。以有限责任方式设立的会计师事务所以其全部资产对其债务承担责任,会计师事务所的出资人承担的责任以其出资额为限。

（4）有限责任合伙会计师事务所

有限责任合伙会计师事务所是指事务所以全部资产对其债务承担责任，各合伙人只对个人执业行为承担无限责任的一种会计师事务所。

1.1.4 注册会计师执业准则体系与职业道德守则

中国注册会计师执业准则体系受注册会计师职业道德守则统御，包括注册会计师业务准则和会计师事务所质量控制准则，如图1.1所示。注册会计师业务准则包括鉴证业务准则和相关服务准则。

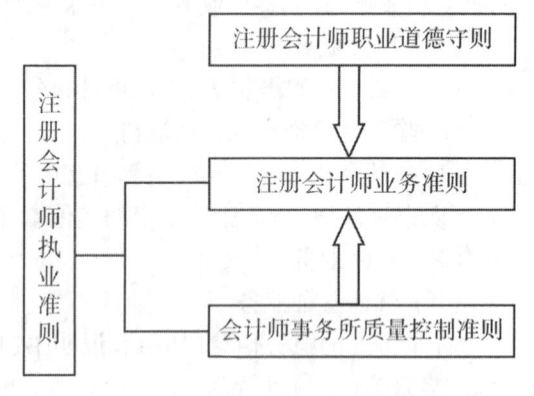

图1.1 注册会计师执业准则体系

1. 鉴证业务准则

鉴证业务准则由鉴证业务基本准则统领。

按照鉴证业务提供的保证程度和鉴证对象的不同，鉴证业务准则分为中国注册会计师审计准则、中国注册会计师审阅准则和中国注册会计师其他鉴证业务准则（以下分别简称审计准则、审阅准则和其他鉴证业务准则）。其中，审计准则是整个业务准则体系的核心。

审计准则用来规范注册会计师执行历史财务信息的审计业务。在提供审计服务时，注册会计师采用检查记录或文件、检查有形资产、观察、询问、函证、重新计算、重新执行、分析等方法，获得充分恰当的审计证据，对所审计的信息是否不存在重大错报提供合理保证，并以积极方式提出结论。

审阅准则用来规范注册会计师执行历史财务信息的审阅业务。在提供审阅服务时，注册会计师通常采用询问和分析程序的方法收集证据，对所审阅的信息是否不存在重大错报提供有限保证，并以消极方式提出结论。中国注册会计师审阅准则即《中国注册会计师审阅准则第2101号——财务报表审阅》。

其他鉴证业务准则用来规范注册会计师执行历史财务信息审计或审阅以外的其他鉴证业务，如预测性财务信息鉴证、内部控制鉴证等，根据鉴证业务的性质和业务约定的要求，提供有限保证或合理保证。

2. 相关服务准则

相关服务准则用来规范注册会计师代编财务信息、执行商定程序、管理咨询等其他服务。在提供相关服务时，注册会计师不提供任何限度的保证。

3. 质量控制准则

质量控制准则适用于会计师事务所及其人员对财务信息审计和审阅业务、其他鉴证业务及相关服务业务的质量控制，是对会计师事务所及其人员提出的质量控制政策和程序要求。其主要内容包括针对下列要素制定的政策和程序：对业务质量承担的领导责任，职业道德规范，客户关系和具体业务的接受与保持，人力资源，业务执行，业务工作底稿和监控。

4. 注册会计师职业道德守则

中国注册会计师职业道德守则是用来规范中国注册会计师协会会员职业道德行为,提高职业道德水准,维护社会公众利益的准则。

（1）职业道德基本原则

① 诚信原则。这要求会员应当在所有的职业关系和商业关系中保持正直和诚实,秉公处理,实事求是。

② 独立原则。这要求会员,尤其是执业会员,在提供审计和其他鉴证业务时应当保持形式上和实质上的独立。

实质上的独立是一种内心状态,要求注册会计师在提出结论时不受有损于职业判断的因素影响,能够诚实公正行事,并保持客观和职业怀疑态度。

形式上的独立要求注册会计师避免出现这样重大的事实和情况,即一个理性且掌握充分信息的第三方在权衡这些事实和情况后,很可能推定会计师事务所或项目组成员的诚信、客观或职业怀疑态度已受到损害。

③ 客观和公正原则。这要求会员应当实事求是,不应因偏见、利益冲突及他人的不当影响而损害职业判断。

④ 专业胜任能力和应有的关注原则。专业胜任能力要求会员应当持续了解并掌握当前法律、技术和实务的发展变化,将专业知识和技能始终保持在应有的水平,确保为客户提供具有专业水准的服务;应有的关注要求会员遵守执业准则和职业道德规范的要求,勤勉尽责,按照有关工作要求,认真、全面、及时地完成工作任务,在审计中保持职业怀疑态度,运用专业知识、技能和经验,获取和评价审计证据。

⑤ 保密原则。这要求会员应当对因职业关系和商业关系而获知的信息予以保密。

⑥ 良好的职业行为原则。注册会计师应当遵守相关法律法规,避免有损职业声誉的行为发生。不得夸大宣传所提供的服务、资质、经验,不得诋毁或者无根据地比较其他事务所或注册会计师的工作。

（2）可能对职业道德基本原则产生不利影响的因素

对遵守职业道德基本原则的威胁可能来自于各种情况。威胁可以归纳为以下5类。

① 自身利益威胁。如果经济利益或其他利益对会员的职业判断或行为产生不当影响,将产生自身利益威胁。其具体表现有以下几点。
- 鉴证业务项目组成员在鉴证客户中拥有直接经济利益。
- 会计师事务所的收入过分依赖某一客户。
- 鉴证业务项目组成员与鉴证客户存在重要的密切商业关系。
- 会计师事务所担心可能失去某一重要客户。
- 审计项目组成员与审计客户进行雇用协商。
- 会计师事务所与鉴证业务相关的或有收费安排。
- 在评价其所在会计师事务所的人员以前提供专业服务的结果时,注册会计师发现重大错误。

② 自我评价威胁。如果会员对其以前的判断或服务结果作出不恰当的评价,并且将据此形成的判断作为当前服务的组成部分,将产生自我评价威胁。其具体表现有以下几点。

项目 1 认识审计

- 会计师事务所设计或运行财务系统后,对该财务系统运行的有效性出具鉴证报告。
- 会计师事务所编制用于生成有关记录的原始数据,又将这些数据作为鉴证对象。
- 鉴证业务项目组成员现在是或最近曾是客户的董事或高级管理人员。
- 鉴证业务项目组成员现在受雇于或最近曾受雇于客户,且在客户中担任能够对鉴证对象产生重大影响的职务。
- 会计师事务所为鉴证客户提供的其他服务,直接影响鉴证业务中的鉴证对象信息。

③ 过度推介威胁。如果会员过度推介客户或雇用单位的某种立场或意见,会使其客观性受到损害,将产生过度推介威胁。其具体表现如下。

- 会计师事务所推介审计客户的股份。
- 在鉴证客户与第三方发生诉讼或纠纷时,注册会计师担任该客户的辩护人。

④ 密切关系威胁。如果会员与客户或雇用单位存在长期或亲密的关系而过于倾向于它们的利益,将产生密切关系威胁。其具体表现有以下几点。

- 项目组成员与客户的董事或高级管理人员存在直系亲属或近亲属关系。
- 项目组成员与客户某员工存在直系亲属或近亲属关系,而该员工所处职位能够对业务对象产生重大影响。
- 客户的董事或管理层,或者所处职位能够对业务对象产生重大影响的员工最近曾是会计师事务所的合伙人。
- 注册会计师接受客户的礼品或享受优惠待遇,除非所涉价值微小。
- 会计师事务所的高级员工长期与某一鉴证客户发生关联。

⑤ 外在压力威胁。如果会员受到实际的压力或感受到压力而无法客观行事,将产生外在压力威胁。其具体表现有以下几点。

- 会计师事务所受到客户解除业务关系的威胁。
- 如果会计师事务所坚持不同意审计客户对某项交易的会计处理,审计客户可能不将计划中非鉴证服务合同提供给该会计师事务所。
- 会计师事务所受到客户的起诉威胁。
- 会计师事务所受到因降低收费而不恰当地缩小工作范围的压力。
- 由于客户的员工对所涉事项更具有专长,会计师事务所面临同意客户员工判断的压力。
- 注册会计师被会计师事务所合伙人告知,除非同意审计客户的不恰当会计处理,否则将不被提升。

在具体工作中,应对不利影响的防范措施包括会计师事务所层面的防范措施和具体业务层面的防范措施。

课堂训练

请根据提供的有关情况,作出专业判断。

(1) 下列情况中属于产生自身利益威胁的有(　　　　)。

　　A. 项目组成员在被审计单位有直接经济利益

　　B. 审计项目组成员与审计客户进行雇用协商

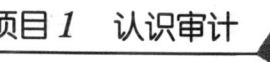

C. 审计项目负责人长期与被审计单位总裁个人发生借贷关系
D. 会计师事务所承接的审计业务没有采用或有收费安排

（2）下列情况中属于产生自我评价威胁的有（　　　　）。
A. 审计项目组成员一年前是客户的董事或高级管理人员
B. 审计项目组成员与审计客户的董事存在直系亲属关系
C. 审计客户的董事最近曾是会计师事务所的合伙人
D. 审计项目负责人最近曾受雇于客户

1.2 审计目标

审计目标是在一定历史环境下，人们通过审计实践活动所期望达到的境地或最终结果。它包括财务报表审计目标及与各类交易、账户余额、列报相关的审计目标两个层次。

1.2.1 注册会计师的总体目标

《中国注册会计师审计准则第 1101 号——注册会计师的总体目标和审计工作的基本要求》指出注册会计师的总体目标为：

① 对财务报表整体是否不存在由于舞弊或错误导致的重大错报获取合理保证，使得注册会计师能够对财务报表是否在所有重大方面按照适用的财务报告编制基础编制发表审计意见。

② 按照审计准则的规定，根据审计结果对财务报表出具审计报告，并与管理层和治理层沟通。

1.2.2 财务报表审计的责任

在财务报表审计中，被审计单位管理层和治理层与注册会计师承担着不同的责任，不能互相混淆和替代。明确划分责任，不仅有助于被审计单位管理层和治理层与注册会计师认真履行各自的职责，为财务报表及其审计报告的使用者提供有用的经济决策信息，还有利于保护各方的正当权益。

1. 管理层和治理层的责任

企业的所有权与经营权分离后，经营者负责企业的日常经营管理并承担受托责任。管理层通过编制财务报表反映受托责任的履行情况。管理层对编制财务报表承担责任，通过签署财务报表确认这一责任。

管理层对编制财务报表的责任具体包括以下几点。

① 选择适用的会计准则和相关会计制度。管理层应当根据会计主体性质和财务报表的编制目的，选择适用的会计准则和相关会计制度，并按照适用的会计准则和相关会计制度编制和列报财务报表。例如，就会计主体的性质而言，民间非营利组织适合采用《民间非营利组织会计制度》，事业单位通常适合采用《事业单位会计制度》，而企业根据规模或行业性质，分别适合采用《企业会计准则》《企业会计制度》《金融企业会计制度》和《小企业会计制度》等。

② 选择和运用恰当的会计政策。会计政策是指企业在会计确认、计量和报告中所采用的原则、基础和会计处理方法。管理层应当根据企业的具体情况,选择和运用恰当的会计政策。

③ 根据企业的具体情况,作出合理的会计估计。会计估计是指企业对其结果不确定的交易或事项以最近可利用的信息为基础所作的判断。财务报表中涉及大量的会计估计,如固定资产的预计使用年限和净残值、应收账款的可收回金额、存货的可变现净额,以及预计负债的金额等。管理层有责任根据企业的实际情况,作出合理的会计估计。

2. 注册会计师的责任

按照中国注册会计师审计准则的规定对财务报表发表审计意见,是注册会计师的责任。注册会计师作为独立的第三方,对财务报表发表审计意见,有利于提高财务报表的可信赖程度。为了履行这一职责,注册会计师应当遵守职业道德规范,按照审计准则的规定计划和实施审计工作,获取充分、适当的审计证据,并根据获取的审计证据得出合理的审计结论,发表恰当的审计意见。注册会计师通过签署审计报告确认其责任。

3. 两种责任不能相互取代

财务报表审计不能免除或减轻被审计单位管理层和治理层的责任。

财务报表中如果含有错报、漏报,管理层和治理层应承担完全责任;如果财务报表存在重大错报,而注册会计师通过审计没有能够发现,也不能因为财务报表已经过注册会计师审计这一事实而减轻管理层和治理层对财务报表的责任;如果财务报表存在重大错报,且由于注册会计师的问题而未发现,则表明注册会计师没有履行好审计责任。

1.2.3 管理层认定

管理层认定是指管理层对财务报表组成要素的确认、计量、列报作出的明确或隐含的表达。管理层认定与审计目标密切相关——注册会计师的基本职责就是确定被审计单位管理层对其财务报表的认定是否恰当。

管理层对财务报表组成要素认定的内容主要包括以下几个方面。

1. 与各类交易和事项相关的认定

① 发生。这是指记录的交易和事项已发生且与被审计单位有关。
② 完整性。这是指所有应当记录的交易和事项均已记录。
③ 准确性。这是指与交易和事项有关的金额及其他数据已恰当记录。
④ 截止。这是指交易和事项已记录于正确的会计期间。
⑤ 分类。这是指交易和分类已记录于恰当的账户。

2. 与期末账户余额相关的认定

① 存在。这是指记录的资产、负债和所有者权益是存在的。
② 权利和义务。这是指记录的资产由被审计单位拥有或控制,记录的负债是被审计单位应当履行的偿还义务。
③ 完整性。这是指所有应当记录的资产、负债和所有者权益均已记录。
④ 计价和分摊。这是指资产、负债和所有者权益以恰当的金额包括在财务报表中,与

之相关的计价和分摊调整已恰当记录。

3. 与列报相关的认定

① 发生及权利和义务。这是指披露的交易、事项和其他情况已发生,且与被审计单位有关。

② 完整性。这是指所有应当在财务报表中的披露均已包括。

③ 分类和可理解性。这是指财务信息已被恰当地列报和描述,且披露内容表达清楚。

④ 准确性和计价。这是指财务信息和其他信息已公允披露,且金额恰当。

1.2.4 审计的具体目标

注册会计师在了解了管理层的认定及财务报表的审计总体目标的基础上,确定每个项目的具体审计目标,并以此作为评估重大错报风险及设计和实施进一步审计程序的基础。

1. 与各类交易和事项相关的审计目标

① 发生。这是指由发生认定推导出的审计目标是确认已记录的交易是真实的。发生认定所要解决的问题是管理层是否把那些不曾发生的项目列入财务报表。它主要与财务报表组成要素的低估有关。

提示 如果没有发生销售交易,但在销售明细账中记录了一笔销售,则违反了该目标。

② 完整性。这是指由完整性认定推导出的审计目标是确认已发生的交易确实已经记录。它主要与财务报表组成要素的低估有关。

提示 如果发生了销售交易,但没有在销售明细账和总账中记录,则违反了该目标。

③ 准确性。这是指由准确性认定推导出的审计目标是确认已记录的交易是按正确的金额反映的。

提示 如果在销售交易中,发出商品的数量与账单上的数量不符,或者是开账单时使用了错误的销售价格,或者是账单中的乘积或加总有误,或者是在销售明细账中记录了错误的金额,则违反了该目标。

④ 截止。这是指由截止认定推导出的审计目标是确认接近资产负债表日的交易记录于恰当的期间。

提示 如果本期交易推到下期,或者下期交易提到本期,均违反了截止目标。

⑤ 分类。这是指由分类推导出的审计目标是确认被审计单位记录的交易经过适当分类。

提示 如果将现销记录为赊销,将出售经营性固定资产所得的收入记录为营业收入,则导致交易分类的错误,违反了分类目标。

2. 与期末余额相关的审计目标

① 存在。这是指由存在认定推导出的审计目标是确认记录的金额确实存在。

提示 如果是不存在某客户的应收账款,却在应收账款明细表中列入了对该客户的应收账款,则违反了存在性目标。

② 权利和义务。这是指由权利和义务认定推导出的审计目标是确认资产归属于被审

计单位,负债属于被审计单位的义务。

提示 如果将他人寄售的商品列入被审计单位的存货中,则违反了权利目标;如果将不属于被审计单位的债务记入账内,则违反了义务目标。

③ 完整性。这是指由完整性认定推导出的审计目标是确认已存在的金额均已记录。

提示 如果存在某客户的应收账款,应收账款明细表中却没有列入对该客户的应收账款,则违反了完整性目标。

④ 计价和分摊。这是指资产、负债和所有者权益以恰当的金额包括在财务报表中,与之相关的计价或分摊调整已恰当记录。

3. 与列报相关的审计目标

① 发生及权利和义务。如果将没有发生的交易和事项,或者将与被审计单位无关的交易和事项包括在财务报表中,则违反了该目标。

提示 如果被审计单位拥有被抵押的固定资产,则需要将其在财务报表中列报,并说明与之相关的权利受到限制。

② 完整性。如果应该披露的交易和事项没有包括在财务报表中,则违反了该目标。

提示 检查关联方和关联交易,以验证其在财务报表中是否得到充分披露,即是对列报的完整性认定的运用。

③ 分类和可理解性。这是指财务信息已被恰当地列报和描述,且披露内容表述清楚。

提示 检查存货的主要类别是否已披露,是否将一年内到期的长期负债列为流动负债,即是对列报的分类和可理解性认定的运用。

④ 准确性和计价。这是指财务信息和其他信息已公允披露,且金额恰当。

提示 检查财务报表附注是否分别对原材料、在产品和产成品等存货成本核算方法作出恰当说明,即是对列报的准确性和计价认定的运用。

管理层认定是确定审计目标的基础。注册会计师通常将管理层认定转化为能够通过审计程序予以实现的审计目标。管理层认定、审计目标与审计程序之间的关系举例如表1.1所示。

表1.1 管理层认定、审计目标和审计程序之间的关系举例

管理层认定	审计目标	审计程序
存在性	资产负债表列示的存货存在	实施存货监盘程序
完整性	销售收入包括了所有已发货的交易	检查发货单、销售发票的编号及销售明细账
准确性	应收账款反映的销售业务基于正确的价格和数量,计算准确	比较价格清单和发票上的价格、发货单与销售订购单上的数量是否一致,重新计算发票上的金额
截止	销售业务记录在恰当期间	比较上一年度的最后几天和下一年度最初几天的发货单日期与记账日期
权利和义务	资产负债表中的固定资产确实为公司所有	查阅所有权证书、购货合同、结算单和保险单
计价和分摊	以净值记录应收账款	检查应收账款账龄分析表,评估计提的坏账准备是否充分

课堂训练

注册会计师通常依据各类交易、账户余额和列报的相关认定确定审计目标,请根据审计目标设计审计程序。以下给出了采购交易的审计目标,并列举了部分实质性程序。

1) 将采购明细账中记录的交易同购货发票、验收单和其他证明文件比较。
2) 根据购货发票反映的内容,比较会计科目表上的分类。
3) 从购货发票追查至采购明细账。
4) 从验收单追查至采购明细账。
5) 将验收单和购货发票上的日期与采购明细账中的日期进行比较。
6) 检查购货发票、验收单、订货单和请购单的合理性和真实性。
7) 追查存货的采购至存货永续盘存记录。

要求:请根据题中给出的审计目标,指出对应的相关认定;针对每一审计目标,选择相应的实质性程序(一项实质性程序可能对应一个或多个审计目标,每一个审计目标可能选择一项或多项实质性程序)。请将财务报表相关认定及选择的实质性程序序号填入表1.2中。

表1.2 相关认定、审计目标与实质性程序的关系

相关认定	审计目标	实质性程序
	所记录的采购交易已发生,且与被审计单位有关	
	所有应当记录的采购交易均已记录	
	与采购交易有关的金额及其他数据已恰当记录	
	采购交易已记录于恰当的账户	
	采购交易已记录于正确的会计期间	

1.3 审计工作过程

审计方法从早期的账项基础审计,演变到今天的风险导向审计。风险导向审计模式要求注册会计师在审计过程中,以重大错报风险的识别、评估和应对工作为主线。相应地,审计过程大致可分为以下几个阶段。

1. 接受业务委托

会计师事务所应当按照执业准则的规定,谨慎决策是否接受或保持某客户关系和具体审计业务。在接受新客户的业务前,决定是否保持现有业务或考虑接受现有客户的新业务时,会计师事务所应当执行一些客户接受与保持的程序,以获取如下信息:①考虑客户的诚信,没有信息表明客户缺乏诚信;②具有执行业务必要的素质、专业胜任能力、时间和资源;③能够遵守道德规范。

会计师事务所执行客户接受或保持的程序的目的,旨在识别和评估会计师事务所面临的风险。一旦决定接受业务委托,注册会计师应当与客户就审计约定条款达成一致意见。对于连续审计,注册会计师应当就是否需要根据具体情况修改业务约定条款,以及是否需要

提醒客户注意现有的业务约定书作出决策。

2. 计划审计工作

计划审计工作十分重要，计划周全不仅可以降低审计风险，提高审计质量，还可以大大降低审计成本，提高审计效率。一般来说，计划审计工作主要包括在本期审计业务开始时开展的初步业务活动、制定总体审计策略、制订具体审计计划等。需要指出的是，计划审计工作不是审计业务的一个孤立阶段，而是一个持续的、不断修正的过程，贯穿于整个审计业务的全过程。

3. 实施风险评估程序

所谓风险评估程序，是指注册会计师实施的了解被审计单位及其环境，并识别和评估财务报表重大错报的程序。风险评估程序是必要程序，为注册会计师在许多关键环节作出职业判断提供了重要基础。一般来说，实施风险评估程序的主要工作包括：了解被审计单位及其环境；识别和评估财务报表层次，以及各类交易、账户余额、列报认定层次的重大错报风险，包括确定需要特别考虑的重大错报风险，以及仅通过实施实质性程序无法应对的重大错报风险。

4. 实施控制测试和实质性程序

注册会计师实施风险评估程序本身并不足以为审计意见提供充分、适当的审计证据，注册会计师还应当实施进一步审计程序，包括控制测试和实质性程序。

5. 完成审计工作与撰写审计报告

注册会计师在完成财务报表所有循环的进一步审计程序后，还应当按照有关审计准则的规定做好审计完成阶段的工作，并根据所获取的各种证据运用专业判断，形成适当的审计意见。本阶段的主要工作有：审计期初余额，比较数据、期后事项和或有事项；考虑持续经营问题和获取管理层声明；汇总审计差异，并提请被审计单位调整或披露；复核审计工作底稿和财务报表；与管理层和治理层沟通；评价所有审计证据，形成审计意见；编制审计报告，等等。

1.4 审计风险与审计重要性

由于审计工作的固有限制，审计对报表整体不存在重大错报的保证程度不可能达到100%。假设审计业务的保证程度达到97%，就意味着财务报表仍然有3%的可能性存在重大错报而审计人员未能发现。这个3%的可能就是审计风险。审计风险对审计工作有什么影响？审计风险与重要性又有什么关系？

1.4.1 审计风险的构成及其关系

注册会计师审计风险是指财务报表存在重大错报而注册会计师发表不恰当审计意见的可能性。可接受审计风险的确定，需要考虑会计师事务所对审计风险的态度、审计失败对会计师事务所可能造成损失的大小等因素。审计业务是一种保证程度高的鉴证业务，可接受的审计风险应当足够低，以使注册会计师能够合理保证所审计的财务报表不含有重大错报。

合理保证与审计风险互为补救,合理保证与审计风险之和等于100%。

审计风险通常由重大错报风险和检查风险构成,《中国注册会计师审计准则第1101号——注册会计师的总体目标和审计工作的基本要求》的第13条定义了审计风险的这两个构成要素。

1. 重大错报风险

重大错报风险是指财务报表在审计前存在重大错报的可能性。重大错报风险与被审计单位的风险相关,且独立存在于财务报表的审计。在设计审计程序以确定财务报表整体是否存在重大错报时,注册会计师应当从财务报表层次和各类交易、账户余额、列报(包括披露)认定层次考虑重大错报风险。

（1）两个层次的重大错报风险

财务报表层次重大错报风险与财务报表整体存在广泛联系,可能影响多项认定。这类风险通常与控制环境有关。

提示: 例如,管理层缺乏诚信、治理层形同虚设而不能对管理层进行有效监督,经济萧条、企业所在行业处于衰退期等风险。这类风险难以被界定为某类交易、账户余额、列报的具体认定,相反,此类风险加大了任何数目的不同认定发生重大错报的可能性,与注册会计师考虑由舞弊引起的风险特别相关。

注册会计师同时考虑各类交易、账户余额、列报认定层次的重大错报风险,考虑的结果直接有助于注册会计师确定在认定层次上实施的进一步审计程序的性质、时间和范围。

（2）固有风险和控制风险

认定层次的重大错报风险又可以进一步细分为固有风险和控制风险。

① 固有风险是指假设不存在相关的内部控制,某一认定发生重大错报的可能性,无论该错报是单独考虑,还是连同其他错报构成重大错报。

提示: 某些类别的交易、账户余额、列报及其认定的固有风险较高。复杂的计算比简单计算更可能出错;受重大计量不确定影响的会计估计发生错报的可能性较大。产生经营风险的外部因素也可能影响固有风险。技术进步可能导致某项产品陈旧,进而导致存货发生高估。

② 控制风险是指某项认定发生了重大错报,无论该错报是单独考虑,还是连同其他错报构成重大错报,而该错报没有被企业的内部控制及时防止、发现和纠正的可能性。控制风险取决于与财务报表编制有关的内部控制的设计和运行的有效性。由于内部控制的固有局限性,某种程度的控制风险始终存在。

2. 检查风险

检查风险是指某一认定存在错报,该错报单独或连同其他错报是重大的,但注册会计师未能发现这种错报的可能性。检查风险取决于审计程序设计的合理性和执行的有效性。由于注册会计师通常并不对所有的交易、账户余额和列报进行检查,以及其他原因,因此检查风险不可能降低为零。

3. 检查风险与重大错报风险的反向关系

在既定的审计风险水平下,可接受的检查风险与认定层次的重大错报风险的评估结果成反向关系。评估的重大错报风险越高,可接受的检查风险越低;评估的重大错报风险越低,可接受的检查风险越高。检查风险与重大错报风险的反向关系用数学模型表示如下。

$$审计风险 = 重大错报风险 \times 检查风险$$

这个模型也称为审计风险模型。假设针对某一认定,注册会计师将可接受的审计风险水平设定为 5%,将实施风险评估后的重大错报风险评估为 30%,则根据这一模型,可接受的检查风险为 16.7%。注册会计师根据可接受的检查风险设计审计程序的性质、时间和范围。审计计划在很大程度上围绕着审计程序的性质、时间和范围展开。

1.4.2 审计重要性

1. 审计重要性的含义

审计重要性是贯穿于审计全过程的一个非常重要的概念,是审计人员据以发表审计意见的基础之一。《中国注册会计师审计准则第 1221 号——计划和执行审计工作时的重要性》规定,重要性取决于在具体环境下对错报金额和性质的判断。在财务报表审计中,如果一项错报单独或连同其他错报可能影响财务报表使用者依据财务报表作出的经济决策,则该项错报是重大的。

理解重要性的概念,需要注意以下几点。

① 判断一项错报重要与否,应视其对财务报表使用者依据财务报表作出经济决策的影响程度而定。如果财务报表中的某项错报足以改变或影响财务报表使用者的相关决策,则该项错报是重要的,否则就不重要。

② 重要性受到错报的性质或数量的影响,或者受到两者的共同影响。一般而言,金额大的错报比金额小的错报更重要。在有些情况下,某些金额的错报从数量上看并不重要,但从性质上考虑,则可能是重要的。对于某些财务报表披露的错报,难以从数量上判断是否重要,应从性质上考虑其是否重要。

③ 判断一个事项对财务报表使用者是否重大,是将使用者作为一个群体对共同性的财务信息的需求来考虑的。之所以没有考虑错报对个别特定使用者可能产生的影响,是因为个别特定使用者的需求可能极其不同。

④ 重要性的确定离不开具体环境。由于不同的被审计单位面临不同的环境,不同的报表使用者有着不同的信息需求,因此注册会计师确定的重要性也不相同。某一金额的错报对某被审计单位的财务报表来说是重要的,而对另一个被审计单位的财务报表来说可能不重要。

2. 重要性水平的初步判断

审计人员在编制审计计划、实施审计及评价审计结果时,都要考虑重要性。

在审计计划阶段,审计人员要考虑重要性以决定所要收集的审计证据的数量和类型,进而设计应执行的审计程序。在确定计划的重要性水平时,需要考虑对被审计单位及其环境的了解、审计目标、财务报表各项目的性质及其相互关系、财务报表项目的金额及其波动幅度。同时,还应当从性质和数量两个方面合理确定重要性水平。

(1)从性质方面考虑重要性

从性质方面考虑重要性,在某些情况下,金额相对较少的错报可能会对财务报表产生重大影响。

① 对财务报表使用者需求的感知,即财务报表使用者对财务报表的哪一方面最感兴趣。

② 获利能力趋势。
③ 因没有遵守贷款契约、合同约定、法规条款和法定的或常规的报告要求而产生错报的影响。
④ 计算管理层报酬的依据。
⑤ 由于错误或舞弊而使一些账户项目对损失的敏感性很大。
⑥ 重大或有负债。
⑦ 关联方关系。
⑧ 通过一个账户处理大量的、复杂的和相同性质的个别交易。
⑨ 可能的违法行为、违约。
⑩ 财务报表项目的重要性、性质、复杂性和组成。

（2）从数量方面考虑重要性

从数量方面考虑重要性，将计划重要性水平分为报表层次和认定层次两方面。

① 财务报表层次的重要性水平。

由于财务报表审计的目标是注册会计师通过执行审计工作对财务报表发表审计意见，所以注册会计师应当考虑财务报表层次的重要性。通常先选择一个恰当的基准，再选择适当的百分比乘以该基准，从而得出财务报表层次的重要性水平。

注册会计师对基准的选择有赖于被审计单位的性质和环境。例如，对于以营利为目的的被审计单位而言，来自经常性业务的税前利润或税后净利润可能是一个适当的基准；而对于收益不稳定的被审计单位或非营利组织来说，选择税前利润或税后净利润作为判断重要性水平的基准就不合适。对于资产管理公司来说，净资产可能是一个适当的基准——注册会计师通常选择一个相对稳定、可预测且能够反映被审计单位正常规模的基准。由于销售收入和总资产具有相对稳定性，注册会计师经常将其用作确定计划重要性水平的基准。在确定恰当的基准后，注册会计师通常运用职业判断合理选择百分比，据以确定重要性水平。例如，对于以营利为目的的企业，选择来自经常性业务的税前利润或税后净利润的5%，或总收入的0.5%；对于非营利组织，选择费用总额或总收入的0.5%；对于共同基金公司，选择净资产的0.5%。

② 各类交易、账户余额、列报认定层次的重要性水平。

由于财务报表提供的信息由各类交易、账户余额、列报认定层次的信息汇集加工而成，所以注册会计师还应当考虑各类交易、账户余额、列报认定层次的重要性。各类交易、账户余额、列报认定层次的重要性水平称为"可容忍错报"。可容忍错报的确定以注册会计师对财务报表层次重要性水平的初步评估为基础。注册会计师在确定各类交易、账户余额、列报认定层次的重要性水平时，至少必须考虑两项主要因素：各类交易、账户余额、列报的性质及错报的可能性；各类交易、账户余额、列报的重要性水平与财务报表层次重要性水平的关系。

在审计实务中，重要性水平确定及分配过程通常如表1.3所示。

表1.3　重要性水平确定及分配过程

年份或项目	重要性水平确定			
	税前利润法	总收入法	总资产法	净资产法
年				
年				

(续表)

年份或项目	税前利润法	总收入法	总资产法	净资产法
年				
前3年平均数				
当年未审数				
重要性参考标准	3%~5%	0.5%~1%	0.5%~1%	1%
重要性标准(比例)				
重要性标准(绝对值)				

说明	1. 重要性标准(水平)估计方法适用： 税前利润法用于利润比较稳定、回报率较合理的企业 总收入法用于微利企业 总资产法用于金融、保险或其他资产大而盈利小的企业 总资产法、净资产法不适用于劳动密集型企业
	2. 以上四者只用其一，不能四者同时使用
	3. 所有不作调整事项金额总和不得超过确定的重要性标准
	4. 应交税费、实收资本不在重要性标准之内
	5. 重要性标准计算基础以当年未审数为主，适当参考前3年平均数
	6. 重要性标准(水平)估计，要根据不同的审计对象，以数据为依据，运用职业判断，确定标准
	7. 注册会计师要注意对重要性的判断，对于有意(故意)性差错，牵涉性影响差错，实质性影响资产、利润的差错，不宜按是否达到重要性标准来衡量
	8. 各账户和各交易层次重要性水平为财务报表层次重要性水平的 1/6 ~ 1/3

重要性标准分配	账户名称	金额/元	账户名称	金额/元

重要性水平修正记录：

通常而言，实际执行的重要性通常为财务报表整体重要性水平的 50%~75%。接近财务报表整体重要性水平 50% 的情况有：非连续审计；以前年度审计调整较多；项目总体风险较高。接近财务报表整体重要性水平 75% 的情况有：连续审计；以前年度审计调整较少；项目总体风险较低。

实例 1-1 某企业资产负债表如表 1.4 所示，重要性水平确定基础为总资产，比例为 1%。请根据资产负债表的有关数据确定报表层次和账户层次的重要性水平。

表1.4 资产负债表

项 目	金额/元
现金	100 000
应收账款	450 000
存货	450 000
资产总计	1 000 000

按资产总额的 1% 确定资产负债表层次的重要性水平为 1 000 000×1%=10 000（元）。那么，如何确定各类交易、账户余额、列报认定层次可容忍错误呢？如果根据固定比例分配法，则"现金"账户为 1 000 元，

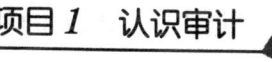

"应收账款"账户为 4 500 元,"存货"账户为 4 500 元,合计为 10 000 元。但为了在提高审计工作效率的前提下保证审计质量,通常注册会计师会根据可容忍错误要考虑的因素,对各账户的重要性水平进行微调。如果注册会计师认为"存货"账户错报的可能性大,"现金"账户错报的可能性小,"存货"账户审计成本高,"现金""应收账款"账户审计成本相对较低,那么在确定时可以适当调低"现金"和"应收账款"账户的重要性水平,而适当提高"存货"账户的重要性水平,但重要性水平总额不得超过 10 000 元。重要性水平与分配结果如表 1.5 所示。

表1.5 重要性水平与分配结果

类型 项目	可容忍错误/元	
	多报	少报
现金	1 000	1 000
应收账款	2 500	1 500
存货	6 500	7 500
报表层次的重要性水平	10 000	10 000

3. 估计错误并作比较

在审计执行阶段,随着审计过程的推进,注册会计师应当及时评价计划阶段确定的重要性水平是否仍然合理,并根据具体环境的变化或在审计执行过程中进一步获取的信息,修正计划的重要性水平,进而修改进一步审计程序的性质、时间和范围。

审计人员在执行各账户的审计程序时,都要记录已发现的错误。下面以存货为例来说明估计错误与比较。

例如,假定在存货审计中,总体价值为 450 000 元,样本价值为 50 000 元。审计人员发现价值为 1 000 元的多报错误。计算错误估计数的方法之一是将错误金额(1 000 元)除以样本金额(50 000 元),然后用所得结果乘以总体的账面总值(450 000 元),从而得出错误估计数为 9 000 元的多报错误。

如表 1.6 所示,右边一栏列示每一账户多报错误的估计总数,而联合错误的估计总数则是每一账户错误估计数之和,为 11 600 元。至此,可以将重要性的初步判断和联合错误的估计数进行比较。

表1.6 重要性的初步判断与联合错误的估计数

账户	可容忍错误(多报)/元	错误金额的估计数(多报)/元
现金	1 000	800
应收账款	2 500	1 800
存货	6 500	9 000
重要性初步判断	10 000	
联合错误估计数		11 600

在本例中,联合错误的估计数高于初步判断,试问财务报表能否接受?假定要进一步审计,注册会计师将主要集中于对哪个项目进行审计?

假定存货多报错误总额估计数是 6 500~7 400 元,这一估计数虽然高于该账户的可容忍错误,但注册会计师却可能无须扩大审计测试的范围。不过,注册会计师必须评价存货多报是否会影响使用者的决策。

4. 报告阶段的重要性考虑

在审计结果评价阶段,审计人员必须根据所发现的错报决定是否需要修正初始重要性水平,进而评价是否已获取了充分适当的审计证据,将总体审计风险维持在可接受的水平之内。

(1)汇总尚未更正的错报

注册会计师在完成外勤审计工作后,应汇总所有尚未更正错报的汇总数,进而形成审计结果,并对其进行评价。尚未更正错报的汇总数包括已识别的具体错报和推断错报。

提示 已识别的错报是指注册会计师在审计过程中发现的,能够准确计量的错报;推断错报是指注册会计师对不能明确、具体识别的其他错报的最佳估计数。

例如,应收账款年末余额为 2 000 万元,注册会计师抽查 10% 样本发现有 100 万元的高估,高估部分为账面金额的 20%,据此注册会计师推断总体的错报金额为 400 万元。上述100 万元就是已识别的具体错报,其余 300 万元即推断错报。

(2)评价尚未更正错报的汇总数的影响

注册会计师应当评价在审计过程中已识别但尚未更正错报的汇总数是否重大。评价内容主要包括两方面:一是这些审计差异在性质上是否重要,即是否为舞弊或违法行为;二是这些审计差异在金额上是否重要,即是否已经超过审计重要性水平。注册会计师评价审计结果所运用的重要性水平,可以与编制审计计划时所确定的重要性水平初步判断数不同,如果前者大大低于后者,注册会计师应当重新估计所执行的审计程序是否充分。注册会计师在具体审计过程中如果发现单个账目有重要错误,则应提请管理层调整。

尚未更正错报与财务报表层次重要性水平相比,可能出现以下两种情况。

① 尚未更正错报的汇总数低于重要性水平,并且特定项目的尚未更正错报也低于考虑其性质所设定的更低的重要性水平。如果尚未更正错报汇总数低于重要性水平,对财务报表的影响不重大,注册会计师可以发表无保留意见的审计报告。

② 尚未更正错报的汇总数超过或接近重要性水平,并且特定项目的尚未更正错报也超过或接近考虑其性质所设定的重要性水平。如果尚未更正错报汇总数超过了重要性水平,对财务报表的影响可能是重大的,注册会计师应当考虑通过扩大审计程序的范围或要求管理层调整财务报表来降低审计风险。即使错报金额非常小且性质不严重,注册会计师也应当要求管理层就已识别的错报调整财务报表。如果管理层拒绝调整财务报表,并且扩大审计程序范围的结果不能使注册会计师认为尚未更正错报的汇总数不重大,则注册会计师应当考虑出具非无保留意见的审计报告。如果已识别但尚未更正错报的汇总数接近重要性水平,注册会计师应当考虑该汇总数连同尚未发现的错报是否可能超过重要性水平,并考虑通过实施追加的审计程序或要求管理层调整财务报表来降低审计风险。

在评价审计程序结果时,注册会计师确定的重要性和审计风险可能与计划审计工作时评估的重要性和审计风险存在差异。在这种情况下,注册会计师应当考虑实施的审计程序是否充分。

1.4.3 重要性与审计风险的关系

重要性与审计风险之间存在反向关系：重要性水平越高，审计风险越低；重要性水平越低，审计风险越高。通常情况下，4 000 元的重要性水平比 2 000 元的重要性水平高。如果重要性水平为 4 000 元，则意味着低于 4 000 元的错报不会影响到财务报表使用者的决策；如果重要性水平为 2 000 元，则意味着低于 2 000 元的错报不会影响到财务报表使用者的决策。显然，对于同一份报表，注册会计师要查出低于 2 000 元的错报比查出低于 4 000 元的错报的难度更大，审计风险也更高。

提示：注册会计师不能通过不合理地人为调高重要性水平来降低审计风险。因为重要性是依据重要性概念中所述的判断标准确定的，而不是由主观期望的审计风险水平确定的。

课堂训练

背景资料：浙江万山铝业公司注册资金 1 500 万元，A 和 B 注册会计师对该公司 2015 年度财务报表进行审计，其未经审计的有关财务报表项目金额如表 1.7 所示。

表1.7 未经审计的财务报表项目金额

项　目	金额/万元
资产总额	3 000
净资产（股东权益）总额	1 800
总收入	4 700
税前利润总额	470
净利润	352.5

要求：选择资产总额、净资产（股东权益）总额、总收入和税前利润总额作为判断基础，采用固定比例法，并假定资产总额、净资产总额、总收入和税前利润总额的固定百分比数值分别为 0.5%、1%、0.5% 和 5%。代 A 和 B 注册会计师计算确定该公司 2015 年度财务报表层次的重要性水平（填入表 1.3），并说明在分配各账户重要性水平时应考虑哪些因素。

1.5　审计证据与审计工作底稿

1.5.1　审计证据的特性

按照《中国注册会计师审计准则第 1301 号——审计证据》的规定，审计证据是指注册会计师为了得出审计结论、形成审计意见而使用的所有信息，包括构成财务报表基础的会计记录中含有的信息和其他信息。

该准则第 8 条规定,审计证据的充分性是对审计证据数量的衡量。该准则第 9 条规定,审计证据的适当性是对审计证据质量的衡量,即审计证据在支持各类交易、账户余额、列报(包括披露)的相关认定,或发现其中存在错报方面具有相关性和可靠性。注册会计师需要获取的审计证据的数量受错报风险的影响,并受审计证据质量的影响。由此可见,充分性和适当性是审计证据的两大基本特征。

1. 充分性

审计证据的充分性是对审计证据数量的衡量,主要与注册会计师确定的样本量有关。通常,审计项目风险越大,所需证据数量就越多。发现了错误或舞弊,其他方面存在问题的可能性就会增加。因此,审计人员就需要扩大审计范围,增加抽查数量,获取较多的审计证据,以确保审计结论的可靠性和审计意见的恰当性。审计证据的可靠性越高,则所需的证据数量就越少。现代审计是抽样审计,总体项目越多,规模越大,所需证据数量就越多。

2. 适当性

审计证据的适当性是对审计证据质量的衡量,即审计证据在支持各类交易、账户余额、列报的相关认定,或者发现其中存在错报方面具有相关性和可靠性,即审计证据应当与审计目标相关联,并能如实反映客观事实。

审计证据的适当性受以下两个因素影响。

① 相关性。审计证据要有证明力,必须与注册会计师的审计目标相关。

提示 注册会计师在审计过程中怀疑被审计单位发出存货没有给客户开具销售发票,需要确认销售是否完整。注册会计师应当从发货单中选取样本,追查与每张发货单相应的销售发票副本,以确定是否每张发货单均已开具发票。如果注册会计师从销售发票副本中选取样本,并追查至每张发票相对应的发货单,由此所获得的证据与完整性目标就不相关。

② 可靠性。可靠性是指证据的可信程度。审计证据的可靠性受其来源和性质的影响,并取决于获取审计证据的具体环境。

提示 从外部独立来源获取的审计证据比从其他来源获取的审计证据更可靠;内部控制有效时,内部生成的审计证据比内部控制薄弱时内部生成的审计证据更可靠;直接获取的审计证据比间接获取或推论得出的审计证据更可靠;以文件记录形式(不论是纸质、电子还是其他介质)存在的审计证据比口头形式的审计证据更可靠;从原件获取的审计证据比从传真或复印件获取的审计证据更可靠。

实例 1-2 注册会计师在审计中收集到以下 4 组审计证据。

(1)注册会计师盘点现金编制的库存现金盘点表和被审计单位提供的现金日记账。

(2)销货发票副本与销售明细账。

(3)审计人员收回的应收账款函证回函与被审计单位的应收账款明细账。

(4)某项开支的会计记录与询问负责人该项开支的口头说明。

每组审计证据中哪项审计证据更可靠?

分析

(1)亲历证据比由被审计单位提供的证据可靠。

（2）相互验证的不同来源的审计证据比内部证据可靠。
（3）外部证据比内部证据可靠。
（4）书面证据比口头证据可靠。

1.5.2 审计证据的分类

一般而言，审计证据按其外形特征可分为实物证据、书面证据、口头证据和环境证据四大类。

1. 实物证据

实物证据是指注册会计师通过实际观察或检查有形资产所取得的，用以确定某些实物资产是否确实存在的证据。例如，库存现金、存货、固定资产等可以通过资产检查方式来判定其存在与否。通常实物证据被认为是证明实物资产是否存在的最可靠的证据，具有很强的说服力。

2. 书面证据

书面证据是以文字记载的内容来证明被审计事项的各种书面资料，包括各种有关的凭证、账簿、会计报表、会议纪要、文件、合同等。在审计过程中，注册会计师往往需要大量获取和利用书面证据，因此，书面证据被称为基本证据。

3. 口头证据

口头证据是指以视听资料，证人证词，有关人员的陈述、说明、意见、答复等形式存在的审计证据。口头证据一般不足以证明事情的真相，但往往可以通过口头证据发现一些重要线索，有利于开展进一步调查，从而收集更为可靠的证据。

4. 环境证据

环境证据是指对被审计事项产生影响的各种环境事实，一般包括被审计单位的内部控制制度及执行情况、管理人员的素质品行、管理条件水平等。环境证据一般不是主要证据，但可以协助注册会计师了解被审计单位及其环境，是注册会计师作出判断的重要资料。

1.5.3 审计程序

审计程序是指注册会计师在审计过程中的某个时间，对将要获取的某类审计证据如何进行收集的详细指令。在设计审计程序时，注册会计师通常使用规范的措辞或术语，以使审计人员能够准确理解和执行。

在审计过程中，注册会计师可根据需要单独或综合运用以下审计程序，以获取充分、适当的审计证据。

1. 检查

检查记录或文件是指注册会计师对被审计单位内部或外部生成的，以纸质、电子或其他介质形式存在的记录或文件进行审查，或者对资产进行实物审查。检查文件和记录可获取可靠程度不同的审计证据，审计证据的可靠性取决于记录或文件的来源和性质。检查有形资产可为其存在提供可靠的证据,但不一定能够为权利和义务或计价等认定提供可靠的审计证据。

2. 观察

观察是指注册会计师查看相关人员正在从事的活动或执行的程序。观察所获取的审计证据仅限于观察发生的时点,并且在相关人员已知被观察时,其从事活动或执行程序可能与日常的做法不同,从而影响注册会计师对真实情况的了解。

3. 询问

询问是指注册会计师以书面或口头方式,向被审计单位内部或外部的知情人员获取财务信息和非财务信息,并对答复进行评价的过程。

知情人员对询问的答复可能为注册会计师提供尚未获悉的信息或佐证,也可能会提供与已获悉信息存在重大差异的信息。注册会计师应当根据询问结果考虑修改审计程序或实施追加的审计程序。询问本身不足以发现认定层次存在的重大错报,也不足以测试内部控制运行的有效性,注册会计师还应当实施其他审计程序以获取充分、适当的审计证据。

4. 函证

函证是指注册会计师为了获取影响财务报表或相关披露认定的项目的信息,通过直接来自第三方对有关信息和现存状况的声明,获取和评价审计证据的过程。通过函证获取的审计证据可靠性高,因此,函证是受到高度重视并经常被使用的一种重要程序。

5. 重新计算

重新计算是指注册会计师以人工方式或使用计算机辅助审计技术,对记录或文件中的数据计算准确性进行核对。重新计算主要包括对原始凭证、明细账、总账等数据的复核和验算。

6. 重新执行

重新执行是指注册会计师以人工方式或使用计算机辅助审计技术,重新独立执行作为被审计单位内部控制组成部分的程序或控制。例如,注册会计师根据被审计单位现金支出的内部控制规定,重新执行现金支出业务处理,以确定是否遵守现金支出内部控制规定。

7. 分析程序

分析程序是指注册会计师通过研究不同财务数据之间及财务数据与非财务数据之间的内在关系,对财务信息作出评价。分析程序还包括调查识别出的与其他相关信息不一致或与预期数据严重偏离的波动和关系。

1.5.4 审计工作底稿的编制

1. 审计工作底稿的含义

审计工作底稿是指注册会计师对制订的审计计划、实施的审计程序、获取的相关审计证据及得出的审计结论做出的记录。审计工作底稿是审计证据的载体,是注册会计师在审计过程中形成的审计工作记录和获取的资料。

2. 审计工作底稿的编制目的

审计工作底稿在计划和执行审计工作中发挥着关键作用。通过编制审计工作底稿，可以达到下列目的。

① 提供充分、适当的审计证据，作为审计报告的基础。

② 提供证据，证明注册会计师已按照审计准则和相关法律法规的规定计划和执行了审计工作。

除上述目的之外，编制审计工作底稿还可以达到下列目的。

① 有助于项目组计划和实施审计工作。

② 有助于负责督导的项目组成员履行指导、督导与复核审计工作的责任。

③ 便于项目组说明其执行审计工作的情况。

④ 保留对未来审计工作持续产生重大影响事项的记录。

⑤ 便于会计师事务所实施质量复核与检查。

⑥ 便于监督机构和注册会计师协会对会计师事务所实施执业质量检查。

3. 审计工作底稿的要素

① 审计工作底稿标题。

② 审计过程记录。

③ 审计结论。

④ 审计标志及其说明。

⑤ 索引号及编号。

⑥ 编制者姓名及编制日期。

⑦ 复核者姓名及复核日期。

⑧ 其他应说明事项。

审计工作底稿的格式因记录的内容不同而不同。如表1.8所示为存货分类汇总表。

表1.8 存货分类汇总

被审计单位：_____ 编制：_____ 日期：_____ 索引号：_____
截止日期：_____ 复核：_____ 日期：_____ 页次：_____

存货类别	期初余额		期末账面余额		比期初增减/(%)	调整数	审定数
	结存金额	成本差异	结存金额	成本差异			
原材料							
材料采购							
在途物资							
周转材料							
库存商品							
在产品							
劳务成本							
委托加工物资							
发出商品							

（续表）

存货类别	期初余额		期末账面余额		比期初增减/（%）	调整数	审定数
	结存金额	成本差异	结存金额	成本差异			
开发产品							
工程物资							
合计							
审计说明：							

4. 审计工作底稿的复核

审计工作底稿复核制度是指审计组织对有关复核人员级别、复核程序与要点、复核人员职责等所作出的明确规定。通过对审计工作底稿的复核，能减少和消除工作失误，确保并提高审计工作质量。

（1）项目组内部复核

项目组内部复核分为两个层次：项目负责经理的现场复核和项目负责合伙人的复核。

① 项目负责经理的现场复核。由项目负责经理对工作底稿的复核属于第一级复核。该复核通常在审计现场完成，以便及时发现和解决问题。《中国注册会计师审计准则第1121号——对财务报表审计实施的质量控制》规定，由项目组内经验较多的人员复核经验较少人员的工作底稿。复核人员应当考虑以下事项。

- 审计工作是否已按照法律法规、职业道德规范和审计准则的规定执行。
- 重大事项是否已提请进一步考虑。
- 相关事项是否已进行适当咨询，由此形成的结论是否得到记录和执行。
- 是否需要修改已执行审计工作的性质、时间和范围。
- 已执行的审计工作是否支持形成的结论，并已得到适当记录。
- 获取的审计证据是否充分、适当。
- 审计程序的目标是否实现。

② 项目负责合伙人的复核。在出具审计报告前，项目负责合伙人应当通过复核审计工作底稿和与项目组讨论，确信获取的审计证据已经充分、适当，足以支持形成的结论和拟出具的审计报告。项目负责合伙人应当在审计过程的适当阶段及时实施复核，以使重大事项在出具审计报告前能够得到满意解决。

项目负责合伙人复核的内容主要是：对关键领域所作的判断，尤其是执行业务过程中识别出的疑难问题或争议事项、特别风险，以及项目负责人认为重要的其他领域。项目负责人应当对复核的范围和时间予以适当记录。

（2）独立的项目质量控制复核

注册会计师在出具审计报告前，会计师事务所应当指定专门的机构或人员对审计项目组执行的审计实施项目质量控制复核。其复核内容主要是项目组做出的重大判断和在准备审计报告时得出的结论。

5. 审计工作底稿归档

（1）审计工作底稿归档期限

审计工作底稿的归档期限为审计报告日后60天内。如果注册会计师未能完成审计业务，审计工作底稿的归档期限为审计业务中止后的60天内。在审计报告日后将审计工作归整为最终审计档案是一项事务性的工作，不涉及实施新的审计程序或得出新的结论。

（2）审计工作底稿的保管期限

在完成最终审计档案的归整工作后，注册会计师不得在规定的保存期期满前删除或废弃审计工作底稿。会计师事务所应当自审计报告日起，对审计工作底稿至少保存10年。注册会计师未能完成审计业务，会计师事务所应当自审计业务中止日起，对审计工作底稿至少保存10年。

1.6 内部控制

1.6.1 内部控制的含义和五大构成要素

1. 内部控制的含义

内部控制是被审计单位为了合理保证财务报告的可靠性、经营的效率和效果及对法律法规的遵守，由治理层、管理层和其他人员设计和执行的政策及程序。

2. 内部控制的目标及责任主体

内部控制的目标有以下几点。

① 财务报告的可靠性。这一目标与管理层履行财务报告编制责任密切相关。

② 经营的效率和效果，即经济有效地使用企业资源，以最优方式实现企业的目标。

③ 在所有经营活动中遵守法律法规的要求，即在法律法规的框架下从事经营活动。

设计和实施内部控制的责任主体是治理层、管理层和其他人员。

3. 内部控制五大要素

（1）控制环境

控制环境是影响、制约企业内部控制建立与执行的各种内部因素的总称，是实施内部控制的基础。控制环境主要包括治理结构、组织机构设置与权责分配、企业文化、人力资源政策、内部审计机构设置、反舞弊机制等。

控制环境包括治理职能和管理职能，以及治理层和管理层对内部控制及其重要性的态度、认识和措施。控制环境设定了被审计单位的内部控制基调，影响员工对内部控制的认识和态度。良好的控制环境是实施有效内部控制的基础，防止或发现并纠正舞弊和错误是被审计单位治理层和管理层的责任。在评价控制环境的设计和实施情况时，注册会计师应当了解管理层在治理层的监督下，是否营造并保持了诚实守信和合乎道德的文化，以及是否建立了防止或发现并纠正舞弊和错误的恰当控制。实际上，在审计业务承接阶段，注册会计师就需要对控制环境作出初步了解和评价。

（2）风险评估过程

风险评估是及时识别、科学分析和评价影响企业内部控制目标实现的各种不确定因素并采取应对策略的过程，是实施内部控制的重要环节。风险评估主要包括目标设定、风险识别、风险分析和风险应对。

任何经济组织在经营活动中都会面临各种各样的风险，风险对其生存和竞争能力会产生影响。很多风险并不为经济组织所控制，但管理层应当确定可以承受的风险水平，识别这些风险并采取一定的应对措施。这些风险包括：监管和经营环境的变化，新员工的加入，新信息系统的使用或对原系统的升级，业务快速发展，新技术，企业重组，新的会计准则等。

（3）信息与沟通

信息与沟通是及时、准确、完整地收集与企业经营管理相关的各种信息，并使这些信息以适当的方式在企业有关层级之间进行及时传递、有效沟通和正确应用的过程。这是实施内部控制的重要条件。信息与沟通主要包括信息的收集机制及在企业内部和与企业外部有关方面的沟通机制等。

与财务报告相关的信息包括用以生成、记录、处理和报告交易、事项和情况，对相关资产、负债和所有者权益履行经营管理责任的程序和记录。生成可以通过人工或自动化程序；记录包括识别和收集与交易、事项有关的信息；处理包括编辑、核对、计量、估价、汇总和调节活动，可以由人工或自动化程序来执行；报告是指用电子或书面形式编制财务报告和其他信息，供被审计单位衡量和考核财务及其他方面的业绩。

与财务报告相关的信息通常包括下列职能：识别与记录所有的有效交易；及时、详细地描述交易，以便在财务报告中对交易做出恰当分类；恰当计量交易，以便在财务报告中对交易的金额做出准确记录；恰当确定交易生成的会计期间。

与财务报告相关的沟通包括使员工了解各自在与财务报告有关的内部控制方面的角色和职责、员工之间的工作联系，以及向适当级别的管理层报告异常事项的方式。

公开的沟通渠道有助于确保异常情况得到报告和处理。沟通可以采用政策手册、会计和财务报告手册及备忘录等形式进行，也可以通过发送电子邮件、口头沟通和管理层的行动来进行。

（4）控制活动

控制活动是根据风险评估结果，结合风险应对策略所采取的确保企业内部控制目标得以实现的方法和手段，是实施内部控制的具体方式。控制措施应结合企业具体业务和事项的特点与要求制定，主要包括职责分工控制、授权控制、审核批准控制、预算控制、财产保护控制、会计系统控制、内部报告控制、经济活动分析控制、绩效考评控制、信息技术控制等。

控制活动是指有助于确保管理层的指令得以执行的政策和程序，包括与授权、业绩评价、信息处理、实物控制和职责分离等相关的活动。

（5）对控制的监督

监督检查是企业对其内部控制的健全性、合理性和有效性进行监督检查与评估，形成书面报告并作出相应处理的过程，是实施内部控制的重要保证。监督检查主要包括对建立并执行内部控制的整体情况进行持续性监督检查，对内部控制的某一方面或某些方面进行专项监督检查，以及提交相应的检查报告、提出有针对性的改进措施等。企业内部控制自我评估是内部控制监督检查的一项重要内容。

对控制的监督是指被审计单位评价内部控制在一段时间内运行有效性的过程。该过程包括及时评价控制的设计和运行,以及根据情况的变化采取必要的纠正措施。一般情况下,被审计单位通过持续的监督活动、专门的评价活动或两者相结合,实现对控制的监督。

1.6.2 与审计相关的控制

注册会计师需要了解和评价的内部控制只是与财务报表审计相关的内部控制,并非被审计单位所有的内部控制。

1. 为实现财务报告可靠性目标设计和实施的控制

注册会计师应当运用职业判断,考虑一项控制或连同其他控制,是否与评估重大错报风险及针对评估的风险设计和实施进一步审计程序相关。

2. 其他与审计相关的控制

如果在设计和实施进一步审计程序时拟利用被审计单位生成的信息,注册会计师应当考虑用以保证该信息完整性和准确性的控制可能与审计相关。如果用以保证经营效率、效果的控制以及对法律法规遵守的控制,与实施审计程序时评价或使用的数据相关,注册会计师应当考虑这些控制可能与审计相关。

被审计单位通常有一些与审计无关的控制,注册会计师无须对其加以考虑。例如,被审计单位可能依靠某一复杂的自动控制系统提高其经营活动的效率和效果,但这些控制通常与审计无关。

1.6.3 内部控制的固有局限

无论内部控制的设计和运行多么严密,也不能认为它是完全有效的。由于内部控制存在固有的局限性,因此内部控制只能为财务报表公允反映提供合理的保证。

提示 由于内部控制存在固有局限性,因此,注册会计师面临的重大错报风险总是存在的,即审计风险模型中的重大错报风险始终大于零。这就要求注册会计师在审计过程中,无论被审计单位的内部控制设计及运行得多么有效,都必须对财务报表的重要账户或交易类别执行最低限度的实质性程序。

1.7 审计抽样

企业规模的扩大和经营复杂程度的不断上升,使注册会计师对每笔交易进行检查变得既不可行,又没有必要。为了在合理的时间内以合理的成本完成审计工作,审计抽样应运而生。

1.7.1 审计抽样的含义

审计抽样是指审计人员对某类交易或账户余额中低于百分之百的项目实施审计程序,

使所有抽样单元都有被选取的机会。其中,抽样单元是指构成总体的个体项目,总体是指审计人员从中选取样本并据此得出结论的整套数据。

审计抽样的3个基本特征是:对某类交易或账户余额中低于百分之百的项目实施审计程序;所有抽样单元都有被选取的机会;审计测试的目的是评价该账户余额或交易类型的某一特征。

审计抽样对控制测试和实质性测试都适用,但它并不适用于这些测试中的所有审计程序。通常,审计抽样用于顺查、逆查和函证等审计程序,但不宜用于询问、观察和分析程序。

1.7.2 统计抽样和非统计抽样

1. 统计抽样

统计抽样是指运用概率论和数理统计的方法确定样本数量与构成分布,随机抽取有效样本进行审查,并对所抽取的样本结果进行统计评价,最后以样本的审查结果来推断总体特征的方法。也就是说,统计抽样是以概率论和数理统计为理论基础,将数理统计的方法与审计工作相结合而产生的一种审计抽样方法。运用统计抽样技术可以使总体中每一单元都有被抽选的机会,使样本的特征尽可能接近总体的特征。

2. 非统计抽样

非统计抽样,也称判断抽样,是指审计人员运用专业经验和主观判断,有目的地从特定审计对象总体中抽取部分样本进行审查,并以样本的审查结果来推断总体特征的审计抽样方法。采用这种方法能否取得成效,取决于审计人员的经验和主观判断能力。

1.7.3 抽样风险和非抽样风险

审计人员在运用抽样技术进行审计时,会遇到两方面的不确定性因素:一个是直接与抽样相关的因素,由此造成的不确定性称为抽样风险;一个是与抽样无关的因素,由此造成的不确定性称为非抽样风险。

1. 抽样风险

抽样风险是指审计人员依据抽样结果得出的结论,与审计对象总体特征不相符合的可能性。也就是说,抽样风险与选取的样本不能代表总体的可能性有关。抽样风险与样本量成反比,增加样本量可以降低抽样风险,但样本量过大会增加审计成本。因而无论是进行控制测试还是实质性测试,审计人员都应关注抽样风险。

在进行控制测试时,可能会产生两种抽样风险,即信赖不足风险和信赖过度风险。

信赖不足风险是指抽样结果使审计人员没有充分信赖实际上应予信赖的内部控制的可能性。这种风险一般会导致审计人员执行额外的审计程序,降低审计效率,但不会影响审计效果。

信赖过度风险是指抽样结果使审计人员对内部控制的信赖超过了其实际上可予信赖的可能性。这种风险会影响审计效果,很可能导致审计人员得出不正确的审计结论。

在进行实质性测试时,也可能会产生两种抽样风险,即误拒风险和误受风险。

误拒风险,又称 α 风险,是指抽样结果表明账户余额存在重大错误,而实际上并不存在重大错误的可能性。这种风险也会导致审计人员执行额外的审计程序,降低审计效率。

误受风险,又称 β 风险,是指抽样结果表明账户余额不存在重大错误,而实际上存在重大错误的可能性。这种风险也影响审计效果,很可能导致审计人员得出不正确的审计结论。

由于信赖过度风险和误受风险会使审计工作无法达到预期的效果,所以对审计人员来说是最危险的风险。而信赖不足风险和误拒风险属于保守型风险,出现这两种风险后,审计效率虽然不高,但其效果一般都能保证。

2. 非抽样风险

非抽样风险是指注册会计师由于任何与抽样风险无关的原因而得出错误结论的风险。导致非抽样风险的原因主要包括:注册会计师选择的总体不适合于测试目标;未能适当定义误差;运用不适当或无效的审计程序;未能适当评价审计发现的情况;错误解释样本结果,等等。

非抽样风险不是由于采用了审计抽样带来的,而是由人为错误造成的,因而可以降低、消除或防范。虽然注册会计师不能量化非抽样风险,但通过采取适当的质量控制政策和程序,对审计工作进行适当的指导、监督和复核,以及对注册会计师实务的适当改进,可以将非抽样风险降至可接受的水平。

1.7.4 审计抽样的基本步骤

审计抽样的过程主要分为样本设计、样本选取及抽样结果评价 3 个阶段。

1. 样本的设计阶段

样本设计是指注册会计师围绕样本的性质、样本量、抽样组织方式及抽样工作质量要求等方面所进行的规划工作。注册会计师运用审计抽样方法需要在科学、具体的规划指导下进行。在抽样之前,首要的工作是进行样本设计。注册会计师在进行设计样本时,主要包括以下几个步骤:①确定测试目标;②定义总体及抽样单元;③定义误差构成条件;④确定审计程序。

2. 选取样本阶段

(1)确定样本规模

影响样本规模的因素主要包括:可接受的抽样风险;可容忍误差;预计总体误差;总体变异性;总体规模。

(2)样本的选取方法

注册会计师在选取样本时,应使审计对象总体内所有项目均有被选取的机会,只有这样,才可使样本能够代表总体,从而保证由抽样结果所推断出的总体特征具有合理性和可靠性。样本选取的方法有很多,审计人员应根据审计的目的和要求、被审计单位的实际情况、审计资源条件的限制等因素来具体加以选择,以达到预期的审计质量与效率。常用的选样方法有随机选样、系统选样、整群抽样和任意选样等几种。

① 随机选样。随机选样是指对审计对象总体或子总体的所有项目,按随机规则选取样本。随机选样通常运用随机数表或计算机产生的随机数来进行。随机数表就是随机产生的

由 0 至 9 这 10 个数字所组成的多个几位数字,并将这些数字随机地纵横排列而成的一种数表。表 1.9 列示了随机数表(代表项目编号)。

表1.9 随机数表(部分列示)

列\行	1	2	3	4	5
1	59442	05102	09277	74814	01253
2	11818	26952	25080	81293	98378
3	65785	02086	51105	36318	75433
4	05933	89906	14489	32122	58220
5	31722	41042	03152	47870	84138
6	95118	82427	26536	46214	15819
7	14347	44109	98144	00533	00142
8	64447	15102	84810	11527	85189
9	82291	23664	37957	46319	82306

在采用随机数表抽样时,首先应建立表中数字与总体项目的一一对应关系;其次应确定连续选取随机数的方法,即从随机数表中选择一个随机起点和一个选号路线(上下左右均可),最后按照选号路线方向依次查找,符合总体项目编号要求的数字即为选中的号码,与此号码相对应的总体项目即为选取的样本项目,一直到选足所需的样本量为止。

实例 1-3 假定审计人员对某公司连续编号为001~400的销货发票进行随机选样,拟从发票中选取一组样本量为20的样本。首先,审计人员确定只用随机数表所列数字的前3位数与发票号码一一对应;然后,确定第1列第4行为起点,选号路线为自上至下、从左到右依次进行;最后,按照规定的一一对应关系和起点及选号路线,选出20个数码:059、317、143、051、269、020、151、236、092、250、144、013、265、379、363、321、005、115、012、158。凡前3位数在400以上的,因为销货发票号码没有一一对应关系,均不入选。选出20个数码后,按此数码选取编号与其对应的20张支票作为选定样本进行审查。

② 系统选样。系统选样也称等距选样,是指按照相同的间隔从审计对象总体中等距离地选取样本的一种选样方法。其中选样间距可用总体规模除以样本量得出。采用系统选样法,首先要计算选样间距,确定选样起点,然后再根据间距顺序地选取样本。

选样间距的计算公式如下。

$$选样间距 = 总体规模 \div 样本规模$$

确定间隔数的公式为:$M = \dfrac{N}{n}$

式中,M——抽样间隔数;N——总体数量;n——抽样数量。

设 a 为起点凭证的编号,M 为选样间距,则第 b 张的凭证编号为 $a \pm (b-1)M$。

实例 1-4 审计人员拟采用系统选样法从 1~2000 号的记账凭证中选出 100 张作

为样本进行审查。

$$选样间距\ M = \frac{2\,000}{100} = 20（张）$$

假定审计人员以 510 为随机起点,则第 10 张的凭证编号为 510+(10-1)×20=690。按照此法请计算第 30 张凭证的编号。

系统选样法简单易行,不需要对总体项目进行编号,并可用于无限总体。但使用系统选样法要求总体必须是随机排列的,否则容易发生较大的偏差。因此在使用这种方法时,审计人员必须先确定总体是否随机排列,若不是随机排列,则不宜使用。

3. 抽样结果的评价

审计人员在对样本实施必要的审计程序后,需要按以下步骤评价抽样结果:分析样本误差、推断总体误差、重估抽样风险、形成审计结论。

1）审计人员在分析样本误差时,应当根据预先确定的构成误差的条件,确定某一有问题的项目是否为一项误差。

2）审计人员在分析样本误差后,应根据抽样中发现的误差,采用适当的方法,推断审计总体误差。由于存在多种抽样方法,审计人员根据样本误差推断总体误差的方法应与选用的抽样方法一致。在控制测试中,通常通过查"抽样结果评价表"来推断总体误差,而在实质性测试中,可用均值估计、比率估计抽样等来推断总体误差。当总体划分为几个层次时,应先对每一层次作个别的推断,然后将推断结果进行汇总,以推断出总体误差。

3）审计人员在进行控制测试时,如果认为抽样结果无法达到其对所测试的内部控制的预期信赖程度,则应考虑增加样本量,或修改实质性测试,包括修改实质性测试的性质、时间和范围。

审计人员在实质性测试中运用审计抽样推断总体误差后,应将总体误差与可容忍误差相比较,并将抽样结果与从其他有关审计程序中所得的证据相比较。如果审计人员推断的总体误差超过可容忍误差,经重估后的抽样风险不能接受,则应增加样本量或执行替代审计程序。如果审计人员推断总体误差接近可容忍误差,应考虑是否增加样本量或执行替代审计程序。

4）形成审计结论。审计人员根据抽样结果的评价,确定审计证据是否足以证实某一审计对象总体特征,从而得出审计结论。

课堂训练

（1）下列各项风险中,对审计工作的效率和效果都产生影响的是(　　　　)。
　　A. 信赖过度风险　　　　　　　B. 信赖不足风险
　　C. 误受风险　　　　　　　　　D. 非抽样风险

（2）在控制测试中,信赖过度风险与样本数量之间是(　　　　)变动关系。
　　A. 同向　　　　B. 反向　　　　C. 比例　　　　D. 不变

项目 1　认识审计

技能训练

一、单项选择题

1. 注册会计师审计起源于(　　)。
   A. 意大利合伙企业制度　　　　　　　　B. 英国股份制企业制度
   C. 美国合伙企业制度　　　　　　　　　D. 日本股份制企业制度
2. 中国注册会计师执业准则体系受(　　)统御。
   A. 注册会计师职业道德守则　　　　　　B. 注册会计师业务准则
   C. 注册会计师业务质量控制准则　　　　D. 鉴证业务准则
3. 如果审计项目组成员在审计客户中拥有直接经济利益,则下列处理正确的是(　　)。
   A. 将该审计项目组成员的利益马上处理掉
   B. 将该审计项目组成员调离项目组
   C. 请独立的有经验的注册会计师复核其工作结果
   D. 没有任何防范措施可以将这种威胁降至可接受水平
4. 以下不是管理层责任的是(　　)。
   A. 选择适用的会计准则和相关会计制度　B. 选择和运用恰当的会计政策
   C. 作出合理的会计估计　　　　　　　　D. 及时发布审计报告
5. 以下对获取审计证据的具体程序表述正确的有(　　)。
   A. 检查有形资产可以为资产的存在性提供审计证据,也能够为权利和义务认定或计价认定提供证据
   B. 询问可以发现认定层次存在的重大错报
   C. 观察所获得的审计证据可靠性高,可以作为主要证据使用
   D. 通过函证获取的证据可靠性较高
6. XYZ 会计师事务所与 A 公司于 2016 年 1 月 20 日签订的 2015 年度财务报表审计约定书,作为审计档案,应当自审计报告日开始(　　)。
   A. 至少保存至 2017 年　　　　　　　　B. 至少保存至 2021 年
   C. 至少保存至 2026 年　　　　　　　　D. 长期保存
7. (　　)的错报与财务报表整体存在广泛联系,可能影响多项认定。
   A. 账户、交易、认定层次　　　　　　　B. 财务报表层次
   C. 利润　　　　　　　　　　　　　　　D. 销售收入
8. 假设可接受的审计风险水平为 5%,而评估的财务报表重大错报风险为 50%,则可接受的检查风险水平是(　　)。
   A. 10%　　　　B. 50%　　　　C. 20%　　　　D. 2%
9. 如果资产负债表的重要性水平是 10 000 元,损益表的重要性水平是 20 000 元,则在计划审计工作时,注册会计师应确定(　　)为会计报表层的重要性水平。
   A. 20 000 元　　　　　　　　　　　　B. 15 000 元
   C. 10 000 元　　　　　　　　　　　　D. 18 000 元
10. ABC 会计师事务所接受委托对 XYZ 股份有限公司 2015 年度的财务报表进行审计。项目负责人 A 注册会计师为了编制审计计划执行了分析性复核程序。分析程序的结果显示:XYZ 公司的利润率从 2014 年的 25% 下降为 2015 年的 15%,则注册会计师应当(　　)。
    A. 提请被审计单位在会计报表附注中说明
    B. 考虑被审计单位财务报表中存在错报的可能性
    C. 在审计报告中增加强调事项段
    D. 评价被审计单位管理层的工作表现

二、多项选择题

1. 注册会计师的执业范围包括(　　)。
   A. 审查企业财务报表,出具审计报告　　B. 审阅业务

C. 税务服务 D. 验证企业资本,出具验资报告
2. 我国目前会计师事务所的组织形式有( )两种。
A. 独资制会计师事务所 B. 普通合伙制会计师事务所
C. 有限责任制会计师事务所 D. 有限责任合伙制会计师事务所
3. 以下与期末账户余额相关的审计目标包括( )。
A. 存在 B. 权利和义务 C. 完整性 D. 分类
4. 如果尚未调整的错报或漏报的汇总数超过重要性水平,注册会计师应当考虑( )以降低审计风险。
A. 扩大审计程序的范围 B. 追加审计程序
C. 提请被审计单位调整会计报表 D. 出具否定意见审计报告
5. 以下有关内部控制要素描述恰当的是( )。
A. 监管和经营环境的变化会导致企业风险的增加
B. 自动化信息管理系统比人工系统更容易出错
C. 对控制的监督通常通过专门的评价活动进行
D. 不相容职务分离控制是控制活动中一项重要的控制措施

三、判断题

1. 检查风险是注册会计师可以控制的,所以检查风险可以降到零。( )
2. 账户、交易层次的重大错报风险与检查风险成反向关系。( )
3. 审计人员在编制审计计划、实施审计及评价审计结果时,都要考虑重要性。( )
4. 尚未更正错报的汇总数包括已识别的具体错报和推断错报。( )
5. 如果注册会计师认为错报属于重要错报,就需要考虑通过扩大审计程序或请求管理层调整财务报表来降低审计风险。( )
6. 重要性与检查风险成反向关系,重要性水平越高,审计检查风险越低;反之,亦然。( )
7. 审计证据是指财务报表依据的会计记录中含有的信息。( )
8. 如果注册会计师从销售发票副本中选取样本,并追查至每张发票相应的发货单,由此所获得的证据与完整性目标就不相关。( )
9. 注册会计师根据被审计单位现金支出的内部控制规定,重新执行现金支出业务处理,以确定是否遵守现金支出内部控制。这一程序称为分析程序。( )
10. 审计工作底稿的归档期限为审计报告日后90天内。( )

四、操作题

1. 注册会计师通常依据各类交易、账户余额和列报的相关认定确定审计目标,根据审计目标设计审计程序。表1.10给出了应收账款的相关认定和审计程序。

表1.10 应收账款的相关认定和审计程序

应收账款的相关认定	审计目标	审计程序
存在		
权利和义务		
完整性		
计价和分摊		

可供选择的审计程序如下。
1)向客户函证。
2)检查销售合同、销售发票和发运凭证。
3)以应收账款明细账为起点,检查有关合同,确定是否已经贴现、出售或质押。
4)选取发运凭证,追查至销售发票和银行存款日记账、应收账款明细账。

5）选取销售发票，追查至发运凭证和银行存款日记账、应收账款明细账。
6）检查期后已收回应收账款情况。
7）分析应收账款账龄，确定坏账准备计提是否适当。

要求：请根据表 1.10 中给出的应收账款的相关认定确定审计目标，并针对每一审计目标将已设计好的审计程序编号填入表 1.10 中。

2. 甲银行拟申请公开发行股票，委托 ABC 会计师事务所审计其 2013 年度、2014 年度和 2015 年度的财务报表，双方于 2015 年末签订审计业务约定书。假定存在以下情形。

（1）ABC 会计师事务所与甲银行签订的审计业务约定书约定：审计费用为 150 万元，甲银行在 ABC 会计师事务所提交审计报告时支付 50% 的审计费用，剩余 50% 视股票能否发行上市决定是否支付。

（2）甲银行要求 ABC 会计师事务所在出具审计报告的同时，提供内部控制审核报告。

（3）2015 年 7 月，ABC 会计师事务所按照正常借款程序和条件，向甲银行以抵押贷款方式借款 1 000 万元，用于购置办公用房。

（4）审计小组成员 B 注册会计师的妻子自 2013 年起在甲银行担任统计员的职务。

（5）ABC 会计师事务所针对审计过程中发现的问题，向甲银行提出了会计政策选用和会计处理调整的建议，并协助其解决相关账户调整问题。

要求：根据中国注册会计师职业道德规范有关独立性的规定，分别判断上述情况是否对会计师事务所的独立性造成损害，并简要说明理由。

项目2
初步业务活动与审计计划

知识目标
1. 了解初步业务活动的目的和内容。
2. 了解审计业务约定书的作用和内容。
3. 了解总体审计策略和具体审计计划的内容。
4. 了解被审计单位及其环境。
5. 了解被审计单位的内部控制。
6. 了解评估重大错报风险的目的和审计程序。

能力目标
1. 能确定是否接受审计委托业务。
2. 能编制总体审计策略和具体审计计划。
3. 能确定重要性水平。
4. 能评估重大错报风险。

引例　风险评估的基础——了解被审计单位及其环境

　　Rubbermaid 公司是美国的一家塑料制品生产商，产品包括储藏罐和垃圾箱等。在 20 世纪 90 年代中期，该公司连续数年的年均增长率超过 14%，且连续 3 年被《财富》杂志评选为"美国最受欢迎的企业"。

　　对 Rubbermaid 公司进行战略分析后可以发现，该公司对原油价格的波动非常敏感，因为塑料制品的一个重要原料是树脂，而树脂是通过原油炼制的。但 Rubbermaid 公司没有采取任何控制原材料风险的措施——既没有集中采购，也没有与供应商签订长期购买合同。实际上，该公司是世界上最大的树脂消费商之一，以其采购规模，完全可以通过谈判获得很优惠的价格。但该公司没有利用集中采购所能赋予它的定价能力，而是在全球 12 个地方分别采购。当原油价格上涨时，它只能把增加的成本转嫁给客户。该公司也未能有效管理与最大客户沃尔玛的关系。沃尔玛拒绝接受价格上涨，并把 Rubbermaid 公司的产品放在卖场位置靠里的货架上，而将 Rubbermaid 公司的低价竞争对手 Stelite 公司的产品置于位置最好的货架上。该公司另一个战略方面的问题是制定的增长目标太高——试图维持 14% 的年增长率。实现目标的困难给管理层形成巨大压力，而这一点对于内部控制环境十分不利。同时，它在欧洲的扩张也遭遇挫折。

　　基于这些情况，审计人员可作出合理的财务业绩预期：销售增长放缓、销售毛利下降、利润降低、研发费用需要增加等。假如出现与预期不一致的情形，如这一年的销售毛利反而比去年增加等，审计人员就要打个问号。同时，审计人员可能估计它会通过降低产品质量来降低成本,以达到业绩目标,这就需要对成本结构进行分析,看它有没有改变产品配方来压缩成本;如果它的产量过大而销售又不力,它的库存应该会增加;还有资本结构方面,它在欧洲投资失败,这些投资是否确认了减值损失,等等。通过这样一步步的分析评估,审计人员可以判断出该公司存在风险较高的领域。

现代审计是风险导向审计,注册会计人员必须通过了解被审计单位及其环境,才能恰当评估将面临的审计风险,也才能确定进一步审计程序的对策。

2.1 接受业务委托

2.1.1 初步业务活动的目的和内容

按照《中国注册会计师审计准则第1201号——计划审计工作》的要求,注册会计师在计划审计工作前,需要对被审计单位的基本情况进行了解,开展初步业务活动。

1. 开展初步业务活动的目的

注册会计师开展初步业务活动的根本目的是确定是否要接受业务委托。具体而言要实现3个主要目的:确保注册会计师已具备执行业务所需要的独立性和专业胜任能力;确定不存在因管理层诚信问题而影响注册会计师保持该项业务意愿的情况;确保与被审计单位不存在对业务约定条款的误解。

2. 初步业务活动的内容

注册会计师在本期审计业务开始时应当开展的初步业务活动包括3项内容:一是针对保持客户关系和具体审计业务实施相应的质量控制程序;二是评价遵守职业道德规范的情况;三是及时签订或修改审计业务约定书。

针对保持客户关系和具体审计业务实施质量控制程序,并且根据实施相应程序的结果作出适当的决策,是注册会计师控制审计风险的重要环节。注册会计师应当按照质量控制准则中的规定,评价职业道德,以确保注册会计师已具备执行业务所需要的独立性和专业胜任能力,且不存在因管理层诚信问题而影响注册会计师承接或保持该项业务意愿等情况。

在作出接受或保持客户关系及具体审计业务的决策后,注册会计师应当与被审计单位就审计业务约定条款达成一致意见,签订或修改审计业务约定书,以避免双方对审计业务的理解产生分歧。

在实务中,通常通过编制初步业务活动程序表(见表2.1)来完成以上工作。

项目 2　初步业务活动与审计计划

表2.1　初步业务活动程序

被审计单位：_____　　编制：_____　　日期：_____　　索引号：_____
截止日期／期间：_____　复核：_____　　日期：_____　　页　次：_____

初步业务活动目标：
确定是否接受业务委托；如接受业务委托，确保在计划审计工作时达到下列要求。
（1）注册会计师已具备执行业务所需要的独立性和专业胜任能力。
（2）不存在因管理层诚信问题而影响注册会计师承接或保持该项业务意愿的情况。
（3）与被审计单位不存在对业务约定条款的误解。

初步业务活动程序	索引号	执行人
1. 如果首次接受审计委托，则实施下列程序 （1）与被审计单位面谈，讨论下列事项 ① 审计的目标 ② 审计报告的用途 ③ 管理层对财务报表的责任 ④ 审计范围 ⑤ 执行审计工作的安排，包括出具审计报告的时间要求 ⑥ 审计报告格式和对审计结果的其他沟通形式 ⑦ 管理层提供必要的工作条件和协助 ⑧ 注册会计师不受限制地接触任何与审计有关的记录、文件和所需要的其他信息 ⑨ 利用被审计单位专家或内部审计人员的程度（必要时） ⑩ 审计收费 （2）初步了解被审计单位及其环境，并予以记录 （3）征得被审计单位书面同意后，与前任注册会计师沟通		
2. 如果是连续审计，则实施下列程序 （1）了解审计的目标、审计报告的用途、审计范围和时间安排等 （2）查阅以前年度审计工作底稿，重点关注非标准审计报告涉及的说明事项、管理建议书的具体内容、重大事项概要等 （3）初步了解被审计单位及其环境发生的重大变化，并予以记录 （4）考虑是否需要修改业务约定条款，以及是否需要提醒被审计单位注意现有的业务约定条款		
3. 评价是否具备执行该项审计业务所需要的独立性和专业胜任能力		
4. 完成业务承接评价表或业务保持评价表		
5. 签订审计业务约定书（适用于首次接受业务委托，以及连续审计中修改长期审计业务约定书条款的情况）		

2.1.2　了解被审计单位的基本情况

注册会计师在业务承接或保持业务时必须了解被审计单位的基本情况，主要包括以下几方面。

① 单位业务性质、所属的行业、经营范围和组织结构。
② 经营情况和经营风险。
③ 以前年度接受审计的情况。
④ 财务会计机构和工作组织。

注册会计师了解被审计单位所属的行业、业务性质及主要业务,可以从中知悉行业的竞争激烈程度、行业是否受到经济周期的波动、行业的法律法规及监管程度、企业业务活动范围及复杂程度。

提示 如果属于审计业务保持,则注册会计师根据以前年度审计情况和对被审计单位及其环境所发生变化的了解,考虑并记录4个方面的内容:审计范围和执行审计工作的时间安排;客户的诚信;经营风险;财务状况。

注册会计师在对新老客户的基本情况进行初步审查时,可以采用以下方式:巡查客户的经营场所;复核年度报告;与客户的管理层和员工进行讨论;利用网络获取公众信息和公共数据库;复核以前年度的工作底稿(适用于老客户);向前任注册会计师询问被审计单位变更事务所的原因(适用于新客户)等。

2.1.3 评价客户接受与保持条件

注册会计师在了解被审计单位的基本情况后,应该从会计师事务所的专业胜任能力、独立性和客户的诚信度这3个方面进行评价,决定是否承接或保持审计业务。

1. 评价客户的诚信度

针对有关客户的诚信,会计师事务所应当考虑下列主要事项:客户主要股东、关键管理人员、关联方及治理层的身份和商业信誉;客户的经营性质;有关客户主要股东、关键管理人员及治理层对内部控制环境、会计准则等态度的信息;客户是否过分考虑将会计师事务所的费用维持在尽可能低的水平;工作范围受到不适当限制的迹象;客户可能涉嫌洗钱或其他刑事犯罪行为的迹象;变更会计师事务所的原因。

会计师事务所可以通过下列途径获取与客户诚信相关的信息:与为客户提供职业会计服务的现任或前任人员进行沟通,并与其讨论;向会计师事务所的其他人员、监管机构、金融机构、法律顾问和客户同行等第三方询问;从相关数据库中搜索客户的背景信息。

2. 评价专业胜任能力

会计师事务所在承接或保持审计业务时,必须按照质量控制准则和职业道德基本原则的规定,衡量和评价本事务所有无专业胜任能力,包括:会计师事务所人员是否熟悉相关行业或业务对象;会计师事务所人员是否具有执行类似业务的经验,或是否具有有效获取必要的知识和技能的能力;会计师事务所是否拥有足够的具有必要素质和专业胜任能力的人员;在需要时,是否能够得到专家的帮助;如果需要项目质量控制复核,是否具备符合标准和资格要求的项目质量控制复核人员;会计师事务所是否能够在提交报告的最后期限内完成业务。

3. 评价独立性

独立性原则是注册会计师执行审计工作时必须遵循的职业道德基本原则之一,注册会计师在执行审计或其他鉴证业务时,应当在实质上和形式上独立于外部组织和所服务的对象。

注册会计师通过独立性问卷(见表2.2)形式,将影响会计师事务所和注册会计师独立性的因素一一列出,给予充分调查和考虑,并且根据注册会计师审计职业道德的规范要求,作出是否影响独立性的结论。

表2.2 独立性问卷及声明

被审计单位:_____ 编制:_____ 日期:_____ 索引号:_____
截止日期/期间:_____ 复核:_____ 日期:_____ 页 次:_____

项目内容	是	否	说 明
一、影响独立性的情形	—	—	
1.考虑经济利益对独立性的损害,可能损害独立性的情形	—	—	
(1)是否与鉴证客户存在专业服务收费以外的直接经济利益或重大的间接经济利益			
(2)收费是否主要来源于该鉴证客户			
(3)是否过分担心失去该项业务			
(4)是否与鉴证客户存在密切的经营关系			
(5)是否对鉴证业务采取或有收费的方式			
(6)是否与鉴证客户发生雇用关系			
2.考虑自我评价对独立性的损害,可能损害独立性的情形	—	—	
(1)鉴证小组成员是否曾是鉴证客户的董事、经理、其他关键管理人员或能够对鉴证业务产生直接重大影响的员工			
(2)是否为鉴证客户提供直接影响鉴证业务对象的其他服务			
(3)是否为鉴证客户编制属于鉴证业务对象的数据或其他记录			
3.考虑关联关系对独立性的损害,可能损害独立性的情形	—	—	
(1)与鉴证小组成员关系密切的家庭成员是否为鉴证客户的董事、经理、其他关键管理人员或能够对鉴证业务产生直接重大影响的员工			
(2)鉴证客户的董事、经理、其他关键管理人员或能够对鉴证业务产生直接重大影响的员工是否为会计师事务所的前高级管理人员			
(3)是否接受鉴证客户或其董事、经理、其他关键管理人员或能够对鉴证业务产生直接重大影响的员工的贵重礼品或超出社会礼仪的款待			
4.考虑外界压力对独立性的损害,可能损害独立性的情形	—	—	
(1)在重大会计、审计等问题上与鉴证客户是否存在意见分歧而受到解聘威胁			
(2)是否受到有关单位或个人不恰当的干预			
(3)是否受到鉴证客户降低收费的压力而不恰当地缩小工作范围			
5.其他可能影响连续接受委托的事项			
二、识别出的损害独立性因素			
三、消除损害独立性影响或将其降至可接受水平的具体措施			
项目签字注册会计师声明:	签字:		
主任会计师或授权签字的副主任会计师声明:	签字:		

2.1.4 与客户商谈业务约定书的内容

注册会计师在正式签订业务约定书前,必须与客户商谈有关约定书中涉及的内容。具体内容如下。

① 审计的目标。
② 审计报告的用途。
③ 管理层对财务报表的责任。
④ 审计范围。
⑤ 执行审计工作的安排,包括出具审计报告的时间要求。
⑥ 审计报告格式和对审计结果的其他沟通形式。
⑦ 管理层提供必要的工作条件和协助。
⑧ 注册会计师不受限制地接触任何与审计有关的记录、文件和所需要的其他信息。
⑨ 利用被审计单位专家或内部审计人员的程度(必要时)。
⑩ 审计收费。

2.1.5 完成业务承接评价表的填制

注册会计师在完成了解被审计单位基本情况、评价业务承接条件的工作后,着手填制业务承接评价表,如表2.3所示。

表2.3 业务承接评价

被审计单位:_____ 编制:_____ 日期:_____ 索引号:_____
截止日期/期间:_____ 复核:_____ 日期:_____ 页 次:_____

1. 被审计单位法定名称(中/英文)			
2. 被审计单位地址			
电话		传真	
电子信箱		网址	
联系人			
3. 被审计单位性质(国有/外商投资/民营/其他)			
4. 被审计单位所属行业、业务性质与主要业务			
5. 最初接触途径(详细说明) (1)本所职工引荐 (2)外部人员引荐 (3)其他			
6. 委托方要求我们提供审计服务的目的及出具审计报告的日期			
7. 治理层及管理层关键人员(姓名、职位与分工)			
8. 主要财务人员(姓名、职位与分工)			
9. 直接控股母公司、间接控股母公司、最终控股母公司的名称、地址、相互关系、主营业务及持股比例			
10. 子公司/合营企业/联营企业的名称、地址、相互关系、主营业务及持股比例			
11. 分公司的名称、地址、主营业务			
12. 被审计单位主管税务机关			

(续表)

13.被审计单位法律顾问或委托律师/常年会计顾问(机构、经办人、联系方式)
14.前任注册会计师(机构、经办人、联系方式)变更会计师事务所的原因,以及最近3年变更会计师事务所的频率
15.根据对被审计单位及其环境的了解记录:被审计单位的诚信;经营风险;财务状况初步评估的被审计单位风险级别(高/中/低)
16.根据本所目前的情况,考虑并记录:项目组的时间和资源;项目组的专业胜任能力;独立性(经济利益、自我评价、关联关系、外界压力等)
17.预计收取的费用及可回收比率 　　预计审计收费 　　预计成本(计算过程) 　　可回收比率
18.其他方面的意见
部门经理: 　　基于上述方面,我们(接受或不接受)此项业务。　　　　　　签名:　　日期:
项目分管所长: 　　基于上述方面,我们(接受或不接受)此项业务。 　　　　　　签名:　　日期:	风险管理负责人(必要时): 　　基于上述方面,我们(接受或不接受)此项业务。 　　　　　签名:　　日期:
最终结论: 　　　　　　　　　　　　　　　　　　　　　　签名:　　日期:

2.1.6 签订审计业务约定书

审计业务约定书是指会计师事务所与被审计单位签订的,用以记录和确认审计业务的委托与受托关系、审计目标和范围、双方的责任,以及报告的格式等事项的书面协议。会计师事务所承接任何审计业务,都应与被审计单位签订审计业务约定书。

审计业务约定书的具体内容可能因被审计单位的不同而存在差异,但应当包括下列主要方面。

① 财务报表审计的目标。
② 管理层对财务报表的责任。
③ 管理层编制财务报表采用的会计准则和相关会计制度。
④ 审计范围,包括指明在执行财务报表审计业务时遵守的中国注册会计师审计准则。
⑤ 执行审计工作的安排,包括出具审计报告的时间要求。
⑥ 审计报告格式和对审计结果的其他沟通形式。
⑦ 由于测试的性质和审计的其他固有限制,以及内部控制的固有局限性,不可避免地存在着某些重大错报可能仍然未被发现的风险。
⑧ 管理层为注册会计师提供必要的工作条件和协助。
⑨ 注册会计师不受限制地接触任何与审计有关的记录、文件和所需要的其他信息。
⑩ 管理层对其作出的与审计有关的声明予以书面确认。

⑪ 注册会计师对执业过程中获知的信息保密。
⑫ 审计收费,包括收费的计算基础和收费安排。
⑬ 违约责任。
⑭ 解决争议的方法。
⑮ 签约双方法定代表人或其授权代表的签字盖章,以及签约双方加盖的公章。

审计业务约定书参考格式如下。

审计业务约定书
(适用于非集团财务报表审计)

甲方: ×× 公司
乙方: ×× 会计师事务所
兹由甲方委托乙方对_____(报表期间)财务报表进行审计,经双方协商,达成以下约定。

一、业务范围与审计目标

1. 乙方接受甲方委托,对甲方按照《企业会计准则》及《企业会计制度》编制的下列财务报表及其附注进行审计。

2. 乙方通过执行审计工作,对财务报表的下列方面发表审计意见。
(1) 财务报表是否按照《企业会计准则》及《企业会计制度》的规定编制。
(2) 财务报表是否在所有重大方面公允反映被审计单位的财务状况、经营成果和现金流量。

二、甲方的责任与义务

(一) 甲方的责任

1. 根据《中华人民共和国会计法》及《企业财务会计报告条例》,甲方及甲方负责人有责任保证会计资料的真实性和完整性。因此,甲方管理层有责任妥善保存和提供会计记录(包括但不限于会计凭证、会计账簿及其他会计资料),这些记录必须真实、完整地反映甲方的财务状况、经营成果和现金流量。

2. 按照《企业会计准则》的规定编制财务报表是甲方管理层的责任,这种责任包括:(1) 设计、实施和维护与财务报表编制相关的内部控制,以使财务报表不存在由于舞弊或错误而导致的重大错报;(2) 选择和运用恰当的会计政策;(3) 作出合理的会计估计。

(二) 甲方的义务

1. 及时为乙方的审计工作提供其所要求的全部会计资料和其他有关资料(在___年___月___日之前提供审计所需的全部资料),并保证所提供资料的真实性和完整性。

2. 确保乙方不受限制地接触任何与审计有关的记录、文件和所需的其他信息。

3. 甲方管理层对其作出的与审计有关的声明予以书面确认。

4. 为乙方派出的有关工作人员提供必要的工作条件和协助,主要事项将由乙方于外勤工作开始前提供清单。

5. 按本约定书的约定及时足额支付审计费用,以及乙方人员在审计期间的交通、食宿和其他相关费用。

三、乙方的责任和义务

(一) 乙方的责任

1. 乙方的责任是在实施审计工作的基础上对甲方编制的财务报表发表审计意见。乙方按照《中国注册会计师审计准则》(以下简称《审计准则》)的规定进行审计。《审计准则》要求注册会计师遵守职业道德规范,计划和实施审计工作,以对财务报表是否不存在重大错报获取合理保证。

2. 审计工作涉及实施审计程序,以获取有关财务报表金额和披露的审计证据。选择的审计程序取决于乙方的判断,包括对由于舞弊或错误导致的财务报表重大错报风险的评估。在进行风险评估时,乙方考虑与财务报表编制相关的内部控制,以设计恰当的审计程序,但目的并非对内部控制的有效性发表意见。审计工作还包括评价管理层选用会计政策的恰当性和作出会计估计的合理性,以及评价财务报表的总体列报。

3. 乙方需要合理计划和实施审计工作,以使乙方能够获取充分、适当的审计证据,为甲方编制的财务报表是否不存在重大错报获取合理保证。

4. 乙方有责任在审计报告中指明,所发现的甲方在某重大方面没有遵循《企业会计准则》编制财务报表且未按乙方的建议进行调整的事项。

5. 由于测试的性质和审计的其他固有限制,以及内部控制的固有局限性,不可避免地存在着某些重大错报在审计后可能仍然未被乙方发现的风险。
　　6.乙方的审计不能减轻甲方及甲方管理层的责任。
　（二）乙方的义务
　　1.按照约定时间完成审计工作,出具审计报告。乙方应于_____年__月__日前出具审计报告。
　　2.除下列情况外,乙方应当对执行业务过程中知悉的甲方信息予以保密:(1)取得甲方的授权;(2)根据法律法规的规定,为法律诉讼准备文件或提供证据,以及向监管机构报告发现的违反法规行为;(3)接受行业协会和监管机构依法进行的质量检查;(4)监管机构对乙方进行行政处罚(包括监管机构处罚前的调查、听证),以及乙方对此提起行政复议。
　四、审计收费
　　1.经双方协商确定,乙方预计本次审计服务的费用总额为人民币_____元,与本次审计有关的其他费用(包括交通费、食宿费等)由甲方承担。
　　2.甲方应于本约定书签署之日起____日内支付__%的审计费用,剩余款项于_____结清。
　　3.如果由于无法预见的原因,致使乙方从事本约定书所涉及的审计服务实际时间较本约定书签订时预计的时间有明显的增加或减少时,甲乙双方应通过协商,相应调整本约定书第四项第1条下所述的审计费用。
　　4.如果由于无法预见的原因,致使乙方人员抵达甲方的工作现场后,本约定书所涉及的审计服务不再进行,甲方不得要求退还预付的审计费用;如果上述情况发生于乙方人员完成现场审计工作,并离开甲方的工作现场之后,甲方应另行向乙方支付人民币_____元的补偿费——该补偿费应于甲方收到乙方的收款通知之日起_____日内支付。
　五、审计报告和审计报告的使用
　　1.乙方按照《中国注册会计师审计准则第1501号——审计报告》和《中国注册会计师审计准则第1502号——非标准审计报告》规定的格式和类型出具审计报告。
　　2.乙方向甲方出具审计报告一式____份。
　　3.甲方在提交或对外公布审计报告时,不得修改乙方出具的审计报告及其后附的已审计财务报表。当甲方认为有必要修改会计数据、报表附注和所做的说明时,应当事先通知乙方,乙方将考虑有关的修改对审计报告的影响,必要时,将重新出具审计报告。
　六、本约定书的有效期间
　　本约定书自签署之日起生效,并在双方履行完毕本约定书约定的所有义务后终止。但其中第三(二)2、四、五、八、九、十项并不因本约定书终止而失效。
　七、约定事项的变更
　　如果出现不可预见的情况,影响审计工作如期完成,或需要提前出具审计报告时,甲乙双方均可要求变更约定事项,但应及时通知对方,并由双方协商解决。
　八、终止条款
　　1.如果根据乙方的职业道德及其他有关专业职责、适用的法律法规或其他任何法定的要求,乙方认为已不适宜继续为甲方提供本约定书约定的审计服务时,乙方可以采取向甲方提出合理通知的方式终止履行本约定书。
　　2.在终止业务约定的情况下,乙方有权就其于本约定书终止之日前对约定的审计服务项目所做的工作收取合理的审计费用。
　九、违约责任
　　甲乙双方按照《中华人民共和国合同法》的规定承担违约责任。
　十、适用法律和争议解决
　　本约定书的所有方面均应适用中华人民共和国法律进行解释并受其约束。本约定书履行地为乙方出具审计报告所在地,因本约定书所引起的或与本约定书有关的任何纠纷或争议(包括关于本约定书条款的存在、效力或终止,或者无效之后果),双方选择第____种解决方式。
　　1.向有管辖权的人民法院提起诉讼。
　　2.提交_____仲裁委员会仲裁。
　十一、双方对其他有关事项的约定
　　本约定书一式两份,甲、乙方各执一份,具有同等法律效力。
　　甲方:(盖章)　　　　　　　　　　　　　　乙方:(盖章)

法定代表人　　　　　　　　　　　　法定代表人
（或其授权代表）：（签章）　　　　　（或其授权代表）：（签章）
签约日期：＿＿＿＿年＿＿月＿＿日　　签约日期：＿＿＿＿年＿＿月＿＿日

2.2 编制审计计划

在确定接受委托之后，为保证审计工作的顺利开展，注册会计师需要制订审计计划。审计计划是指审计人员为了完成审计业务，达到预期的审计目的，在具体执行审计程序之前编制的工作计划。审计计划包括总体审计策略和具体审计计划两个层次，以将审计风险降低至可接受的水平。

2.2.1 编写总体审计策略

注册会计师应当为审计工作制定总体审计策略用以确定审计范围、时间和方向，并指导具体审计计划的制订。总体审计策略的内容如表 2.4 所示。

表2.4　总体审计策略

被审计单位：＿＿＿＿＿　编制：＿＿＿＿＿　日期：＿＿＿＿＿　索引号：＿＿＿＿＿
截止日期/期间：＿＿＿＿　复核：＿＿＿＿＿　日期：＿＿＿＿＿　页　次：＿＿＿＿＿

一、审计范围

报告要求	记　录
适用的会计准则或相关会计制度	
与财务报告相关的行业特别规定	
需审计的集团内组成部分的数量及所在地点	
需要阅读的含有已审计财务报表的文件中的其他信息	
制定审计策略需考虑的其他事项	

二、审计业务的时间安排

工作内容	时间安排
（一）对外报告的时间安排	
（二）执行审计的时间安排	
1. 制定总体审计策略	
2. 制订具体审计计划（风险评估及应对）	
3. 存货监盘	
（三）沟通的时间安排	
与管理层及治理层的会议	
项目组会议（包括预备会和总结会）	
与专家或有关人士沟通	
与其他注册会计师沟通	
与前任注册会计师沟通	

三、影响审计业务的重要因素

重要因素	索引号
（一）确定的重要性水平	
（二）可能存在较高重大错报风险的领域	
（三）重要的组成部分和账户余额	

注：另附底稿记录——审计的集团内重要的组成部分；重要的账户余额，包括本身具有重要性的账户余额（如存货），以及评估出存在重大错报风险的账户余额。

四、人员安排

（一）项目组主要成员及分配的职责

职 位	姓 名	主要职责

（二）与项目质量控制复核人员的沟通（如适用）

复核的范围：

沟通内容	负责沟通的项目组成员	计划沟通时间

注：沟通内容包括风险评估、对审计计划的讨论、对财务报表的复核等方面。

五、对专家或有关人士工作的利用

（一）对内部审计工作的利用

主要报表项目	拟利用的内部审计工作	索引号

（二）对其他注册会计师工作的利用

其他注册会计师名称	利用其工作的范围及程度	索引号

（三）对专家工作的利用

主要报表项目	专家名称	主要职责及工作范围	利用专家工作的原因	索引号

（四）对被审计单位使用服务机构的考虑

主要报表项目	服务机构名称	服务机构提供的相关服务及其注册会计师出具的审计报告意见及日期	索引号

注：如果项目组计划利用专家或有关人士的工作，除需要记录其工作的范围和涉及的主要会计科目等内容外，还应按照相关审计准则的要求对专家或有关人士的能力、客观性及其工作等进行考虑及评估。

在确定审计方向时，注册会计师需要考虑下列事项。

① 重要性方面。其具体包括以下几点：为计划目的确定重要性；为组成部分确定重要性且与组成部分的注册会计师沟通；在审计过程中重新考虑重要性；识别重要的组成部分

和账户余额。

② 重大错报风险较高的审计领域。

③ 评估的财务报表层次的重大错报风险对指导、监督及复核的影响。

④ 项目组人员的选择(在必要时包括项目质量控制复核人员)和工作分工,包括向重大错报风险较高的审计领域分派具备适当经验的人员。

⑤ 项目预算,包括考虑为重大错报风险可能较高的审计领域分配适当的工作时间。

⑥ 如何向项目组成员强调在收集和评价审计证据过程中保持职业怀疑必要性的方式。

⑦ 以往审计中对内部控制运行有效性评价的结果,包括所识别的控制缺陷的性质及应对措施。

⑧ 管理层重视设计和实施健全的内部控制的相关证据,包括这些内部控制得以适当记录的证据。

⑨ 业务交易量规模,以基于审计效率的考虑确定是否依赖内部控制。

⑩ 对内部控制重要性的重视程度。

⑪ 影响被审计单位经营的重大发展变化,包括信息技术和业务流程的变化,关键管理人员变化,以及收购、兼并和分立。

⑫ 重大的行业发展情况,如行业法规变化和新的报告规定。

⑬ 会计准则及会计制度的变化。

⑭ 其他重大变化,如影响被审计单位的法律环境的变化。

提示 注册会计师应当在总体审计策略中清楚地说明审计资源的规划和调配,包括确定执行审计业务所必需的审计资源的性质、时间和范围。

① 向具体审计领域调配的资源,包括向高风险领域分派有适当经验的项目组成员,就复杂的问题利用专家工作等。

② 向具体审计领域分配资源的数量,包括安排到重要存货存放地观察存货盘点的项目组成员的数量,对其他注册会计师工作的复核范围,对高风险领域安排的审计时间预算等。

③ 何时调配这些资源,包括是在期中审计阶段还是在关键的截止日期调配资源等。

④ 如何管理、指导、监督这些资源的利用,包括预期何时召开项目组预备会和总结会,预期项目负责人和经理如何进行复核,是否需要实施项目质量控制复核等。

2.2.2 编制具体的审计计划

注册会计师应当针对总体审计策略所识别的不同事项,制订具体审计计划,并考虑通过有效利用审计资源以实现审计目标。具体审计计划比总体审计策略更加详细,应当包括风险评估程序、计划实施的进一步审计程序和其他审计程序。可以说,为获取充分、适当的审计证据而确定审计程序的性质、时间和范围的决策是具体审计计划的核心。

1. 风险评估程序

为了充分识别和评估财务报表重大错报风险,注册会计师应按照《中国注册会计师审计准则第 1211 号——通过了解被审计单位及其环境并评估重大错报风险》的规定,计划实施的风险评估程序的性质、时间和范围。

2. 计划实施的进一步审计程序

注册会计师应按照《中国注册会计师审计准则第1231号——针对评估的重大错报风险采取的应对措施》的规定,针对评估认定层次的重大错报确定计划实施的进一步审计程序的性质、时间和范围,进一步审计程序包括控制测试和实质性程序。

3. 计划其他审计程序

注册会计师针对一些特定项目需要确定实施的其他审计程序。例如,《中国注册会计师审计准则第1141号——财务报表审计中对舞弊的考虑》《中国注册会计师审计准则第1324号——持续经营》《中国注册会计师审计准则第1142号——财务报表审计中对法律法规的考虑》及《中国注册会计师审计准则第1323号——关联方》等。

提示

- 虽然制定总体审计策略的过程通常在具体审计计划之前,但是这两项计划具有内在的紧密联系,对其中一项的决定可能会影响甚至改变对另外一项的决定。例如,注册会计师在了解被审计单位及其环境的过程中,注意到被审计单位对主要业务的处理依赖复杂的自动化信息系统,因此,计算机信息系统的可靠性及有效性对其经营、管理、决策,以及编制可靠的财务报表具有重大影响。对此,注册会计师可能会在具体审计计划中制定相应的审计程序,并相应调整总体审计策略的内容,作出利用信息风险管理专家工作的决定。

- 计划审计工作并非审计业务的一个孤立阶段,而是一个持续的、不断修正的过程,贯穿于整个审计业务的始终。由于未预期事项、条件的变化或在实施审计程序中获取的审计证据等,注册会计师在必要时应当对总体审计策略和具体审计计划作出更新和修改。

2.3 实施风险评估程序

注册会计师实施风险导向审计,其目标是对财务报表不存在由于错误或舞弊导致的重大错报获取合理保证。为了识别和评估财务报表重大错报风险,注册会计师必须实施风险评估程序。风险评估程序是指注册会计师实施的了解被审计单位及其环境并识别和评估财务报表重大错报风险的程序。《中国注册会计师审计准则第1211号——通过了解被审计单位及其环境识别和评估重大错报风险》作为专门规范风险评估的准则,对此作了详细规定。

2.3.1 了解被审计单位及其环境

1. 了解被审计单位及其环境的内容

① 行业状况、法律环境与监管环境及其他外部因素。
② 被审计单位的性质。
③ 被审计单位对会计政策的选择和运用。
④ 被审计单位的目标、战略及相关经营风险。

⑤ 被审计单位财务业绩的衡量和评价。

具体内容如表 2.5 所示。

表2.5 了解被审计单位及其环境（不包括内部控制）

被审计单位：_____ 编制：_____ 日期：_____ 索引号：_____
截止日期/期间：_____ 复核：_____ 日期：_____ 页次：_____

一、审计目标

从以下方面了解被审计单位及其环境，并评估相应重大错报风险。
1. 行业状况、法律环境与监管环境及其他外部因素。
2. 被审计单位的性质。
3. 被审计单位对会计政策的选择和运用。
4. 被审计单位的目标、战略及相关经营风险。
5. 被审计单位财务业绩的衡量和评价。

二、实施的风险评估程序

（一）行业状况、法律环境与监管环境及其他外部因素

风险评估程序	执行人	执行时间	索引号
向管理层询问所处行业的市场供求与竞争、生产经营的季节性和周期性等行业状况的信息			
向管理层询问对经营活动产生重大影响的法律法规等			
……			

注："风险评估程序"一栏，应记录了解被审计单位及其环境时实施的风险评估程序，包括询问、观察、检查和分析程序。以上仅列示了部分程序，具体请参考《中国注册会计师执业准则指南》和《财务报表审计工作底稿编制指南》的相关内容，结合被审计单位实际情况确定并予以记录。

（二）被审计单位的性质

风险评估程序	执行人	执行时间	索引号
向管理层询问所有权结构、治理结构、组织结构或变化情况			
向管理层询问主要经营、投资、筹资等情况			
向销售负责人询问相关市场信息			
实地查看主要生产经营场所			
对财务报表实施分析程序			
……			

（三）被审计单位对会计政策的选择和运用

风险评估程序	执行人	执行时间	索引号
向财务部门负责人询问采用的主要会计政策、会计估计及变更情况			
……			

（四）被审计单位的目标、战略及相关经营风险

风险评估程序	执行人	执行时间	索引号
向管理层询问已实施或拟实施的目标、战略			

(五)被审计单位财务业绩的衡量与评价

风险评估程序	执行人	执行时间	索引号
查阅对管理层和员工的业绩考核与激励性报酬政策、考核的业绩报告等			
实施分析程序,将业绩报告与考核目标值进行比较,分析业绩趋势等			

三、了解的内容和评估的风险

注:记录所了解的内容及评估的风险时,应包括实施程序的时间、地点、对象(姓名、职位)、内容和评估的风险等内容。

提示 注册会计师在了解行业状况、法律环境与监管环境及其他外部因素时,应当将了解的重点放在对被审计单位的经营活动可能产生重要影响的关键外部因素,以及与前期相比发生的重大变化上。

2. 了解被审计单位及其环境的方法

① 询问被审计单位管理层和内部其他相关人员。

提示 在确定向被审计单位的哪些人员进行询问及询问哪些问题时,注册会计师应当考虑何种信息有助于其识别和评估重大错报风险。例如,询问治理层,有助于注册会计师理解财务报表编制的环境;询问营销或销售人员,有助于注册会计师了解被审计单位的营销策略及其变化、销售趋势及与客户的合同安排。

② 分析程序。运用分析程序有助于识别异常的交易或事项,找出存在潜在错报风险的领域。其具体运用步骤如下。

1)确定将要执行的计算及比较。
2)估计期望值。
3)执行计算和比较。
4)分析数据,确认重大差异。
5)调查重大差异。
6)考虑对审计风险和审计计划的影响。

提示 在实施分析程序时注册会计师应当预期可能存在的合理关系,并与被审计单位记录的金额、依据记录金额计算的比率或趋势相比较。如果发现异常或未预期到的关系,注册会计师应当在识别重大错报风险时考虑这些比较结果。

③ 观察和检查。

1)观察被审计单位的生产经营情况。
2)检查文件、记录和内部控制手册。
3)阅读由管理层和治理层编制的报告。
4)实地查看被审计单位的生产经营场所和设备。
5)追踪交易在财务报告信息系统中的处理过程。

3. 项目组内部的讨论

在了解被审计单位及其环境的过程中,审计人员应当组织项目组成员对财务报表存在重大错报的可能性进行讨论,并运用职业判断确定讨论的目标、内容、人员、时间和方式。

在讨论内容方面,项目组应当讨论被审计单位面临的经营风险、财务报表容易发生错报的领域及发生错报的方式,特别是由于舞弊导致重大错报的可能性。在人员参加方面,项目组的关键成员应当参与讨论,如果项目组需要拥有信息技术或其他特殊技能的专家,这些专家也应该参与讨论。此外,项目组应当根据审计的具体情况,在整个审计过程中持续交换有关财务报表发生重大错报的可能性信息。同时,项目组在讨论时应当强调在整个审计过程中保持职业怀疑态度,警惕可能发生重大错报的迹象,并对这些迹象进行严格追踪。项目组讨论内容如表2.6所示。

表2.6 项目组讨论内容

讨论的主要领域	目的:了解被审计单位,进行公开的讨论
分享了解的信息	1. 被审计单位的性质,管理层对内部控制的态度,从以往审计业务中获得的经验,重大经营风险因素 2. 已了解的影响被审计单位的外部和内部舞弊因素,可能为管理层或其他人员实施下列行为提供动机或压力 (1)实施舞弊 (2)为实施构成犯罪的舞弊提供机会 (3)利用企业文化或环境,寻找使舞弊行为合理化的理由 (4)考虑管理层对接触现金或其他易被侵占资产的员工实施监督的情况 3. 确定财务报表哪些项目易于发生重大错报,表明管理层倾向于高估或低估收入的迹象
	目的:对审计意见和方法实施头脑风暴法
分享审计思路和方法	1. 管理层可能如何编报和隐藏虚假财务报告,例如,管理层凌驾于内部控制之上。根据对识别的舞弊风险因素的评估,制订一个识别舞弊的方案可能对审计很有帮助。例如,销售经理可能通过高估收入实现达到奖励水平的目的,这可能通过修改收入确认政策或进行不恰当的发票截止来实现 2. 出于个人目的侵占或挪用被审计单位的资产行为如何发生 3. 考虑 (1)管理层进行高估/低估账目的方法,包括对准备和估计进行操纵及变更会计政策等 (2)用于应对评估风险可能的审计程序、方法
指明方向	1. 强调在审计过程中保持职业怀疑态度的重要性。不应将管理层视为完全诚实,也不应将其作为罪犯对待 2. 列示表明可能存在舞弊可能性的迹象。例如,识别警示信号(如红旗),并予以追踪;一个不重要的金额(如增长的费用)可能表明存在很大的问题,如管理层诚信 3. 决定如何增加拟实施审计程序的性质、时间和范围的不可预见性 4. 总体考虑每个项目组成员拟执行的审计工作部分、需要的审计方法、特殊考虑、时间、记录要求,如果出现问题应联系的人员,审计工作底稿复核及其他预期事项 5. 强调对表明管理层不诚实的迹象保持警觉的重要性

2.3.2 了解被审计单位的内部控制

了解被审计单位的内部控制,尤其是深度了解与审计相关的内部控制,是识别和评估重大错报风险的重要前提。深度了解内部控制是指在了解被审计单位及其环境时对内部控制的设计是否合理、是否得到执行等作出评价。

注册会计师在了解被审计单位的内部控制时,应该分别从整体层面和业务流程层面考虑。

1. 在整体层面了解内部控制

在整体层面对被审计单位内部控制的了解和评估,通常由项目组中对被审计单位情况比较了解且较有经验的成员负责,同时需要项目组其他成员的参与和配合。对于连续审计,注册会计师可以重点关注整体层面内部控制的变化情况。

注册会计师可以将询问被审计单位人员、观察特定控制的应用、检查文件和报告,以及执行穿行测试等风险评估程序相结合,以获取审计证据。在了解上述内部控制的构成要素时,注册会计师需要特别注意这些要素在实际中是否得到执行。注册会计师在了解和评价整体层面内部控制时,通常要记录如表2.7所示的内容。

表2.7 了解和评价整体层面内部控制

被审计单位:＿＿＿＿＿＿ 编制:＿＿＿＿＿ 日期:＿＿＿＿＿ 索引号:＿＿＿＿＿
截止日期/期间:＿＿＿＿ 复核:＿＿＿＿＿ 日期:＿＿＿＿＿ 页 次:＿＿＿＿＿

一、整体层面内部控制要素

整体层面内部控制要素	工作底稿索引
控制环境	
风险评估过程	
信息系统与沟通	
对控制的监督	

二、了解整体层面的内部控制

根据对整体层面内部控制的了解,记录如下。

(1)是否制定了相关的政策和程序以保持适当的职责分工?这些政策和程序是否合理?

(2)自前次审计后,被审计单位的整体层面内部控制是否发生重大变化?如果已发生变化,将对审计计划产生哪些影响?

(3)是否识别出非常规交易或重大事项?如果已识别出非常规交易或重大事项,将对审计计划产生哪些影响?

(4)在了解整体层面内部控制过程中是否进一步识别出其他风险?如果已识别出其他风险,将对审计计划产生哪些影响?

(5)信息系统。

注:说明应用软件系统的名称、来源、初次安装日期,本年度对信息系统进行的重大修改、开发与维护及其影响。

项目 2　初步业务活动与审计计划

（6）是否委托其他服务机构执行主要业务活动？如果被审计单位使用其他服务机构,将对审计计划产生哪些影响？

三、沟通事项

控制要素	识别的缺陷	是否属重大缺陷（是/否）	索引号	列入与管理层沟通事项（是/否）	列入与治理层沟通事项(是/否)

被审计单位整体层面的内部控制是否有效将直接影响重要业务流程层面控制的有效性,进而影响注册会计师拟实施的进一步审计程序的性质、时间和范围。

2. 在业务流程层面了解内部控制

注册会计师在计划审计工作时,为了确定在被审计单位财务报表中可能存在重大错报风险的重大账户及其相关认定,必须确定和了解被审计单位的重要业务流程和重要交易类别,确定可能发生错报的环节,识别和了解相关控制,执行穿行测试、初步评价和风险评估。有关了解业务流程层面的审计记录如表 2.8 所示。

表2.8　了解内部控制设计——控制流程

被审计单位：_____　　编制：_____　　日期：_____　　索引号：_____
业务循环：_____
截止日期/期间：_____　　复核：_____　　日期：_____　　页　次：_____

本业务循环涉及的主要人员

职　位	姓　名

我们采用询问、观察和检查等方法,了解并记录了采购付款循环的主要控制流程,并已与_____确认下列所述内容。

1. 有关职责分工的政策和程序。
2. 主要业务活动介绍。

填制说明

注册会计师应当以文字叙述、问卷、核对表和流程图等方式,或几种方式相结合,记录对控制流程的了解。对重要业务活动控制流程的记录应涵盖自交易开始至与其他业务循环衔接为止的整体过程。记录的内容包括但不限于以下几点。

（1）交易如何生成,包括电子数据交换（EDI）和其他电子商务形式的性质和使用程度。
（2）内部控制采用人工系统、自动化系统或两种方式同时并存。
（3）控制由被审计单位人员执行、第三方（如服务机构）执行或两者共同执行,包括涉及人员的姓名及其执行的程序。
（4）处理交易所采用的重要信息系统,包括初次安装的信息,以及已实施和计划实施的重大修改、开发与维护。
（5）与其他信息系统之间的连接,包括以计算机为基础的应用系统和以人工进行的应用系统之间衔接的时点,以及任何相关的手工调节过程（如编制调节表）。
（6）与处理财务信息相关的政策和程序。
（7）会计记录和其他支持性信息。
（8）使用的重要档案和表格。

(9)主要输出信息(包括以纸质、电子或其他介质形式存在的信息)及用途。
(10)输入交易信息并过至明细账和总账的程序。
(11)会计分录的生成、记录和处理的程序,包括把非标准的会计分录过至明细账和总账的程序。

注册会计师在了解控制流程后,必须进一步评价控制流程设计是否合理,以及执行情况如何。其评价内容如表2.9、表2.10所示。

表2.9 评价内部控制——设计及执行情况评价

被审计单位:＿＿＿＿＿＿ 编制:＿＿＿＿＿＿ 日期:＿＿＿＿＿＿ 索引号:＿＿＿＿＿＿
业务循环:＿＿＿＿＿＿
截止日期/期间:＿＿＿＿＿＿ 复核:＿＿＿＿＿＿ 日期:＿＿＿＿＿＿ 页次:＿＿＿＿＿＿

主要业务活动	控制目标	受影响的相关交易和账户余额及其认定	被审计单位的控制活动	控制活动对实现控制目标是否有效(是/否)	控制活动是否得到执行(是/否)	是否测试该控制活动运行有效性(是/否)

填制说明
(1)在执行财务报表审计业务时,注册会计师应运用职业判断,结合被审计单位的实际情况了解和测试能够确保实现控制目标的控制活动。
(2)本审计工作底稿用以记录业务循环中主要业务活动的控制目标,受该目标影响的相关交易和账户余额及其认定,被审计单位的控制活动与评价控制活动的设计是否合理,是否得到执行。其中,"受影响的相关交易和账户余额及其认定"一栏,注册会计师应根据被审计单位的实际情况分析填写;"控制活动对实现控制目标是否有效"一栏,填列注册会计师对控制活动是否有效的评价;"控制活动是否得到执行"一栏,根据穿行测试的结果填列;"是否测试该控制活动运行有效性"一栏,填列注册会计师考虑是否需要在进一步审计程序中实施控制测试。
(3)如果多项控制活动能够实现同一控制目标,注册会计师不必了解与该项控制目标相关的每项控制活动,只需了解并记录能够确保该控制目标实现的其中一项控制活动。
(4)注册会计师应关注被审计单位所采取的控制活动是否能够完全实现相关的控制目标。在某些情况下,某些控制活动单独执行时,并不能完全达到控制目标,这时注册会计师需要识别与该特定目标相关的其他控制活动,并对其进行测试,以获取达到控制目标的足够的保证程度。
(5)一项控制活动可能达到多个控制目标。为了提高审计效率,如果存在可以同时达到多个控制目标的控制活动,则注册会计师可以考虑优先测试该控制活动。
(6)如果某一项控制目标没有相关的控制活动或控制活动设计不合理,注册会计师应考虑被审计单位控制的有效性及其对拟采用的审计方案的影响。
(7)如果注册会计师拟信赖以前审计获取的有关本循环控制活动运行有效性的审计证据,应当通过实施询问并结合观察或者检查程序,获取这些控制是否已经发生变化的审计证据,并予以记录。

表2.10 穿行测试

被审计单位:＿＿＿＿＿＿ 编制:＿＿＿＿＿＿ 日期:＿＿＿＿＿＿ 索引号:＿＿＿＿＿＿
业务循环:＿＿＿＿＿＿
截止日期/期间:＿＿＿＿＿＿ 复核:＿＿＿＿＿＿ 日期:＿＿＿＿＿＿ 页次:＿＿＿＿＿＿

主要业务活动	测试内容	测试结果

项目 2　初步业务活动与审计计划

填制说明

（1）注册会计师应运用职业判断,结合被审计单位的实际情况设计和执行穿行测试。

（2）注册会计师通常应执行穿行测试程序,以取得控制是否得到执行的审计证据,并记录测试过程和结论。注册会计师可以保留与所测试的控制活动相关的文件或记录的复印件,并与审计工作底稿进行索引。

（3）注册会计师应对整个流程进行穿行测试,涵盖交易自发生至记账的整个过程。

（4）如果拟实施控制测试,在本循环中执行穿行测试检查的项目也可以作为控制测试的测试项目之一。

（5）注册会计师在进行业务循环穿行测试时,可以采用穿行测试表进行穿行测试。穿行测试表仅为测试底稿的一种,如果不适用,则参照《财务报表审计工作底稿编制指南》的相关内容自行设计。

最后,注册会计师根据了解到的情况,按照业务循环记录业务流程层面的内部控制汇总表,如表 2.11 所示。

表2.11　了解业务流程层面的内部控制汇总

被审计单位：＿＿＿＿　　编制：＿＿＿＿＿　　日期：＿＿＿＿＿＿　　索引号：＿＿＿＿

业务循环：＿＿＿＿＿＿

截止日期/期间：＿＿＿＿＿＿　　复核：＿＿＿＿　　日期：＿＿＿＿＿＿　　页次：＿＿＿＿

一、受本循环影响的相关交易和账户余额

二、主要业务活动

主要业务活动	是否在本循环中进行了解

三、了解交易流程

根据对交易流程的了解,记录如下。

（1）是否制定了相关的政策和程序以保持适当的职责分工？这些政策和程序是否合理？

（2）自前次审计后,被审计单位的业务流程和控制活动是否发生重大变化？如果已发生变化,将对审计计划产生哪些影响？

（3）是否识别出本期交易过程中发生的控制偏差？如果已识别出控制偏差,产生偏差的原因是什么？将对审计计划产生哪些影响？

（4）是否识别出非常规交易或重大事项？如果已识别出非常规交易或重大事项,将对审计计划产生哪些影响？

（5）是否进一步识别出其他风险？如果已识别出其他风险,将对审计计划产生哪些影响？

（6）信息系统。

注：说明应用软件系统的名称、来源、初次安装日期,本年度对信息系统进行的重大修改、开发与维护

及其影响。

（7）被审计单位是否委托服务机构执行主要业务活动？如果被审计单位使用服务机构,将对审计计划产生哪些影响？

四、初步结论
（1）控制设计合理,并得到执行。　　　　[　　]
（2）控制设计合理,未得到执行。　　　　[　　]
（3）控制设计无效或缺乏必要的控制。　　[　　]

五、沟通事项

主要业务活动	识别的缺陷	是否属重大缺陷(是/否)	索引号	是否列入与管理层沟通事项(是/否)	是否列入与治理层沟通事项(是/否)

3. 内部控制的描述

评价内部控制必须对内部控制进行了解和描述,注册会计师一般采用文字表述法、调查表法、流程图法等方法,并进一步评价被审计单位内部控制的健全性。

（1）文字表述法

文字表述法又称文字说明法,是指注册会计师对被审计单位内部控制健全程度和执行情况以文字叙述的方式加以记录和说明的描述方法。

（2）调查表法

调查表法是指注册会计师根据被审计单位的业务类型、业务循环、内部控制等审计领域,针对内部控制事项作为调查项目,拟定一系列的问题并列于表上,而后向被审计单位的有关人员提出一系列问题,并系统地以表格形式加以罗列,以此作为识别内部控制制度是否健全有效的一种方法。

（3）流程图法

流程图法是指用一系列特定的符号和图形,将被审计单位各种经济业务处理手续和各种文件、凭证在内部有序流转,以图解的形式直观地表现出来,从而反映被审计单位内部控制的实际情况。

2.3.3 评估重大错报风险

评估重大错报风险是风险评估阶段的最后一个步骤,注册会计师应根据被审计单位及其环境和内部控制情况,对财务报表层次及各类交易、账户余额和列报认定层次的重大错报风险作出评估。在风险评估时,要考虑到已识别的风险是什么,错报金额发生的规模有多大,事件(风险)发生的可能性有多大。

1. 评估重大错报风险的审计程序

1）在了解被审计单位及其环境的整个过程中识别风险,并考虑各类交易、账户余额、列报。例如,宏观经济环境发生变化,非常低迷,可能导致应收账款的周转存在问题。

2）将识别的风险与认定层次可能发生错报的领域相联系。例如,被审计单位销售困难,可能导致市场价格下降,使存货的计价认定发生错报。

3）考虑识别的风险是否重大。例如，原材料涨价，可能会对被审计单位的成本产生影响。

4）考虑识别的风险导致财务报表发生重大错报的可能性。例如，被审计单位对应收账款实施了有效的内部控制，对赊销政策、账龄、收账政策等做了严格规范，在这种情况下，财务报表发生重大错报的可能性会降低。

2. 评估重大错报风险的结果

（1）两个层次的重大错报风险

在对重大错报风险进行识别和评估后，注册会计师应当确定识别的重大错报风险是与特定的某类交易、账户余额、列报的认定相关，还是与财务报表整体广泛有关，进而影响多项认定。

如果识别的重大错报风险与财务报表整体广泛有关，进而影响多项认定，则是财务报表层次的，注册会计师应对整个财务报表制定总体应对措施。如果识别的重大错报风险是与特定的某类交易、账户余额、列报的认定相关，则是认定层次的。由认定层次的重大错报风险决定注册会计师检查风险的高低，由检查风险的高低决定对该认定设计的进一步审计程序，并制订具体计划。

（2）考虑财务报表的可审性

注册会计师在了解被审计单位内部控制后，可能对被审计单位财务报表的可审性产生怀疑。如果发现下列情况，注册会计师应当考虑出具保留意见或无法表示意见的审计报告：被审计单位会计记录的状况和可靠性存在重大问题，不能获取充分、适当的审计证据以发表无保留意见；对管理层的诚信存在严重疑虑。必要时，注册会计师应当考虑解除业务约定。

2.3.4 风险应对

《中国注册会计师审计准则第 1231 号——针对评估的重大错报风险采取的应对措施》规定注册会计师对已识别的重大错报风险应采取一定的应对措施。由于重大错报风险可分为财务报表层次和认定层次，其风险也分别从两个层次去应对。

1. 财务报表层次重大错报风险与总体应对措施

① 向审计项目组强调在收集和评价审计证据过程中保持职业怀疑态度的必要性。
② 分派更有经验或具有特殊技能的注册会计师，或者利用专家的工作。
③ 提供更多的督导。
④ 在选择进一步审计程序时，应当注意使某些程序不被管理层预见或事先了解，如表 2.12 所示。
⑤ 对拟实施审计程序的性质、时间和范围作出总体修改。

表2.12　审计程序的不可预见性示例

审计领域	一些可适用的具有不可预见性的审计程序
存货	1. 向以前审计过程中接触不多的被审计单位员工询问，如采购、销售、生产人员等 2. 在不事先通知被审计单位的情况下，选择一些以前未曾到过的盘点地点进行存货监盘

(续表)

审计领域	一些可适用的具有不可预见性的审计程序
销售和应收账款	1. 向以前审计过程中接触不多或未曾接触过的被审计单位员工询问,如负责处理大客户账户的销售部人员 2. 改变实施实质性分析程序的对象,如对收入按细类进行分析 3. 针对销售和销售退回,延长截止测试期间
	实施以前未曾考虑过的审计程序,例如 (1)函证确认销售条款或选定销售额较不重要、以前未曾关注的销售交易,如对出口销售实施实质性程序 (2)实施更细致的分析程序,如使用计算机辅助审计技术复核销售及客户账户 (3)测试以前未曾函证过的账户余额,如金额为负或0的账户,或者余额低于以前设定的重要性水平的账户 (4)改变函证日期,即把函证账户的截止日期提前或推迟 (5)对关联公司销售和相关账户余额,除了进行函证外,再实施其他审计程序进行验证
固定资产	对以前由于低于设定的重要性水平而未曾测试过的固定资产进行测试,例如,考虑实地盘查一些价值较低的固定资产,如汽车和其他设备等

2. 针对认定层次重大错报风险的进一步审计程序

进一步审计程序是相对于风险评估程序而言的,是指注册会计师针对评估的各类交易、账户余额、列报认定层次重大错报风险实施的审计程序,包括控制测试和实质性程序。设计进一步审计程序时主要考虑以下五大因素。

① 风险的重要性。
② 重大错报发生的可能性。
③ 涉及的各类交易、账户余额和列报的特征。
④ 被审计单位采用的特定控制的性质。
⑤ 注册会计师是否拟获取审计证据,以确定内部控制在防止或发现并纠正重大错报方面的有效性。

综合以上几方面因素,注册会计师可以根据对重大错报评估的结果设计两种不同的方案。

① 综合性方案。将测试控制运行的有效性与实质性程序结合使用,也就是控制测试与实质性程序穿行使用。

② 实质性程序方案。小型被审计单位可能不存在能够被注册会计师识别的控制活动,或者注册会计师认为控制测试很可能不符合成本效益原则,因而注册会计师实施的进一步审计程序主要是实质性程序。

2.3.5 控制测试

1. 控制测试的内涵

控制测试的目的是测试内部控制运行的有效性。例如,注册会计师了解到被审计单位的规章制度明确规定,一位会计人员在开具销售发票并签字之后,应由另一位会计人员对销货发票上的单价、数量、金额进行核对,并且在发票上签名之后才能将其中的两联交给客户。

关于这项控制程序的控制测试内容，就是注册会计师从被审计年度的销货发票簿中抽取若干张，查看发票上的单价与企业内部经过核定的价目表上的单价是否一致，是否存在两位会计人员的签名，金额计算是否正确，从而确定上述规章制度是否在被审计年度得到一贯遵循。如果发票上存在两位会计人员的签名，但是单价与价目表上的单价不一致或金额计算不正确，说明控制得到了执行，但并不有效。

当存在下列情形之一时，注册会计师应当实施控制测试。

（1）在评估认定层次重大错报风险时，预期控制的运行是有效的

如果在评估认定层次重大错报风险时预期控制的运行是有效的，注册会计师应当实施控制测试，就控制在相关期间或时点的运行有效性获取充分、适当的审计证据。只有认为控制设计合理，能够防止或发现并纠正认定层次的重大错报，注册会计师才有必要对控制运行的有效性实施测试。

（2）仅实施实质性程序不足以提供认定层次充分、适当的审计证据

如果认为仅实施实质性程序获取的审计证据无法将认定层次重大错报风险降至可接受的低水平，注册会计师应当实施相关的控制测试，以获取控制运行有效性的审计证据。例如，一家连锁超市每天会有大量的销售业务发生，抽查一定数量的销售业务凭证并不足以验证销售收入的完整性或准确性，注册会计师有必要实施控制测试来了解销售业务内部控制运行的有效性。

测试控制运行的有效性与确定控制是否得到执行所需获取的审计证据是不同的。在实施风险评估程序以获取控制是否得到执行的审计证据时，注册会计师应当确定某项控制是否存在，是否正在被审计单位使用。在测试控制运行有效性时，注册会计师应当从以下几方面获取关于控制是否有效运行的审计证据：控制在所审计期间的不同时点是如何运行的；控制是否得到一贯执行；控制由谁执行；控制以何种方式运行。如果被审计单位在审计期间的不同时期使用了不同的控制，注册会计师应当考虑不同时期控制运行的有效性。

注册会计师可以考虑在评价控制设计和获取其得到执行的审计证据的同时测试控制运行有效性，以提高审计效率。

2. 控制测试的性质

注册会计师应当选择适当类型的审计程序，以获取有关控制运行有效性的保证。计划的保证水平越高，对有关控制运行有效性的审计证据的可靠性要求越高。

当拟实施的进一步审计程序主要以控制测试为主，尤其是仅实施实质性程序获取的审计证据无法将认定层次重大错报风险降至可接受的低水平时，注册会计师应当获取有关控制运行有效性更高的保证水平。

控制测试与了解内部控制的目的不同，但两者采用审计程序的类型通常相同，包括询问、观察、检查记录或文件和穿行测试。此外，控制测试的程序还包括重新执行。

3. 控制测试的时间

注册会计师应当根据控制测试的目的确定控制测试的时间，并确定拟信赖的相关控制的时点或期间。如果测试特定时点的控制，注册会计师仅得到该时点控制运行有效性的审计证据；如果测试某一期间的控制，注册会计师可获取控制在该期间有效运行的审计证据。

如果需要获取控制在某一期间有效运行的审计证据,仅获取与时点相关的审计证据是不充分的,注册会计师应当辅以其他控制测试,包括测试被审计单位对控制的监督。

4. 控制测试的范围

控制测试的范围是指某项控制活动测试的次数。注册会计师应当设计控制测试,以获取控制在整个拟信赖的期间有效运行的充分、适当的审计证据。当针对控制运行的有效性需要获取更具说服力的审计证据时,可能需要扩大控制测试的范围。针对自动化系统,除非系统发生变动,注册会计师通常无须扩大自动化控制测试范围。

2.3.6 实质性程序

1. 实质性程序的内涵

实质性程序包括对各类交易、账户余额、列报的细节测试,以及实质性分析程序。注册会计师应当针对评估的重大错报风险设计和实施实质性程序,以发现认定层次的重大错报。

注册会计师对重大错报风险的评估是一种判断,可能无法充分识别所有的重大错报风险,并且由于内部控制存在固有局限性,无论评估的重大错报风险结果如何,注册会计师都应当针对所有重大的各类交易、账户余额、列报实施实质性程序。

注册会计师实施的实质性程序应当包括下列与财务报表编制完成阶段相关的审计程序:将财务报表与其所依据的会计记录相核对;检查财务报表编制过程中做出的重大会计分录和其他会计调整。注册会计师对会计分录和其他会计调整检查的性质和范围,取决于被审计单位财务报告过程的性质和复杂程度及由此产生的重大错报风险。

2. 实质性程序的性质

注册会计师应当根据各类交易、账户余额、列报的性质选择实质性程序的类型。

（1）细节测试

细节测试适用于对各类交易、账户余额、列报认定的测试,尤其是对存在或发生、计价认定的测试。执行这类测试时,注册会计师主要通过一定的审计方法（如函证、检查实物资产、观察等）来验证各类业务或账户余额的真实性。

注册会计师应当针对评估的风险设计细节测试,获取充分、适当的审计证据,以达到认定层次所计划的保证水平。

在针对存在或发生认定设计细节测试时,注册会计师应当选择包含在财务报表金额中的项目,并获取相关审计证据;在针对完整性认定设计细节测试时,注册会计师应当选择有证据表明应包含在财务报表金额中的项目,并调查这些项目是否确实包括在内。例如,在存货审计中,如果要验证存货是否存在,应将报表或有关明细账的数据与仓库实际的货物进行核对;如果要验证存货完整性,则应首先清点仓库中某些存货的实际数量,然后再与有关明细账数量进行核对。

控制测试的目的是评价控制是否有效运行,细节测试的目的是发现认定层次的重大错报。尽管两者目的不同,但注册会计师可以考虑针对同一交易同时实施控制测试和细节测试,以实现双重目的。如果拟实施双重目的的测试,注册会计师应当仔细设计和评价测试程序。

（2）实质性分析程序

在实施实质性程序过程中使用的分析程序称为实质性分析程序,执行该程序的目的是通过研究不同财务数据之间,以及财务数据与非财务数据之间的内在关系,对财务信息作出评价,并确定审计重点。其基本内容包括比较分析、比率分析和趋势分析等。例如,在主营业务收入的审计中,通过各月份收入数据的比较,注册会计师可以确定收入变化幅度较大的月份,并将其作为审计测试的重点。如果被审计单位 2015 年 1—11 月主营业务收入均为 2 000 万元左右,12 月份收入跃升为 3 000 万元,则注册会计师通常会重点关注 12 月份的有关凭证与账簿。

在设计实质性分析程序时,注册会计师应当考虑下列因素:对特定认定使用实质性分析程序的适当性;对已记录的金额或比率作出预期时,所依据的内部或外部数据的可靠性;作出预期的准确程度是否足以在计划的保证水平上识别重大错报;已记录金额与预期值之间可接受的差异额。

当实施实质性分析程序时,如果使用被审计单位编制的信息,注册会计师应当考虑测试与信息编制相关的控制,以及这些信息是否在本期或前期经过审计。

3. 实施实质性程序的时间

如果在期中实施了实质性程序,注册会计师应当针对剩余期间实施进一步的实质性程序,或者将实质性程序和控制测试结合使用,以将期中测试得出的结论合理延伸至期末。

注册会计师在期中实施实质性程序,会增加期末存在错报而未被发现的风险,并且该风险随着剩余期间的延长而增加。

如果已识别出由于舞弊导致的重大错报风险,为将期中得出的结论延伸至期末而实施的审计程序通常是无效的,注册会计师应当考虑在期末或接近期末实施实质性程序。

在确定针对剩余期间拟实施的实质性程序时,注册会计师应当考虑是否已在期中实施控制测试,并考虑与财务报告相关的信息系统能否充分提供与期末账户余额及剩余期间交易有关的信息。在针对剩余期间实施实质性程序时,注册会计师应当重点关注并调查重大的异常交易或分录、重大波动及各类交易或账户余额在构成上的重大或异常变动。

如果在期中检查出某类交易或账户余额存在错报,注册会计师应当考虑修改与该类交易或账户余额相关的风险评估,以及针对剩余期间拟实施实质性程序的性质、时间和范围,或考虑在期末扩大实质性程序的范围或重新实施实质性程序。

4. 实质性程序的范围

在确定实质性程序的范围时,注册会计师应当考虑评估的认定层次重大错报风险和实施控制测试的结果。注册会计师评估的认定层次重大错报风险越高,需要实施实质性程序的范围就越广。如果对控制测试结果不满意,注册会计师应当考虑扩大实质性程序的范围。

在设计细节测试时,注册会计师除了从样本量的角度考虑测试范围外,还要考虑选样方法的有效性等因素。例如,从总体中选取大额或异常项目,而不是进行代表性抽样或分层抽样。

实施实质性程序可能发现偏差,但并非所有偏差都值得展开进一步调查。可容忍或可接受的偏差越大,作为实质性程序一部分的进一步调查的范围就越小。因此,在设计实质性分析程序时,注册会计师应当确定已记录金额与预期值之间可接受的差异额。在确定该差异额时,注册会计师应当主要考虑各类交易、账户余额、列报及相关认定的重要性和计划的保证程度。

2.3.7 风险评估程序的实施过程

下面通过实例来说明审计风险评估程序的实施过程。

实例 风险评估和风险应对程序。

一、被审计单位背景资料简介

某公司是一家生产和销售高端清洁用品的外商独资被审计单位。其产品主要用于星级酒店、宾馆和大型饭店,除了在北京、上海直接向终端客户销售外,在全国其他地区均向省级或市级经销商销售。

该公司提供的财务报表显示:2015年度销售收入为112 655 260元,比上年增长21%(董事会制定的当年预算目标是增长20%)。2015年12月31日应收账款余额为39 560 810元,组成情况如下:共有226个客户,其中9个客户(均为省级经销商)的应收账款余额在100万元以上,占应收账款总额的38%,其余客户的应收账款余额均小于30万元,此外,余额为10万元以上且账龄超过1年的应收账款客户有15个。

2015年12月31日坏账准备余额为1 879 830元。公司采用账龄分析法和个别认定法相结合的方式计提坏账准备。其中,采用账龄分析法对应收账款余额计提坏账准备,账龄6个月以上1年以下的计提10%;1年以上2年以下的计提50%;2年以上的计提100%。2014年和2015年有关应收账款及坏账准备余额如表2.13所示。

表2.13 应收账款及坏账准备余额对照

项　目	2015年/元	2014年/元
应收账款	39 560 810	27 765 338
坏账准备	−1 879 830	−1 707 400
销售收入	112 655 260	93 103 520
应收账款周转天数/天	108	92

该公司2015年度的税前利润为8 475 623元,总体重要性水平为423 781元(税前利润的5%)。

二、注册会计师对销售业务流程的风险评估和进一步审计程序方案的制订

由于销售业务的重要性及其固有风险,注册会计师认为销售收入和应收账款层次的"发生"或"存在"和"准确性"认定存在重大错报风险。被审计单位在2015年以放宽授信额度来增加销售收入,导致货款回收速度放缓、应收账款余额大幅上升,但坏账准备余额与上年基本持平。注册会计师认为应收账款的计价认定存在特别风险,即年末坏账准备的计提很可能不够。

基于以前年度对该公司的了解,以及本年度对该公司环境、经营状况、内部控制等的了解和评估,注册会计师决定对应收账款采用综合性审计方案。

项目2 初步业务活动与审计计划

该公司在各主要业务流程及财务报告编制中采用了计算机信息系统,注册会计师在本年度审计中测试了信息系统一般控制并认为信息系统一般控制是有效的。

注册会计师对销售收入、应收账款余额和坏账准备余额实施了进一步审计程序:控制测试;评估针对特别风险的控制;实质性程序。

(一)设计和实施控制测试

注册会计师从销售流程中选取了一些关键的控制进行测试。

1. 业绩评价控制测试

所测试的控制:销售主管每月审核按客户分列的销售收入(包括与上月销售额和本月预算额的比较)和应收账款(包括当月货款回收金额和月末余额)汇总表,对其中的重大差异和异常情况进行跟进分析,编制分析报告并呈报销售经理和总经理。总经理与销售经理审阅后讨论解决措施。

相关的财务报表认定:销售收入的发生、准确性、完整性,以及应收账款的存在、计价和分摊。

测试程序:该控制是月度控制,注册会计师决定选取2月、6月、10月、11月这4个月份测试该控制。注册会计师分别与总经理和销售经理就上述4个月份的分析报告进行讨论,证实他们确实审阅了该报告并对重大差异和异常情况进行了调查和跟进。事后注册会计师还通过询问销售经理和相关销售人员印证了当时所采取的跟进措施。销售收入和应收账款汇总表由财务系统自动生成,并与当月财务报表的销售收入总额和应收账款余额一致。注册会计师核对了上述4个月份的财务报表,证实无误。

测试结果:该控制有效运行,注册会计师对该控制可以信赖。

2. 人工控制测试

所测试的控制:对每一笔销售收入,销售部专职秘书将客户订购单、客户已签收的送货单(所有货物由物流公司运送),以及发票(计算机发票由销售部开具)上的客户名称、货物品种、数量、价格进行核对,并在发票记账联盖"核对确认无误"章,交给财务部作为确认销售收入的凭证。对于数据不符的交易则进行调查并调整。

相关的财务报表认定:销售收入的发生、准确性及应收账款的存在、计价和分摊。

测试程序:该控制为人工控制,每天发生数次,注册会计师为了获取较高程度的保证,决定抽取每月5个共60个样本。该测试是双重目的测试,既可测试控制运行的有效性,同时也是针对销售收入的细节测试。注册会计师询问了执行该控制的销售部专职秘书和负责记录销售收入的会计人员,确认该控制确实得到执行。注册会计师从销售收入明细账中抽取60笔交易,核对客户订购单、客户已签收的送货单及发票,以检查有关信息是否一致,发票记账联上是否有"核对确认无误"章,以及入账金额是否准确。

测试结果:没有发现异常情况。该控制有效运行,注册会计师对该控制可以信赖。

3. 自动化应用控制测试

所测试的控制:订购单分为"待批准""已批准"和"已执行"状态。订购单一经批准就会自动生成相应的送货单,已发货的订购单在系统中被设置为"已执行"状态,每月末系统会自动配比当月的"已执行"订购单、送货单和当月入账的销售收入(均有订购单号索引),对未确认收入的订购单生成"已执行订购单未入账报告"。财务人员对该报告进行跟踪调查,补记漏记的销售收入。

相关的财务报表认定：销售收入的完整性。

测试程序：注册会计师在上年度审计中已经测试了该控制并证明该控制的运行是有效的。本年度注册会计师了解到该控制没有发生变化。注册会计师本年度已经测试了信息技术一般控制的运行有效性，因而不必再测试该自动化控制（该控制还包括人工控制的成分，即财务人员的跟进程序，注册会计师对该人工控制进行测试，结果显示控制有效。此处不作详细说明）。

（二）控制测试结果及其对实质性程序的影响

综合以上控制测试的结果显示，针对销售收入的发生、准确性和完整性认定，以及应收账款的存在、计价和分摊认定的控制是有效运行的，注册会计师对控制有较高程度的信赖，只需要从实质性程序中获取较低程度的保证。

三、评价针对特别风险的控制

注册会计师了解到管理层为了应对应收账款账龄变长及由此带来的坏账增加的风险，采取了与账款逾期1年以上的客户签订还款协议的方式，要求客户对归还旧账的时间和金额作出书面承诺。如果客户未按照协议执行，则暂停供货。该控制每月执行。注册会计师认为该控制的设计是适当的，并证实该控制确实得以执行。考虑到审计程序的效率，决定不测试该控制而直接对年末应收账款坏账准备余额实施细节测试。

四、实质性程序

1. 应收账款函证

由于从控制测试中获得了较高程度的信赖，注册会计师只需要从细节测试中获取较低程度的保证，因此，注册会计师决定采用选取特定项目进行测试的方法选取函证样本，符合下列条件之一的选为样本：应收账款余额100万元以上的客户；年购买量500万元以上的客户；应收账款余额10万元以上且账龄超过1年的客户。有35家客户符合上述条件，总金额为18 593 581元，覆盖率为47%。函证结果如下。

（1）26家回函确认无误。

（2）3家回函存在付款时间性差异，即年末客户已付款而被审计单位尚未收到，经查看次年1月初银行对账单确认无误。

（3）6家没有回函。

前两项29家回函总金额为13 272 566元，函证的实际覆盖率为34%。

2. 对上述没有回函的应收账款余额5 321 015元实施替代程序，查看了期后收款。截至审计现场工作结束，共收回货款2 866 390元，对剩余的金额2 454 625元查看了相应的原始凭证（订购单、发货单、发票、还款协议、与客户的往来信件等），没有发现差异。替代程序的实际覆盖率为13%。

3. 应收账款余额函证及替代程序的总体覆盖率为47%。对于没有函证的53%，由于相关控制是有效运行的，实施实质性分析程序未发现误差，注册会计师判断重大错报风险水平较低，因而可接受一个较高的检查风险水平——注册会计师采用审计抽样（一个相对较小的样本即可）的方法予以函证，结果是推断的错报未超过应收账款可容忍错报。

4. 验证应收账款账龄分析报告的准确性。注册会计师采取审计抽样的方法，选取40笔交易检查销售发票并验证是否归入正确的账龄期间。测试结果没有发现错误，可以证实账龄分析报告的准确性。

5. 向总经理和销售经理询问他们对应收账款可回收性的评估，重新计算坏账准备的计提，对账龄较长而未计提坏账准备的应收账款余额，查看还款协议和实际付款记录。注册会计师发现有一笔 339 465 元、账龄超过 2 年的应收账款，该客户签订还款协议承诺 2015 年 12 月 31 日之前支付 100 000 元，到审计现场工作时(2016 年 1 月)仍未支付，目前被审计单位已停止向对方供货；另一笔 133 287 元、账龄未满 6 个月的应收账款，该客户是一家连锁餐厅，最近因资金链出现问题，拖欠租金和供应商货款而被起诉，该笔货款很可能无法收回。上述两笔可能无法收回的应收账款共计 472 752 元，被审计单位均未计提坏账准备。注册会计师建议做审计调整并计划向被审计单位管理层报告该事项。

对销售收入及应收账款实施的其他实质性程序略。

技能训练

一、单项选择题

1. 以下不属于初步业务活动目的的是（　　）。
   A. 确保注册会计师已具备执行业务所需要的独立性和专业胜任能力
   B. 确定不存在因管理层诚信问题而影响注册会计师保持该项业务意愿的情况
   C. 确保与被审计单位不存在对业务约定条款的误解
   D. 评估被审计单位风险

2. 如果 W 公司会计记录不完整，内部控制不存在或管理层缺乏诚信，可能导致无法获取充分、适当的审计证据，注册会计师应当考虑（　　）。
   A. 主要采取实质性程序
   B. 拒绝接受委托或解除业务约定
   C. 根据审计范围受到限制的程度出具保留意见或无法表示意见的审计报告
   D. 在审计业务约定书中载明注册会计师和业主各自的责任

3. 下列对于收费的描述中，会计师事务所可以采取防范措施消除威胁或将其降至可接受水平的是（　　）。
   A. 或有收费是由参与审计工作重要组成部分的某一网络事务所收取，并且对该网络事务所是重大的或预期是重大的
   B. 非鉴证服务的结果及其对该服务的收费金额取决于现在或未来的职业判断，该判断与财务报表项目重大金额的审计相关
   C. 审计客户长期未支付应付的审计费用，且大部分费用在下一年度出具审计报告之前仍未支付，可能产生自身利益威胁
   D. 或有收费是由对财务报表发表意见的会计师事务所收取，并且该项收费对该事务所是重大的或预期是重大的

4. 以下不属于整体层面内部控制的要素是（　　）。
   A. 控制环境　　　　B. 控制活动　　　　C. 信息与沟通　　　　D. 风险评估过程

5. 注册会计师在测试控制运行有效性时，下列不属于注册会计师应当获取关于控制是否有效运行的审计证据的是（　　）。
   A. 控制设计是否合理
   B. 控制在审计期间是如何运行的
   C. 控制由谁执行
   D. 是人工控制还是自动化控制

二、多项选择题

1. 下列应作为审计业务约定书内容的有（　　）。

A. 管理层为注册会计师提供必要的工作条件和协助
B. 管理层对其作出的与审计有关的声明予以书面确认
C. 注册会计师对执业过程中获知的信息保密
D. 在连续接受委托的情况下,对与前任注册会计师沟通的安排

2. 以下属于总体审计策略范围的有(　　　　)。
   A. 执行风险评估程序　　　　B. 对外报告时间的安排
   C. 与前任注册会计师的沟通　　D. 重要性水平的确定
3. 注册会计师应当记录具体审计计划的(　　　　)等内容。
   A. 计划实施的风险评估程序的性质　　B. 计划实施的风险评估程序的范围
   C. 计划实施的风险评估程序的时间　　D. 对计划的重大修改
4. 注册会计师应当实施(　　　　)风险评估程序,以了解被审计单位及其环境。
   A. 询问被审计单位管理层和内部其他相关人员
   B. 分析程序
   C. 重新执行
   D. 观察和检查
5. 执行风险评估询问程序时,下列表述恰当的有(　　　　)。
   A. 询问治理层有助于注册会计师理解财务报表编制的环境
   B. 询问负责交易的员工有助于注册会计师了解内部控制的设计和运行的有效性
   C. 询问内部法律顾问有助于注册会计师了解被审计单位法律遵守情况
   D. 询问仓库人员有助于注册会计师了解产品营销策略及其变化

三、判断题

1. 会计师事务所与被审计单位签订审计业务约定书,既可以是书面的,也可以是口头的。(　)
2. 具体审计计划应当包括风险评估程序、计划实施的进一步审计程序和其他审计程序。(　)
3. 财务报表重要性水平的确定必须考虑性质和数量两个方面。(　)
4. 由于期中实施进一步审计程序的局限性,如果在期中实施了进一步审计程序,注册会计师还应当针对剩余期间获取审计证据。(　)
5. 如果实施实质性程序发现被审计单位没有识别出的重大错报,通常表明内部控制存在重大缺陷,注册会计师应当就这些缺陷与管理层和治理层进行沟通。(　)

四、操作题

1. 某公司属于国有控股企业,最高权力机构是股东大会,执行机构是董事会,另外还设有职工代表大会及各职能部门、分公司等。其内部控制制度及业务活动情况如下。

(1) 会计出纳分设。财务部经理的妻子担任出纳,并兼任满足行政部门需要的日常业务,亲自办理取款、购买、报销等手续。支票等票据由会计保管,支取款项的印章由总经理亲自保管。

(2) 材料采购等由供应部经理审批,专门采购员实施。根据规定,各项费用由总经理签字都可报销。某日,出纳在采购时发现当地主要媒体宣传另一公司A产品正在开展促销活动,称其为高科技产品,可以替代本企业主要原料并能够节约成本30%,促销时间仅为2天。采购员认为时间过于紧张,来不及请示供应部经理,因此直接电告企业总经理,总经理决定采购10吨,价税合计100万元。出纳当即采购并由仓库验收入库,经总经理签字,办理了货款支付手续。后来生产车间反映,该批材料不适应生产要求,只能折价处理,造成损失30万元。总经理指示调整成本预算,将30万元损失计入正常材料耗费。

(3) 办理销售、发货、收款3项业务的部门分别设立,同时,考虑到销售部门比较熟悉客户情况,也便于销售部进行业务谈判,确定授权销售部兼任信用管理机构。对大额销售业务,销售部可自行定价,签订销售合同。为逃避银行对公司资金流动的监控,企业在销售业务中尽可能利用各种机会由业务员向客户收取现金,然后交财务部存放在专门的账户上。某月销售业务员甲联系到一个大客户,办理300万元的销售业务,并将款项交财务部入账。次月,该业务员谎称对方要求退货,并自行从其他企业低价购入同类商品要求仓储部门验收入库,仓储部门发现商品商标已丢失,但未进行进一步查验,直接办理了各项手续(没有出具

项目2 初步业务活动与审计计划

质检报告)。财务部将退货款项转入业务员提供的银行账号。

要求：分析企业内部会计控制方面存在什么问题，并说明应该如何修正。

2. **资料**：金华成信会计师事务所注册会计师王建东在一次朋友聚会上认识了金华振华皮件有限公司的财务经理吴应霞，据吴应霞说其公司准备更换2015年度财务报表审计师。王建东向公司董事长李晓然汇报金华振华皮件有限公司的意向。李晓然听后，告诉王建东跟振华皮件有限公司的老板和财务经理约个时间，商谈审计事宜。为此，金华成信会计师事务所决定于2015年12月10日派王建东、张小燕随金华振华皮件有限公司财务经理吴应霞去初步了解该公司有关情况。

（1）金华振华皮件有限公司基本情况。

公司名称：金华振华皮件有限公司　法定代表人：钱俊勇　注册资本：人民币1 500万元

注册地址：金华市婺城区玉泉东路230号　办公地址：金华市婺城区玉泉东路230号

邮政编码：321023　电话：0579-82345698　传真：0579-82345699

注册登记日期：1991年6月26日

公司法人营业执照注册号：330700400003333　公司税务登记号：330425291980300

组织机构代码：39468030-1　开户银行：中行金华市分行　银行账号：850006638008091003

公司主要经营范围：生产销售皮件制品、制革产品、丝绸服装、纺织制品、纺织工艺品、手工艺品

财务负责人：吴应霞　电话：0579-82410588

公司资本结构：金华皮件厂出资772.5万元，占注册资本的51.50%；钱雷出资727.5万元，占注册资本的48.5%。

金华振华皮件有限公司成立于1991年，是生产、经营系列皮革服装、箱包制品的专业化、现代化服装企业。公司的产品以出口为主，远销欧美等国，并在国际市场享有极高声誉。公司地处金华市婺城区城北工业园区，交通便利，环境优美，占地12 000平方米，拥有技术工人600余人，年生产能力达40万件。公司凭借较强的技术研发创新能力、完善的产品质量体系、卓越的产品质量性能和热情周到的售后服务，于2003年顺利通过了ISO9001—2000质量体系认证。

（2）向前任注册会计师查阅审计工作底稿。王建东经与企业协商，企业原则上同意其调阅以前年度审计档案，但由于以前负责该项目审计的注册会计师已出国进修，无法取得联系，在与前任事务所沟通时受阻，最终未能调阅前任注册会计师的审计档案。因此，王建东无法通过与前任的沟通来确定其调查工作的重点和主要风险领域。

（3）对内部控制与会计核算体系进行了解。通过初步了解，金华振华皮件有限公司在实际生产经营中有一定的运作程序，目前尚未对其进行测试，企业的内部控制制度和财务管理制度比较完善。根据这些情况，王建东初步评价控制风险为低水平。

（4）了解公司的重要会计政策。在对各业务循环的了解过程中，王建东特别关注企业基本的会计政策，并做以下记录。

① 坏账准备。公司坏账采用直接转销法核算。

② 短期投资。按实际支付的价格扣除已宣告发放但未取得的现金或利息入账。公司未计提短期投资跌价准备。

③ 存货核算方法。存货包括在生产经营过程中为销售或耗用而储备的原材料、包装物、在产品、库存商品等。存货按实际成本计价，发出原材料、产成品采用加权平均法。公司未提取存货跌价准备。

④ 固定资产及其折旧方法。固定资产按实际成本计价，采用直线法计提折旧。公司未计提固定资产减值准备。固定资产折旧年限及折旧率如表2.14所示。

表2.14　固定资产折旧年限及折旧率

资产类别	使用年限/年	年折旧率/(%)	残值率/(%)
房屋建筑物	40	2.35	5
机器设备	15	8.40	5
运输设备	10	9.50	5

⑤ 在建工程。按各项工程实际发生的支出核算，在建筑期发生的借款利息支出和外汇折算差额计入

工程成本。公司未计提在建工程减值准备。

⑥ 无形资产及长期待摊费用。无形资产按合同或协议约定的年限摊销,长期待摊费用按受益期摊销。公司未计提无形资产减值准备。

⑦ 销售收入的确认。产品销售:公司将产品使用权上的重要风险和报酬转移给买方,公司不再对该产品实施继续管理权和实际控制权,相关的收入已收到或取得了收款的证据,并且该产品有关的成本能可靠地计量并确认营业收入。

(5) 对重大相关事项的关注。

① 对被审计单位管理层的诚信正直及经验能力的关注。被审计单位管理层的诚信正直及经验能力是评价委托业务审计风险的关键因素之一。在对金华振华皮件有限公司进行调查的过程中,对以下可能会增加委托业务的审计风险的因素予以关注。

- 参与非法活动。
- 经常更换银行、律师或注册会计师。
- 具有冒险倾向,且经常参与高风险业务。
- 高级管理人员在生活上遇到重大困难。
- 高级管理人员近期发生重大或非预期的变动。
- 缺乏经验能力。

通过对以上各项的关注,王建东发现:公司更换注册会计师一次,财务经理未变更;公司是金华市商检出口一类管理企业,并被浙江省中小企业局授予"三优"企业称号,被浙江省国家税务局、地方税务局授予AAA级纳税信誉企业。

② 对与行业环境有关因素的关注。一些与公司业务性质及行业环境有关的因素可能增加委托业务的审计风险,王建东就以下问题进行关注,并做相应记录(具体内容略)。

- 经营周期。
- 所在行业的固有风险。
- 财务状况及盈利能力与同行业其他企业相比所处的水平。
- 所涉及的重大诉讼案件。

经了解该行业经营风险小,虽然外贸企业受金融危机影响,但在政府的外贸政策调整下,公司经营状况正常,也无涉及重大诉讼案件。

(6) 王建东对该公司财务状况进行调查,发现该公司:资金不缺,融资能力较强;现金净流量为增加;没有逾期债务;高级管理人员薪酬及经营业绩的考核主要取决于公司的经营成果。

(7) 治理层及管理层关键人员。

董事长:钱俊勇   总经理:余英   副总经理:陈晓根

(8) 主要财务人员。

财务经理:吴应霞   会计主管:周立良

(9) 金华成信会计师事务所是经浙江省财政厅批准由注册会计师、注册资产评估师、注册造价工程师共同组建并取得法人资格的社会中介机构。该所现有从业人员近60人,其中注册会计师20人、注册资产评估师7人、注册造价工程师3人、高级会计师8人、高级工程师3人,主要从事会计、审计、验资、工程造价、管理咨询、资产评估等业务。公司董事长李晓然,联系电话:13605794242;机构电话:0579-2338176,0579-2338887;机构传真0579-2316751;通信地址:浙江省金华市解放东路1号市建行16楼;邮政编码:321000。

从专业胜任能力方面看,金华成信会计师事务所对该行业比较熟悉,完全有能力胜任该项目的审计,从人员和时间调配方面看,也不会有什么冲突。

金华成信会计师事务所与金华振华皮件有限公司不存在影响独立性因素,此次是首次承接业务。

(10) 2016年1月10日,金华成信会计师事务所董事长李晓然与金华振华皮件有限公司董事长钱俊勇经协商确定审计费用为40 000元,于2016年2月10日出具审计报告,在审计业务约定书签署之日起10日内支付60%的审计费用,其余款项于审计报告草稿完成日结清,如有任何争议选择婺城区人民法院解决。

要求:请根据以上提供的信息资料填写业务承接评价表和审计业务约定书。

项目3
销售与收款循环的审计

知识目标
1. 了解销售与收款循环的特性。
2. 了解销售与收款循环涉及的主要账户和会计记录。
3. 了解销售与收款循环内部控制规范的要求。
4. 了解销售与收款循环的审计目标和实质性程序。

能力目标
1. 能对销售与收款循环进行控制测试。
2. 能对营业收入、应收账款、应收票据、预收账款、应交税费、营业税金及附加、销售费用账户实施实质性程序。
3. 能正确填写销售与收款循环业务审计工作底稿。

引例 为什么注册会计师不能给报表使用者提供一个合理保证呢？

1998年11月20日，中国证监会宣布了对成都红光实业股份有限公司(以下简称红光实业公司)管理部门、负责该公司上市前审计及盈利预测审核的蜀都会计师事务所、资产评估所、证券承销商，以及相关的其他信息中介机构和有关执业人员进行的行政处罚决定，以惩罚他们在该公司上市过程中发布虚假会计信息所犯的错误。

红光实业公司在上市过程中，没有在其财务报表中披露真实的财务信息。在上市前3年中，红光实业公司已出现巨额亏损，例如，1996年实际亏损金额为1亿多元，1997年上半年亏损6 500万元。在上市后的1997年，全年实际亏损为2.2亿元，其报表上披露的仅为1.9亿元。但是，为了能取得上市资格，红光实业公司在股票发行上市的申报材料中，采取虚构产品销售、虚增产品库存和违规账务处理等手段，将1996年实际亏损1亿多元，虚报为盈利5 400万元。

从已揭露的违规账务处理来看，红光实业公司主要采取了虚构产品销售、虚增产品库存的方法来掩盖虚盈实亏的真相。

为什么注册会计师在审核前3年的财务报表时，没有发现上述重大差错，不能给报表使用者提供一个合理保证呢？

销售与收款循环是指企业将商品或劳务销售给购买方、收回货款等一系列经营活动，是企业最主要的经营业务循环。

根据财务报表项目与业务循环的相关程度，销售与收款循环涉及的资产负债表项目主要包括应收账款、应收票据、预收款项、长期应收款、应交税费，涉及的利润表项目主要包括营业收入、营业税金及附加、销售费用等。

3.1 销售与收款循环的内部控制和控制测试

3.1.1 销售与收款循环的内部控制

1. 了解并记录销售与收款循环业务活动和内部控制

销售与收款循环所涉及的主要业务活动及适当的内部控制应包括9个方面的内容。

（1）接受客户订单

客户提出订货要求是整个销售与收款循环的起点。企业收到订单时,应由销售部门专人负责登记。客户的订单只有在符合管理层的授权标准时,才能被接受。管理层一般都列出了已批准的客户名单。销售部门在决定是否同意接受某客户的订单时,需查实该客户是否被列入这张已批准销售的客户名单。如果该客户未被列入客户名单,则通常需要由销售部门的主管来决定是否批准销售。

在接受订单后,销售部门应首先进行登记,再审核其内容和数量,以确定企业是否能够如期供货。在批准了客户订单之后,应编制一式多联的销售单。销售单是证明管理层对有关销售业务的"存在或发生"认定的凭证,也是此笔销售业务轨迹的起点。

（2）批准赊销

信用管理部门根据管理层的赊销政策和每个客户已授权的信用额度,决定是否批准赊销。信用部门收到销售单后,应将销售单与该客户已被授权的赊销信用额度,以及至今尚欠的账款余额加以比较。对每个新客户,信用部门应进行信用调查,包括获取信用评审机构对客户信用等级的评定报告。无论批准赊销与否,都要求被授权的信用管理部门人员在销售单上签署意见,然后将已签署意见的销售单送回销售部门。批准赊销控制的目的是降低坏账风险,因此,这些控制与应收账款净额的"估价或分摊"认定有关。

（3）发货

经过信用部门批准的销售单将传递到仓储部门,仓储部门根据批准的销售单发货。该项控制程序的目的是防止仓库在未经授权的情况下擅自发货。

（4）装运货物

将按批准的销售单发货与按销售单装运货物职责相分离,有助于避免装运人员在未经授权的情况下装运商品。装运人员在装运之前,必须独立验证从仓库提取的货物是否都附有经批准的销售单,且所装运的货物是否与销售单一致,验证无误后,填写发运凭证。发运凭证提供了商品确实已装运的证据,因此,它是证实销售业务"存在或发生"认定的另一种形式的凭据。

（5）开票

开票包括编制和向客户寄送事先连续编号的销售发票。发票一般由会计部门开具,通常设立以下控制程序:开票职员在编制每张销售发票之前,应核对客户订单、经批准的销售单和发运凭证,如果完全相符,则根据已授权批准的商品价目表编制销售发票,并独立检查销售发票计价和计算的正确性,最后将发运凭证上的货物总数与相应销售发票上的货物总数进行核对。上述的这些控制与销售业务的"存在或发生""完整性""估价或分摊"认定有关。

（6）记录销售业务

记账人员根据销售发票等原始凭证填制记账凭证,登记应收账款、主营业务收入明细账和相应的总账,以及库存商品明细账和总账,并独立检查已处理销售发票上的销售金额同会计记录金额的一致性,定期检查应收账款明细账与总账的一致性。此外,还应定期向客户寄送应收账款对账单,与客户核对账面记录,若有差异要及时查明原因,并向未涉及执行或记录销售业务循环的会计主管报告。以上这些控制与"存在或发生""完整性""估价或分摊"认定有关。

（7）记录收款业务

在收到货款时,记账人员应及时记入现金日记账、银行存款日记账,以及应收账款明细账和总账,并如数、及时地将现金存入银行。

（8）办理和记录销售退回、销售折扣与折让

客户如果对商品不满意,销货企业一般会同意接受退货,或者给予一定的销货折让。客户如果提前支付货款,销货企业则可能会给予一定的销货折扣。发生这类业务时,必须经授权批准,并应确保与办理此事有关的部门和职员各司其职,分别控制实物流和会计记录。对此,应严格控制贷项通知单的使用。

（9）坏账处理

对于确实无法收回的应收账款,应该获取货款确实无法收回的证据,并经管理层批准后方可作为坏账,进行相应的账务处理。对已经冲销的应收账款应在备查簿中登记,以便冲销的应收账款以后又收回时进行账务处理,并防止以后收回时被有关人员贪污。

2. 涉及的主要凭证与账户

在内部控制比较健全的大企业里,对销售与收款业务的处理及控制,通常需要使用很多凭证和账户。典型的销售与收款循环所涉及的主要凭证和账户有以下几种。

（1）客户订单

客户订单是客户要求订购商品的书面凭证,反映客户所订购的货物的名称、规格和数量等信息。客户订单可以由客户主动提出购买意向而取得,也可以由销货企业直接或采用电话、信函等途径与客户联系而取得。

（2）销售单

销售单是企业根据客户订单填列的内部凭证,通常列示有客户的名称,所订商品的名称、规格、数量,以及其他与客户订单有关的资料,作为销售方内部处理客户订单的依据。

（3）发运凭证

发运凭证,即提货单,是在发运货物时编制的,用以反映发出商品的规格、数量和其他有关内容的凭证。这种凭证可用作向客户开票收款的依据。

（4）销售发票

销售发票是一种用来表明已销售商品的规格、数量、销售金额、付款条件、开票日期等内容的凭证。销售发票应一式多联,预先连续编号,并且由专人负责保管。销售发票的一联开给客户,其余联由企业保留,并作为在会计账簿中登记销售业务的基本凭证。

（5）贷项通知单

贷项通知单是一种用来表示由于销售退回或经批准的折让而引起的应收账款减少的凭证。其格式通常与销售发票相同，只不过是用来说明应收账款的减少。

（6）汇款通知书

汇款通知书是一种与销售发票一起寄给客户，由客户在付款时寄回给销货单位的凭证。在凭证上一般注明顾客的名称、销售发票号码、销货单位开户行及金额等内容。采用汇款通知书能使现金立即存入银行，也可以改善资产保管的控制。

（7）客户月末对账单

客户月末对账单是一种定期寄送给客户的，用于购销双方定期核对账目的凭证。该凭证上应列明应收账款的月初余额、本月销售金额、本月已收到的货款及月末余额等内容。

（8）坏账审批表

坏账审批表是一种用来批准将某些应收账款注销为坏账，仅在企业内部使用的凭证。

（9）转账凭证、收款凭证

转账凭证是记录转账业务的记账凭证，它是根据有关转账业务的原始凭证编制的。收款凭证是用来记录现金和银行存款收入业务的记账凭证。

（10）应收账款明细账及总账、主营业务收入明细账及总账、现金日记账、银行存款日记账

3. 可能存在的风险

销售与收款循环可能存在的问题主要表现在以下几个方面。

① 由于商品销售可采用赊销、委托代销、分期收款销售等多种形式，在不同的销售方式下，收入的确认时点和方法会存在差异。因此，客户可能会提前确认收入或推迟确认收入进行利润调节。

② 为了达到上市、增加贷款等目的，客户可能会通过虚构销售业务或将下期的销售收入提前至本期予以确认来粉饰其经营成果，从而虚增应收账款进而虚增资产总额等。

③ 客户可能会利用销售业务调整来掩饰舞弊，如冲销应收账款以掩盖收到客户现金的事实。

④ 由于坏账准备计提金额的确定受到应收账款余额、账龄、客户财务状况、以往坏账计提比例等多个因素的影响，客户可能会通过坏账准备计提来调节利润。

3.1.2 销售与收款循环的控制测试

如果在评估认定层次重大错报风险时预期控制的运行是有效的，注册会计师应当实施控制测试，针对控制在相关期间或时点的运行有效性获取充分、适当的审计证据。这意味着注册会计师无须测试针对销售与收款交易的所有控制活动。只有认为控制设计合理，能够防止或发现并纠正认定层次的重大错报，注册会计师才有必要对控制运行的有效性实施测试。销售交易的内部控制目标、关键内部控制和常用的控制测试如表3.1所示。

表3.1 销售交易的内部控制目标、关键内部控制和常用的控制测试

内部控制目标	关键内部控制	常用的控制测试
登记入账的销售交易确系已经发货给真实的客户(发生)	销售交易是以经过审核的发运凭证及经过批准的客户订购单为依据登记入账的 在发货前,客户的赊购已经被授权批准,销售发票均经事先编号,并已恰当地登记入账 每月向客户寄送对账单,对客户提出的意见作专门追查	检查销售发票副联是否附有发运凭证(或提货单)及客户订购单,检查客户的赊购是否经授权批准,检查销售发票连续编号的完整性,检查是否寄发对账单,并检查客户回函档案
所有销售交易均已登记入账(完整性)	发运凭证(或提货单)均经事先编号并已经登记入账 销售发票均经事先编号,并已登记入账	检查发运凭证连续编号的完整性,检查销售发票连续编号的完整性
登记入账的销售数量确系已发货的数量,已正确开具账单并登记入账(计价和分摊)	销售价格、付款条件、运费和销售折扣的确定已经适当的授权批准,由独立人员对销售发票的编制作内部核查	检查销售发票是否经适当的授权批准,检查有关凭证上的内部核查标志
销售交易的分类恰当(分类)	采用适当的会计科目表进行内部复核和核查	检查会计科目表是否适当,检查有关凭证上内部复核和核查的标志
销售交易的记录及时(截止)	采用尽量能在销售发生时开具收款账单和登记入账的控制方法作内部核查	检查尚未开具收款账单的发货和尚未登记入账的销售交易,检查有关凭证上内部核查的标志
销售交易已经正确地记入明细账,并经正确汇总(准确性、计价和分摊)	每月定期给客户寄送对账单,由独立人员对应收账款明细账作内部核查 将应收明细账余额合计数与其总账余额进行比较	检查对账单是否已经寄出,检查内部核查标志,检查将应收账款明细账合计数与其总账余额进行比较的标志

由于被审计单位所处行业不同,规模不一,内部控制制度的健全程度和执行结果不同,以前期间接受审计的情况也各不相同,又由于受审计时间、审计成本的限制,注册会计师除了确保审计质量、审计效果外,还必须提高审计效率,尽可能地消除重复的测试程序,保证检查某一凭证时能够一次完成对该凭证的全部审计测试程序,并按最有效的顺序实施审计测试。因此,在具体审计时,注册会计师应当结合被审计单位的情况,运用职业判断和审计抽样技术来合理确定审计测试的样本量。

3.1.3 销售与收款循环内部控制工作底稿参考格式

销售与收款循环内部控制工作底稿参考格式如表3.2所示。

表3.2 销售与收款循环内部控制工作底稿参考格式

我们采用询问、观察和检查等方法,了解并记录了销售与收款循环的主要控制流程,并已与×××、×××等确认下列所述内容。

1. 有关职责分工的政策和程序

注:此处应记录被审计单位有关职责分工的政策和程序,并评价其是否有助于建立有效的内部控制。

2. 主要业务活动介绍

注:此处应记录对本循环主要业务活动的了解。例如,被审计单位主要销售内容和销售方式,相关文件记录,对销售与收款政策的制定和修改程序,对职责分工政策的制定和修改程序等。

(1)销售

注:① 此处应记录对被审计单位接受订单、审批、销售流程的了解。例如,订单的接受与审批、赊销申请的处理、销售合同的订立和授权、销售合同管理等。
② 存货发出环节控制活动记录于生产与仓储循环的审计工作底稿。

(2)确认、记录应收账款

注:此处应记录对存货发出后至应收账款确认、记录流程的了解。例如,发票的开具和核对、核对及差异处理、单据流转及核对、与客户对账、应收账款调整及计提坏账准备等。

(3)记录税金

注:此处应记录对税金的确认、申报、缴纳流程的了解。

(4)收款

注:此处应记录对收款业务流程的了解。例如,收款的记录、收款方式、应收票据的取得和贴现,以及期末对收款情况的监控等。

(5)维护客户档案

注:① 此处应记录对客户档案维护流程的了解。例如,维护申请、审批、处理及期末审核等。
② 客户档案是指记录经批准的客户详细信息的文件,包括客户名称、银行账户、收货地址、邮寄地址、联系方式、赊销信用额度、收款折扣条件,以及过去期间的交易情况等。

注册会计师根据前述方法了解到的销售与收款循环内部主要控制流程,及其对该循环业务活动控制穿行测试的状况,填写如表3.3所示的工作底稿。

项目 3　销售与收款循环的审计

表3.3　销售与收款循环控制执行情况的评价结果

被审计单位：_____　　　项目：风险评估　　　　编制：_____　　　日期：_____

索引号：_____　　　　　财务报表截止日/期间：_____　　复核：_____　　　日期：_____

主要业务活动	控制目标	受影响的相关交易和账户余额及其认定	被审计单位的控制活动	控制活动对实现控制目标是否有效（是/否）	控制活动是否得到执行（是/否）	是否测试该控制活动有效性（是/否）
销售	1.仅接受在信用额度内的订单	应收账款计价和分摊	如果是新客户，销售经理____将对其进行客户背景调查，获取包括信用评审机构对客户信用等级的评定报告等，填写新客户基本情况表，并附相关资料交至信用管理经理____审批。信用管理经理____将在新客户基本情况表上签字注明是否同意赊销。通常情况下，给予新客户的信用额度不超过人民币____元；若高于该标准，应经总经理____审批 如果是现有客户，业务员____将订单金额与该客户已被授权的信用额度及至今尚欠的账款余额进行检查，经销售经理____审批后，交至副总经理____复核。如果是超过信用额度的采购订单，应由总经理____审批			
	2.管理层核准销售订单的价格、条件	应收账款：存在 主营业务收入：发生	对于新客户的初次订单，不允许超过经审批的信用额度。如果新客户能够及时支付货款，信用良好，则可视同"现有客户"进行交易 收到现有客户的采购订单后，业务员将订单金额与该客户已被授权的信用额度及至今尚欠的账款余额进行检查，经销售经理____审批后，交至副总经理____复核。如果是超过信用额度的采购订单，应由总经理____审批			

(续表)

主要业务活动	控制目标	受影响的相关交易和账户余额及其认定	被审计单位的控制活动	控制活动对实现控制目标是否有效（是/否）	控制活动是否得到执行（是/否）	是否测试该控制活动有效性（是/否）
	3.已记录的销售订单的内容准确	应收账款：计价和分摊 主营业务收入：准确性、分类	信息管理员＿＿＿负责将客户采购订单和销售合同信息输入系统，由系统自动生成连续编号的销售订单（此时系统显示为"待处理"状态）。 每周，信息管理员＿＿＿核对本周内生成的销售订单，对任何不连续编号的情况将进行检查 每周，应收账款记账员＿＿＿汇总本周内所有签订的销售合同，并与销售订单核对，编制销售信息报告。若有不符，应收账款记账员＿＿＿通知信息管理员＿＿＿，与其共同调查该事项			
	4.销售订单均已得到处理	应收账款：完整性 主营业务收入：完整性	信息管理员＿＿＿负责将客户采购订单和销售合同信息输入系统，由系统自动生成连续编号的销售订单（此时系统显示为"待处理"状态）。 每周，信息管理员＿＿＿核对本周内生成的销售订单，对任何不连续编号的情况将进行检查			
记录应收账款	1.已记录的销售均确已发出货物	应收账款：存在、权利和义务 主营业务收入：发生	船运公司在货船离岸后，开出货运提单，通知公司货物离岸时间，信息管理员＿＿＿将商品离岸信息输入系统，系统内的销售订单状态由"已完工"自动更改为"已离岸" 应收账款记账员＿＿＿根据系统显示的"已离岸"销售订单信息，将销售发票所载信息和报关单、货运提单等进行核对。如果所有单证核对一致，则应收账款记账员＿＿＿在发票上加盖"相符"印戳并将有关信息输入系统，此时系统内的采购订单状态即由"已离岸"自动更改为"已处理"			

(续表)

主要业务活动	控制目标	受影响的相关交易和账户余额及其认定	被审计单位的控制活动	控制活动对实现控制目标是否有效（是/否）	控制活动是否得到执行（是/否）	是否测试该控制活动有效性（是/否）
	2. 已记录的销售交易计价准确	应收账款：计价和分摊 主营业务收入：准确性、分类	月末，会计主管____编制应收账款账龄报告，其内容还应包括应收账款总额与应收账款明细账合计数，以及应收账款明细账与客户对账单的核对情况。若有差异，会计主管____将立即进行调查			
3. 与销售货物相关的权利均已记录至应收账款		应收账款：完整性	信息管理员____根据系统显示的"已完工"销售订单信息和销售合同约定的交货日期，开具连续编号的销货发票(出口发票一式六联发票)，交销售经理____审核，发票存根联由销售部留存，其他联次分别用于报关、出口押汇、税务核销、外汇核销及财务记账等			
		主营业务收入：完整性	应收账款记账员____根据系统显示的"已离岸"销售订单信息，将销售发票所载信息和报关单、货运提单等进行核对。如果所有单证核对一致，应收账款记账员____在发票上加盖"相符"印戳并将有关信息输入系统，此时系统内的采购订单状态即由"已离岸"自动更改为"已处理"			
4. 销售货物交易均已于适当期间进行记录		应收账款：存在、完整性 主营业务收入：截止	如果期末存在商品已经发出尚未离岸，则应收账款记账员____根据货运提单等单证记录应收账款，并于下月月初冲回，当系统显示"已离岸"销售订单信息时，记录销售收入实现			
5. 已记录的销售退回、折扣与折让均为真实发生		应收账款：完整性 主营业务收入：完整性	公司销售业务是以____销售为主，与客户签订的销售合同中不允许退货，若发生质量纠纷，应采取索赔方式，根据双方确定的金额调整应收账款。业务员____接到客户的索赔传真件等资料后，编制连续编号的客户索赔处理表，交至生产部门和技术部门，由生产经理____、技术经理____确定是否确属产品质量问题，并签字确认。若确属公司的责任，应收账款记账员____在客户索赔处理表注明货款结算情况。对于索赔金额不超过人民币____元的，由销售经理____批准；若超过该标准，应经总经理____审批			

(续表)

主要业务活动	控制目标	受影响的相关交易和账户余额及其认定	被审计单位的控制活动	控制活动对实现控制目标是否有效（是/否）	控制活动是否得到执行（是/否）	是否测试该控制活动有效性（是/否）
	6.已发生的销售退回、折扣与折让均确已记录	应收账款：存在 主营业务收入：发生	月末,会计主管____编制应收账款账龄报告,其内容还应包括应收账款总额与应收账款明细账合计数,以及应收账款明细账与客户对账单的核对情况。若有差异,会计主管____将立即进行调查			
	7.已发生的销售退回、折扣与折让均于恰当期间进行记录	主营业务收入：截止	应收账款记账员____编制应收账款调整分录,后附经适当审批的客户索赔处理表,交会计主管____复核后进行账务处理			
	8.已发生的销售退回、折扣与折让均确已准确记录	应收账款：计价和分摊 主营业务收入：准确性、分类	业务员____接到客户的索赔传真件等资料后,编制连续编号的客户索赔处理表,交至生产部门和技术部门,由生产经理____、技术经理____确定是否属产品质量问题,并签字确认。如确属公司的责任,应收账款记账员____在客户索赔处理表中注明货款结算情况。对于索赔金额不超过人民币____元的,由销售经理____批准；如超过该标准,应经总经理____审批			
	9.准确计提坏账准备和核销坏账,并记录于恰当期间	应收账款：存在、完整性、权利和义务	公司董事会制定并批准了应收账款坏账准备计提方法和计提比例的会计估计			
			每年年末,销售经理____根据以往的经验、债务单位的实际财务状况和现金流量的情况,以及其他相关信息,编写应收账款可收回性分析报告,交财务部复核			

(续表)

主要业务活动	控制目标	受影响的相关交易和账户余额及其认定	被审计单位的控制活动	控制活动对实现控制目标是否有效（是/否）	控制活动是否得到执行（是/否）	是否测试该控制活动有效性（是/否）
		坏账准备：计价和分摊、完整性、存在	会计主管＿＿根据应收账款可收回性分析报告，分析坏账准备的计提比例是否较原先的估计发生较大变化。若发生较大变化，会计主管＿＿编写会计估计变更建议，经财务经理＿＿复核后报董事会批准 公司坏账准备由系统自动计算生成，对于需要计提特别坏账准备及拟核销的坏账，由业务员＿＿填写连续编号的坏账变更申请表，并附客户破产等相关资料，经销售经理＿＿审批后，金额在＿＿元以下的，由财务经理＿＿审批，金额在＿＿元以上的，由总经理＿＿审批。应收账款记账员＿＿根据经适当批准的更改申请表进行账务处理			
收款	1. 收款是真实发生的	应收账款：完整性、权利和义务	信用证到期或收到客户已付款通知，由出纳员前往银行办理托收。款项收妥后，应收账款记账员＿＿将编制收款凭证，并附相关单证，如银行结汇单、银行到款通知单等，提交会计主管＿＿复核。在完成对收款凭证及相关单证的复核后，会计主管＿＿在收款凭证上签字作为审批证据，并在所有单证上加盖"核销"印戳			
	2. 准确记录收款	应收账款：计价和分摊	应收账款记账员＿＿编制收款凭证，并附相关单证，如银行结汇单、银行到款通知单等，提交会计主管＿＿复核。在完成对收款凭证及相关单证的复核后，会计主管＿＿在收款凭证上签字，作为复核证据，并在所有支持文件上加盖"核销"印戳。出纳员＿＿根据经复核无误的收款凭证及时登记现金和银行存款日记账			

(续表)

主要业务活动	控制目标	受影响的相关交易和账户余额及其认定	被审计单位的控制活动	控制活动对实现控制目标是否有效（是／否）	控制活动是否得到执行(是／否)	是否测试该控制活动有效性（是／否）
	3. 收款均已记录	应收账款：完整性	每月月末，由会计主管指定出纳员____以外的人员核对银行存款日记账和银行对账单，编制银行存款余额调节表，并提交给财务经理____复核，财务经理____在银行存款余额调节表中签字作为其复核的证据			
	4. 收款均已于恰当期间进行记录	应收账款：存在、完整性	每月月末，由会计主管指定出纳员____以外的人员核对银行存款日记账和银行对账单，编制银行存款余额调节表，并提交给财务经理____复核，财务经理在____银行存款余额调节表中签字作为其复核的证据			
	5. 监督应收账款及时收回	应收账款：权利和义务	月末，会计主管____编制应收账款账龄报告			
维护客户档案	1. 对客户档案变更均为真实有效的	应收账款：完整性、存在 主营业务收入：完整性、发生	信息管理员____负责对更改申请表预先连续编配号码并在系统内进行更改 财务经理____核对月度客户更改信息报告，检查实际更改情况和更改申请表是否一致，所有变更是否得到适当审批及编号记录表是否正确，在月度客户信息更改报告和编号记录表上签字作为复核的证据。如果发现任何异常情况，将进一步调查处理			
	2. 对客户档案变更均为准确的	应收账款：计价和分摊 主营业务收入：准确性、分类	若需对系统内的客户信息作出修改，业务员____填写更改申请表，经销售经理____审批后交信息管理员____负责对更改申请表预先连续编配号码并在系统内进行更改。财务经理____核对月度客户更改信息报告，检查实际更改情况和更改申请表是否一致，所有变更是否得到适当审批，以及编号记录表是否正确，在月度客户信息更改报告和编号记录表上签字作为复核的证据。如果发现任何异常情况，将进一步调查处理 每半年，销售经理____复核一次客户档案			

(续表)

主要业务活动	控制目标	受影响的相关交易和账户余额及其认定	被审计单位的控制活动	控制活动对实现控制目标是否有效（是/否）	控制活动是否得到执行（是/否）	是否测试该控制活动有效性（是/否）
3. 对客户档案变更均已于适当期间进行处理		应收账款：权利和义务、存在、完整性 主营业务收入：完整性、发生	信息管理员＿＿负责对更改申请表预先连续编配号码并在系统内进行更改。财务经理＿＿核对月度客户更改信息报告，检查实际更改情况和更改申请表是否一致，所有变更是否得到适当审批，以及编号记录表是否正确，在月度客户信息更改报告和编号记录表上签字作为复核的证据。如果发现任何异常情况，将进一步调查处理			
4. 确保客户档案数据及时更新		应收账款：权利和义务、存在、完整性	信息管理员＿＿每月复核客户档案。对两年内未与公司发生业务往来的客户，通知业务员＿＿，由其填写更改申请表，经销售经理＿＿审批后交信息管理部删除该客户档案			
		主营业务收入：完整性、发生	每半年，销售经理＿＿复核客户档案			

填制说明：

（1）在审计实务中，本审计工作底稿中的"主要业务活动""控制目标""受影响的相关交易和账户余额及其认定""被审计单位的控制活动"，以及"控制活动对实现控制目标是否有效"栏目的内容应来自工作底稿"评价内部控制设计"中的记录。"控制活动是否得到执行"一栏，应根据工作底稿"确定控制是否得到执行（穿行测试）"中的结论填写。本书未将"评价内部控制设计"和"确定控制是否得到执行（穿行测试）"工作底稿给出，因此，在实训时按照给出的公司资料和注册会计师的评价结果填写工作底稿中的相关项目内容即可。

（2）对"是否测试该控制活动运行有效性"一栏，应根据具体审计计划予以填写，其具体情况有两种。①控制设计不合理，或者虽然设计合理，但通过询问、观察、检查和穿行测试表明该控制未得到执行。注册会计师不需测试该控制活动运行的有效性（控制设计合理并一贯得到执行），而直接进行实质性程序。此时应在"是否测试该控制活动运行有效性"一栏中填写"否"，并注明理由。②控制设计合理，且得到了执行，注册会计师拟进一步信赖该内部控制，并计划以此为基础设计相关的实质性程序的性质、时间和范围。此时应在"是否测试该控制活动运行有效性"一栏中填写"是"。

（3）对"是否测试该控制活动运行有效性"一栏中确定为"是"的，在审计实务中应运用询问、观察、检查及重新执行程序实施控制测试，根据控制测试结果，判断"控制测试结果是否支持实施风险评估程序获取的审计证据（支持/不支持）"；对"是否测试该控制活动运行有效性"一栏中确定为"否"的，注册会计师应直接执行实质性程序，对相关交易和账户余额的认定进行测试，以获取足够的保证程度。

（4）如果注册会计师拟信赖以前审计获取的某些控制活动运行有效性的审计证据，本期不再对该项控制活动实施控制测试，则应在"是否测试该控制活动运行有效性"填写"否"，并注明理由。

3.2 销售与收款交易的实质性程序

3.2.1 销售与收款交易的实质性程序

1. 销售与收款交易的实质性分析程序

销售与收款交易和相关余额实质性分析程序的内容如下。

1）识别需要运用实质性分析程序的账户余额或交易。就销售与收款交易和相关余额而言,通常需要运用实质性分析程序的是销售交易、收款交易、营业收入项目和应收账款项目。

2）确定期望值。基于注册会计师对经营活动、市场份额、经济形势和发展历程的了解,注册会计师应确定与营业额、毛利率和应收账款等相关的期望值。

3）确定可接受的差异额。在确定可接受的差异额时,注册会计师首先应当确定管理层使用的关键业绩指标,并考虑这些指标的适当性和监督过程。

4）识别需要进一步调查的差异并调查异常数据关系。

5）调查重大差异并作出判断。注册会计师在分析上述与预期相联系的指标后,如果认为存在未预期的重大差异,就可能需要对营业收入发生额和应收账款余额实施更加详细的细节测试。

6）评价分析程序的结果。注册会计师应当根据收集的审计证据是否能支持其试图证实的审计目标和认定形成结论。

实例 3-1 X公司是公开发行A股的上市公司,主要经营计算机硬件的开发、集成与销售。其主要业务流程通常为:向客户提供技术建议书,签订销售合同,结合库存情况备货,委托货运公司送货,安装验收,根据安装验收报告开具发票并确认收入。注册会计师于2016年初对X公司2015年度财务报表进行审计。经初步了解,X公司2015年度的经营形势、管理及经营架构与2014年度比较未发生重大变化,且未发生重大重组行为。其他相关资料如下。

资料一:X公司2015年度未审利润表及2014年度已审利润表如表3.4所示。

表3.4 X公司利润表

项 目	2015年度(未审数)/万元	2014年度/万元 (审定数,预期数据,确定期望值)
一、营业收入	104 300	58 900
减:营业成本	91 845	53 599
营业税金及附加	560	350
销售费用	2 800	1 610
管理费用	2 380	3 260

(续表)

项　目	2015年度(未审数)/万元	2014年度/万元(审定数,预期数据,确定期望值)
财务费用	180	150
加:公允价值变动收益	40	56
二、营业利润	6 575	−13
加:营业外收入	100	150
减:营业外支出	260	300
三、利润总额	6 415	−163
减:所得税费用(税率25%)	800	
四、净利润	5 615	−163

资料二:X公司2015年度1—12月份未审营业收入和营业成本如表3.5所示(本期各月营业收入的波动情况)。

表3.5　X公司2015年营业收入和营业成本

月　份	营业收入(未审数)/万元	营业成本(未审数)/万元
1	7 800	7 566
2	7 660	6 764
3	7 400	6 512
4	7 700	6 768
5	7 800	6 981
6	7 850	6 947
7	7 950	7 115
8	7 700	6 830
9	7 600	6 832
10	7 900	7 111
11	8 100	7 280
12	18 900	15 139
合　计	104 300	91 845

要求

(1)为确定重点审计领域,注册会计师拟实施实质性分析程序。请对资料一进行分析后,指出利润表中的重点审计领域,并简要说明理由。

(2)对资料二进行分析后,指出营业收入和营业成本的重点审计领域,并简要说明理由。

(不要求列示分析过程)

分析

（1）在实施实质性分析程序后，应将以下财务报表项目作为重点审计领域。

① 营业收入。营业收入在2014年度的基础上增长了77.08%（或是发生了较大变化），而2015年度经营形势与2014年相比并未发生重大变化。

② 营业成本。营业成本在2014年度的基础上增长了71.36%（或是发生了较大变化，或是毛利率有较大幅度的提高），而2015年度经营形势与2014年度相比并未发生重大变化。

③ 管理费用。在机构、人员未发生重大变化，且在营业收入大幅增长的情况下，管理费用由3 260万元下降到2 380万元，下降了26.99%（或是大幅下降）。

④ 所得税费用。所得税费用占利润总额比例（为12.47%）与25%的所得税税率存在较大差异。

（2）在实施实质性分析程序后，应将以下月份营业收入和营业成本作为重点审计领域。

① 1月份。该月份毛利率（为3%）远远低于全年平均毛利率和其他各月毛利率。

② 12月份。该月份营业收入占全年营业收入比例较高（达18.12%），毛利率相对较高（达19.90%）。

2. 销售交易的细节测试

有些交易细节测试程序与环境条件关系不大，适用于各审计项目；有些则不然，要取决于被审计单位内部控制的健全程度和注册会计师实施控制测试的结果。下面介绍销售交易常用的细节测试程序。这些细节测试程序并未包含销售交易全部的细节测试程序，有些程序可以实现多项控制目标，而非仅能实现一项控制目标。

（1）登记入账的销售交易是真实的

对这一目标，注册会计师一般关心3类错误的可能性：一是未曾发货却已将销售交易登记入账；二是销售交易的重复入账；三是向虚构的客户发货，并作为销售交易登记入账。前两类错误可能是有意的，也可能是无意的，而第三类错误肯定是有意的。不难想象，将不真实的销售登记入账的情况虽然极少，但其后果却很严重，因为这会导致高估资产和收入。

鉴别高估销售究竟是有意还是无意的，这一点非常关键。尽管无意的高估也会导致应收账款明显增多，但注册会计师通常可以通过函证轻易发觉。对于有意的高估就不同了，由于作假者试图加以隐瞒，使得注册会计师较难发现。在这种情况下，注册会计师有必要制定并实施适当的细节测试以发现这种有意的高估。

如何以适当的细节测试来发现不真实的销售，取决于注册会计师认为可能在何处发生错误。对"发生"这一目标而言，注册会计师通常只在认为内部控制存在薄弱环节时才实施细节测试，因此，测试的性质取决于潜在的控制弱点的性质。

提示

- 针对未曾发货却已将销售交易登记入账这类错误的可能性，注册会计师可以从主营业务收入明细账中抽取若干笔分录，追查有无发运凭证及其他佐证，借以查明有无事实上没有发货却已登记入账的销售交易。如果注册会计师对发运凭证等的真实性也有怀疑，就可能有必要再进一步追查存货的永续盘存记录，测试存货余额有无减少。

项目 3 销售与收款循环的审计

- 针对销售交易重复入账这类错误的可能性,注册会计师可以通过检查企业的销售交易记录清单以确定是否存在重号、缺号。
- 针对向虚构的客户发货并作为销售交易登记入账这类错误发生的可能性,注册会计师应当检查主营业务收入明细账中与销售分录相应的销货单,以确定销售是否履行赊销审批手续和发货审批手续。

检查上述 3 类高估销售错误可能性的另一种有效的办法是追查应收账款明细账中贷方发生额的记录。如果应收账款最终得以收回货款或者由于合理的原因收到退货,则记录入账的销售交易一开始通常是真实的;如果贷方发生额是注销坏账,或者直到审计时所欠货款仍未收回,就必须详细追查相应的发运凭证和客户订购单等,因为这些迹象都说明可能存在虚构的销售交易。当然,只有在注册会计师认为由于缺乏足够的内部控制而可能出现舞弊时,才有必要实施上述细节测试。

(2)已发生的销售交易均已登记入账

销售交易的审计一般侧重于检查高估资产与收入的问题,因此,通常无须对完整性目标实施交易的细节测试。但是,如果内部控制不健全,例如,被审计单位没有由发运凭证追查至主营业务收入明细账这一独立内部核查程序,就有必要对完整性目标实施交易的细节测试。

提示 从发货部门的档案中选取部分发运凭证,并追查至有关的销售发票副本和主营业务收入明细账,是测试未开票的发货的一种有效程序。为使这一程序成为一项有意义的测试,注册会计师必须能够确信全部发运凭证均已归档,这一点可以通过检查发运凭证的顺序编号来查明。

由原始凭证追查至明细账与从明细账追查至原始凭证是有区别的。前者用来测试遗漏的交易("完整性"目标),后者用来测试不真实的交易("发生"目标)。

测试发生目标时,起点是明细账,即从主营业务收入明细账中抽取一个发票号码样本,追查至销售发票存根、发运凭证及客户订购单;测试完整性目标时,起点应是发运凭证,即从发运凭证中选取样本,追查至销售发票存根和主营业务收入明细账,以确定是否存在遗漏事项。

(3)登记入账的销售交易均经正确计价

销售交易计价的准确性包括:按订货数量发货,按发货数量准确地开具账单,将账单上的数额准确地记入会计账簿。对这 3 个方面,审计中一般都要实施细节测试,以确保其准确无误。

典型的细节测试程序包括复算会计记录中的数据。通常的做法是以主营业务收入明细账中的会计分录为起点,将所选择的交易业务的合计数与应收账款明细账和销售发票存根进行比较核对。销售发票存根上所列的单价,通常还要与经过批准的商品价目表进行比较核对,对其金额小计和合计数也要进行复算。发票中列出的商品规格、数量和客户代码等,应与发运凭证进行比较核对。另外,往往还要审核客户订购单和销售单中的同类数据。

(4)登记入账的销售交易分类恰当

销售分类恰当的测试一般可与计价准确性测试一并进行。注册会计师可以通过审核原始凭证确定具体交易业务的类别是否恰当,并以此与账簿的实际记录作比较。

（5）销售交易的记录及时

在实施计价准确性细节测试时，一般要将所选取的提货单或其他发运凭证的日期与相应的销售发票存根、主营业务收入明细账和应收账款明细账上的日期作比较。如果有重大差异，被审计单位就可能存在销售截止期限上的错误。

（6）销售交易已正确地记入明细账并正确地汇总

加总主营业务收入明细账，并将加总数和一些具体内容分别追查至主营业务收入总账和应收账款明细账或库存现金、银行存款日记账，以检查在销售过程中是否存在有意或无意的错报问题。

从主营业务收入明细账追查至应收账款明细账，一般与为实现其他审计目标所实施的测试一并进行；而将主营业务收入明细账加总，并追查、核对加总数至其总账，则应作为一项单独的测试程序来执行。

3.2.2 收款交易的细节测试

与销售交易的细节测试一样，收款交易的细节测试范围在一定程度上取决于关键控制是否存在，以及控制测试的结果。由于销售与收款交易同属一个循环，在经济活动中密切相连，因此，收款交易的一部分测试可与销售交易的测试一并执行，但收款交易的特殊性又决定了其另一部分测试仍需单独实施。

3.3 营业收入的实质性程序

营业收入项目核算企业在销售商品、提供劳务等主营业务活动中所产生的收入，以及企业确认的除主营业务活动以外的其他经营活动实现的收入，包括出租固定资产、出租无形资产、出租包装物和商品、销售材料、用材料进行非货币性交换（非货币性资产交换具有商业实质且公允价值能够可靠计量）或债务重组等实现的收入。营业收入包括主营业务收入和其他业务收入。

1. **营业收入审计目标与实质性程序**

营业收入实质性程序如表3.6所示。

表3.6 营业收入的实质性程序

被审计单位：＿＿＿＿＿＿ 编制：＿＿＿＿＿＿ 日期：＿＿＿＿＿＿ 索引号：＿＿＿＿＿＿
截止日期/期间：＿＿＿＿＿ 复核：＿＿＿＿＿＿ 日期：＿＿＿＿＿＿ 页　次：＿＿＿＿＿＿

一、审计目标与认定的对应关系

审计目标	财务报表认定					
	发生	完整性	准确性	截止	分类	列报
A　利润表中记录的营业收入已发生，且与被审计单位有关	√					
B　所有应当记录的营业收入均已记录		√				

(续表)

审计目标	财务报表认定					
	发生	完整性	准确性	截止	分类	列报
C 与营业收入有关的金额及其他数据已恰当记录			√			
D 营业收入已记录于正确的会计期间				√		
E 营业收入已记录于恰当的账户					√	
F 营业收入已按照《企业会计准则》的规定在财务报表中作出恰当的列报						√

二、审计目标与审计程序的对应关系

审计目标	可供选择的审计程序	计划实施的审计程序	索引号
C	1. 取得或编制主营业务收入明细表 （1）复核加计是否正确，并与总账数和明细账合计数核对是否相符，结合其他业务收入账户与报表数核对是否相符 （2）检查以非记账本位币结算的主营业务收入的折算汇率及折算是否正确		
ABCD	2. 检查主营业务收入的确认条件、方法是否符合企业会计制度，前后期是否一致；关注周期性、偶然性的收入是否符合既定的收入确认原则和方法		
ABC	3. 必要时，实施以下实质性分析程序 （1）针对已识别需要运用分析程序的有关项目，并基于对被审计单位及其环境的了解，通过进行以下比较，同时考虑有关数据间关系的影响，以建立有关数据的期望值 ① 将本期的主营业务收入与上期的主营业务收入进行比较，分析产品销售的结构和价格变动是否异常，并分析异常变动的原因 ② 计算本期重要产品的毛利率，与上期比较，检查是否存在异常，各期之间是否存在重大波动，查明原因 ③ 比较本期各月各类主营业务收入的波动情况，分析其变动趋势是否正常，是否符合被审计单位季节性、周期性的经营规律，查明异常现象和重大波动的原因 ④ 将本期重要产品的毛利率与同行业其他企业进行对比分析，检查是否存在异常 ⑤ 根据增值税专用发票申报表或普通发票，估算全年收入，与实际收入金额比较 （2）确定可接受的差异额 （3）将实际的情况与期望值相比较，识别需要进一步调查的差异 （4）如果其差额超过可接受的差异额，调查并取得充分的解释和恰当的佐证性质的审计证据（如通过检查相关的凭证） （5）评估分析程序的测试结果		
C	4. 取得产品价格目录，抽查售价是否符合价格政策，并注意销售给关联方或关系密切的重要客户的产品价格是否合理，有无以低价或高价结算的方法相互之间转移利润的现象		

(续表)

审计目标	可供选择的审计程序	计划实施的审计程序	索引号
ABCD	5. 抽取___张发运凭证,审查存货出库日期、品名、数量等是否与销售发票、销售合同、记账凭证等一致		
ACD	6. 抽取___张记账凭证,审查入账日期、品名、数量、单价、金额等是否与销售发票、发运凭证、销售合同等一致		
AC	7. 结合对应收账款的审计,选择主要客户函证本期销售额		
A	8. 对于出口销售,应当将销售记录与出口报关单、货运提单、销售发票等出口销售单据进行核对,必要时向海关函证		
D	9. 实施销售的截止测试 （1）通讨测试资产负债表日前后___天且金额大于___的发运凭证,将应收账款和收入明细账进行核对；同时,从应收账款和收入明细账选取在资产负债表日前后___天且金额大于___的凭证,与发运凭证核对,以确定销售是否存在跨期现象 （2）复核资产负债表日前后销售和发货水平,确定业务活动水平是否异常(如与正常水平相比),并考虑是否有必要追加实施截止程序 （3）取得资产负债表日后所有的销售退回记录,检查是否存在提前确认收入的情况 （4）结合对资产负债表日应收账款的函证程序,检查有无未取得对方认可的大额销售 （5）调整重大跨期销售		
A	10. 存在销货退回的,检查手续是否符合规定,结合原始销售凭证检查其会计处理是否正确,结合存货项目审计关注其真实性		
C	11. 销售折扣与折让 （1）取得或编制销售折扣与折让明细表,复核加计正确,并与明细账合计数核对相符 （2）取得被审计单位有关销售折扣与折让的具体规定和其他文件资料,并抽查较大的销售折扣与折让发生额的授权批准情况,与实际执行情况进行核对,检查其是否经授权批准,是否合法、真实 （3）销售折扣与折让是否及时足额提交对方,有无虚设中介、转移收入、私设账外"小金库"等情况 （4）检查折扣与折让的会计处理是否正确		
ABCDE	12. 检查有无特殊的销售行为,如附有销售退回条件的商品销售、委托代销、售后回购、以旧换新、商品需要安装和检验的销售、分期收款销售、出口销售、售后租回等,选择恰当的审计程序进行审核		
AC	13. 调查向关联方销售的情况,记录其交易品种、价格、数量、金额,以及占主营业务收入总额的比例。对于合并范围内的销售活动,记录应予合并抵销的金额		
AC	14. 调查集团内部销售的情况,记录其交易价格、数量和金额,并追查在编制合并财务报表时是否已予以抵销		
	15. 根据评估的舞弊风险等因素增加的审计程序		
F	16. 确定主营业务收入的列报是否恰当		

2. 主营业务收入重点程序操作

（1）实施分析程序

审计人员为了在总体上对主营业务收入的真实性作出初步判断，一般还应采用分析程序，检查主营业务收入是否存在异常变动或重大波动。审计人员应根据主营业务收入明细表，编制主营业务收入分析表，并作如下比较分析。

① 将本年度主营业务收入与上年度进行比较，分析商品销售结构和价格的变动是否正常。

② 比较本年度各月份主营业务收入的波动情况，分析其变动趋势是否正常。

③ 比较本年度各月份销售利润率，并与企业历史数据和行业平均水平进行比较。

如果发现异常现象和重大波动，应查明原因。

审计人员应特别注意年末前若干月份的收入变动情况，因为被审计单位管理层为了调节本年度和下一年度的盈利或为保持既定的盈利水平而操纵年末收入的可能性比较大，所以，对年末前若干月份的收入显著减少或增加必须重点审查，以核实是否存在漏记、隐瞒或虚记收入等情况。

（2）查明主营业务收入的确认原则和方法

对主营业务收入的审计，应当依照销售商品收入确认的5个条件，并结合货款结算方式来进行。下面说明几种基本销售方式确认收入的具体要求，以及审计时应重点关注的问题。

① 采用交款提货方式销售商品，以货款已经收到或取得收取货款的凭证，同时发票账单和提货单已交给购货方时确认收入实现。审计人员应审查被审计单位是否收到货款或取得收取货款的权利，并已将发票账单和提货单交付购货单位。

提示 应特别注意有无扣压结算凭证，将当期收入转入下期入账，或者开假发票，将虚列的收入记账，在下期予以冲销的情况。

② 采用预收货款方式销售商品，在商品已经发出时确认收入实现。审计人员应审查被审计单位是否收到了货款，是否在货物发出之后确认收入。

提示 应注意是否存在开具虚假发运凭证、提前确认收入的情况。

③ 采用托收承付结算方式销售商品，在商品已经发出，并办妥托收手续时确认收入实现。审计人员应审查被审计单位是否发货，托收手续是否办妥。

提示 应注意发运凭证是否真实，托收承付结算回单是否正确。

④ 采用委托其他单位代销方式销售商品，应以代销商品已经销售，并收到代销清单时确认收入实现。审计人员应查明有无编制虚假代销清单、虚增本期收入的情况。

⑤ 采用分期收款方式销售商品，应按合同约定的收款日期分期确认收入。审计人员应审查本期是否收到货款，查明合同约定的本期应收款日期是否真实，是否存在已实现的收入不入账、少入账或缓入账的情况。

提示 《企业会计准则第14号——收入》第5条规定，合同或协议价款的收取采用递延方式，实质上具有融资性质的，应当按照应收的合同或协议价款的公允价值确定销售商品收入金额。应收的合同或协议价款与其公允价值之间的差额，应当在合同或协议期间内采用实际利率法进行摊销,计入当期损益。

⑥ 对长期工程合同收入,企业在资产负债表日提供劳务交易的结果能够可靠估计的,应当采用完工百分比法确认提供劳务收入。审计人员应审查收入的计算、确认方法是否符合规定,并核对应计收入与实际收入是否一致。

提示 企业在资产负债表日提供劳务交易结果不能够可靠估计的,应当分别按下列情况处理:已经发生的劳务成本预计能够得到补偿的,按照已经发生的劳务成本金额确认提供劳务收入,并按相同金额结转劳务成本;已经发生的劳务成本预计不能够得到补偿的,应当将已经发生的劳务成本计入当期损益,不确认提供劳务收入。应注意查明有无随意确认收入、虚增或虚减本期收入的情况。

⑦ 销售房地产的,与一般的销售商品类似,在房地产已经移交,并将发票结算账单提交对方时确认收入的实现。审计人员应审查已办理的移交手续是否符合规定要求,发票账单是否已交对方。

提示 注意查明被审计单位有无编造虚假移交手续,采用"分层套写"的方法开具虚假发票的行为,防止其高价出售、低价收账,从中贪污货款。

对上述主营业务收入确认的审查,主要是采用抽查法、核对法和验算法。

(3) 审查主营业务收入的会计处理是否正确

主营业务收入的会计处理是否正确,直接影响到企业损益的计算。在审查主营业务收入时,应认真审查其会计处理过程。审计人员应抽取企业被审计期间内一定数量的销售发票,进行从原始凭证到记账凭证、主营业务收入明细账的全过程审查。审计人员应核实有关记录、过账、加总是否正确,并将抽取的收入与应收账款明细账、现金或银行存款日记账、库存商品明细账相核对,以进一步确定发货日期、销售数量、品名、单价、金额等是否相符,从而证实主营业务收入会计处理的正确性、真实性和完整性。同时,还应审查销售退回、折扣和折让的数额计算及会计处理是否正确。

(4) 测试销售截止的正确性

对于主营业务收入的截止测试,注册会计师在审计中应该注意把握3个与主营业务收入确认有着密切关系的日期:一是发票开具日期或收款日期;二是记账日期;三是发货日期(服务业则是提供劳务的日期)。这里的发票开具日期是指开具增值税专用发票或普通发票的日期,记账日期是指被审计单位确认主营业务收入实现并将该笔经济业务记入"主营业务收入"账户的日期,发货日期是指仓库开具出库单并发出库存商品的日期。检查三者是否归属于同一适当会计期间是主营业务收入截止测试的关键所在。围绕上述3个重要日期,在审计实务中,注册会计师可以考虑选择3条审计路径实施主营业务收入的截止测试。

① 以账簿记录为起点。从资产负债表日前后若干天的账簿记录查至记账凭证,检查发票存根与发运凭证,目的是证实已入账收入是否在同一期间已开具发票并发货,有无多记收入。这种方法的优点是比较直观,可以提高审计效率;缺点是缺乏全面性和连贯性,只能查多记,无法查漏记,尤其是当本期漏记收入延至下期审计时,被审计单位尚未及时登账,不易发现应记入而未记入报告期收入的情况。因此,使用这种方法主要是为了防止多计收入。以账簿记录为起点主营业务收入截止测试表如表3.7所示。

项目 3 销售与收款循环的审计

表3.7 主营业务收入截止测试

被审计单位：_____　　编制：_____　　日期：_____　　索引号：_____
期间：_____　　复核：_____　　日期：_____　　页次：_____

编号	明细账			发票内容					发运凭证		是否跨期 √(×)
	日期	凭证号	主营业务收入	应交税费	日期	客户名称	货物名称	销售额	税额	日期	号码	

审计说明：

② 以销售发票为起点。从资产负债表日前后若干天的发票存根查至发运凭证与账簿记录，确定已开具发票的货物是否已发货并于同一会计期间确认收入。具体做法是抽取若干张在资产负债表日前后开具的销售发票的存根，追查至发运凭证和账簿记录，查明有无漏记收入现象。这种方法的优点是较全面、连贯，容易发现漏记的收入；缺点是较费时费力，有时难以查找相应的发货及账簿记录，而且不易发现多记的收入。因此，使用这种方法主要是为了防止少计收入。

③ 以发运凭证为起点。从资产负债表日前后若干天的发运凭证查至发票开具情况与账簿记录，确定主营业务收入是否已记入恰当的会计期间。该方法的优缺点与方法2类似，具体操作中还应考虑被审计单位的会计政策才能作出恰如其分的处理。使用这种方法主要也是为了防止少计收入。

因此，为了提高审计效率，注册会计师应当凭借专业经验和所掌握的信息、资料作出正确判断，选择其中的一条或两条审计路径实施更有效的收入截止测试。

实例 3-2　A 和 B 两名注册会计师首次接受委托，负责审计上市公司甲公司 2015 年度财务报表。相关资料如下。

B 注册会计师对主营业务收入的发生认定进行审计，编制了审计工作底稿，部分内容如表 3.8 所示。

表3.8 B注册会计师对主营业务收入的发生认定审计

记账凭证日期	记账凭证编号	记账凭证金额/万元	发票日期	出库单日期
2015年1月5日	转字 10	12	2015年1月8日	2015年1月8日
2015年2月20日	转字 30	-120	2015年2月20日	不适用
2015年2月28日	转字 45	7	2015年2月27日	2015年2月27日
2015年3月20日	转字 40	8	2015年3月19日	2015年3月19日
（略）				
2015年11月3日	转字 4	10	2015年11月2日	2015年11月2日
2015年11月15日	转字 28	200	2015年11月14日	2015年11月14日

(续表)

记账凭证日期	记账凭证编号	记账凭证金额/万元	发票日期	出库单日期
2015年12月10日	转字50	250	2015年12月10日	2015年12月10日

审计说明：
（1）根据销售合同约定，在客户收到货物、验收合格并签发收货通知后，甲公司取得收取货款的权利。审计中已检查销售合同。
（2）已检查记账凭证日期、发票日期和出库单日期，未发现异常。发票和出库单中的其他信息与记账凭证一致。
（3）11月转字28号和12月转字50号记账凭证反映的销售额较高，财务经理解释是调整售价所致。
（4）2月转字30号记账凭证反映，甲公司在2015年度销售并确认收入的一笔交易，于2016年2月发生销货退回。甲公司未按规定调整2015年度财务报表，前任注册会计师于2016年3月对甲公司2015年度财务报表出具了标准审计报告。

要求：针对资料中的审计说明第（1）至（3）项，逐项指出B注册会计师实施的审计程序中存在的不当之处，并简要说明理由。

分析

审计程序设计恰当性分析。

（1）第（1）项，注册会计师的审计程序存在不当之处，因为已经说明"在客户收到货物、验收合格并签发收货通知后，甲公司取得收取货款的权利"，所以此时注册会计师在审计中仅仅检查了销售合同是不够的，还应该检查客户签发的收货通知单。

（2）第（2）项，注册会计师的审计程序存在不当之处，因为已经说明"在客户收到货物、验收合格并签发收货通知后，甲公司取得收取货款的权利"，所以此时注册会计师在审计中仅仅检查了发票和出库单中其他信息与记账凭证的一致是不够的，还应该检查客户签发的收货通知单的日期。

（3）第（3）项，注册会计师的审计程序存在不当之处。不能够根据获取的财务经理的询问结果得出审计结论，应当进一步地了解行业状况、市场价格变化信息，并检查被审计单位关于价格调整的会议记录和相关文件。必要时向被审计单位的客户函证销售合同中的价格条款。

3.4 应收账款和坏账准备的实质性程序

应收账款余额包括应收账款账面余额和相应的坏账准备两部分。应收账款指企业因销售商品、提供劳务而形成的债权，即由于企业销售商品、提供劳务等原因，应向购货客户或接受劳务的客户收取的款项或代垫的运杂费，是企业在信用活动中所形成的各种债权性资产。

坏账是指企业无法收回或收回可能性极小的应收款项，包括应收票据、应收账款、预付款项、其他应收款和长期应收款等。由于发生坏账而产生的损失称为坏账损失。

企业应当定期或至少于每年年度终了对应收款项进行全面检查，预计各项应收款项可能发生的坏账，对于没有把握能够收回的应收款项，应当计提坏账准备。

3.4.1 应收账款的实质性程序

1. 应收账款审计目标与实质性程序

在实务中,应收账款审计目标与可选择的实质性程序如表3.9所示。

表3.9 应收账款实质性程序

被审计单位:_____ 编制:_____ 日期:_____ 索引号:_____
截止日期:_____ 复核:_____ 日期:_____ 页次:_____

一、审计目标与认定的对应关系

审计目标	财务报表认定				
^	存在	完整性	权利和义务	计价和分摊	列报
A 资产负债表中记录的应收账款是存在的	√				
B 所有应当记录的应收账款均已记录		√			
C 记录的应收账款由被审计单位拥有或控制			√		
D 应收账款以恰当的金额包括在财务报表中,与之相关的计价调整已恰当记录				√	
E 应收账款已按照《企业会计准则》的规定在财务报表中作出恰当列报					√

二、审计目标与审计程序的对应关系

审计目标	可供选择的审计程序	计划实施的审计程序	工作底稿索引号
D	1. 取得或编制应收账款明细表 (1)复核加计正确,并与总账数和明细账合计数核对是否相符;结合坏账准备科目与报表数核对是否相符 (2)检查非记账本位币应收账款的折算汇率及折算是否正确 (3)分析有贷方余额的项目,查明原因,必要时,建议重分类调整 (4)结合其他应收款、预收款项等往来项目的明细余额,调查有无同一客户多处挂账、异常余额或与销售无关的其他款项(如代销账户、关联方账户或员工账户)。若有,应做出记录,必要时提出调整建议 (5)标记重要的欠款单位,计算其欠款合计数占应收账款余额的比例		
ABD	2. 检查涉及应收账款的相关财务指标 (1)复核应收账款借方累计发生额与主营业务收入是否配比,并将当期应收账款借方发生额占销售收入净额的百分比与管理层考核指标比较,如果存在差异应查明原因 (2)计算应收账款周转率、应收账款周转天数等指标,并与被审计单位以前年度指标、同行业同期相关指标对比分析,检查是否存在重大异常		
D	3. 检查应收账款账龄分析是否正确 (1)取得或编制应收账款账龄分析表(参见表3.10) (2)如果应收账款账龄分析表由被审计单位编制,测试其计算的准确性 (3)将应收账款账龄分析表中的合计数与应收账款总分类账余额相比较,并调查重大调整项目 (4)检查原始凭证,如销售发票、运输记录等,测试账龄核算的准确性		

(续表)

审计目标	可供选择的审计程序	计划实施的审计程序	工作底稿索引号
ACD	4. 对应收账款进行函证 （除非有充分证据表明应收账款对财务报表不重要或函证很可能无效，否则，应对应收账款进行函证。如果不对应收账款进行函证，应在工作底稿中说明理由。如果认为函证很可能无效，应当实施替代审计程序获取充分、适当的审计证据） （1）选取函证项目 （2）对函证实施过程进行控制：核对询证函（参见参考格式3-1、3-2）是否由注册会计师直接收发；被询证者以传真、电子邮件等方式回函的，应要求被询证者寄回询证函原件。如果未能收到积极式函证回函，应当考虑与被询证者联系，要求对方作出回应或再次寄发询证函 （3）编制应收账款函证结果汇总表（见表3.12），对函证结果进行评价。核对回函内容与被审计单位账面记录是否一致，若不一致，分析不符事项的原因，检查销售合同、发运凭证等相关原始单据，分析被审计单位对于回函与账面记录之间差异的解释是否合理，编制应收账款函证结果调节表并检查支持性凭证。如果不符事项构成错报，应重新考虑所实施审计程序的性质、时间和范围 （4）针对最终未回函的账户实施替代审计程序（如实施期后收款测试、检查运输记录、销售合同等相关原始资料及询问被审计单位有关部门等）		
A	5. 确定已收回的应收账款金额		
A	6. 对未函证应收账款实施替代审计程序。抽查有关原始凭据，如销售合同、销售订单、销售发票副本、发运凭证及回款单据等，以验证与其相关的应收账款的真实性		
D	7. 评价坏账准备计提的适当性 （1）取得或编制坏账准备计算表，复核加计正确，与坏账准备总账数、明细账合计数核对相符。将应收账款坏账准备本期计提数与管理费用相应明细项目的发生额核对相符 （2）检查应收账款坏账准备计提和核销的批准程序，取得书面报告等证明文件。评价计提坏账准备所依据的资料、假设及方法；复核应收账款坏账准备是否按经股东大会或董事会批准的既定方法和比例提取，其计算和会计处理是否正确 （3）根据账龄分析表．选取金额大于＿＿＿的账户，逾期超过＿＿＿天的账户，以及认为必要的其他账户（如有收款问题记录的账户）。复核并测试所选取账户期后收款情况。针对所选取的账户，与授信部门经理或其他负责人员讨论其可收回性，并复核往来函件或其他相关信息，以支持被审计单位就此作出的声明。针对坏账准备计提不足情况进行调整 （4）实际发生坏账损失的，检查转销依据是否符合有关规定，会计处理是否正确 （5）已经确认并转销的坏账重新收回的，检查其会计处理是否正确 （6）通过比较前期坏账准备计提数和实际发生数，以及检查期后事项，评价应收账款坏账准备计提的合理性		

（续表）

审计目标	可供选择的审计程序	计划实施的审计程序	工作底稿索引号
A	8. 抽查有无不属于结算业务的债权 抽查应收账款明细账,并追查至有关原始凭证,查证被审计单位有无不属于结算业务的债权。如果有,应建议被审计单位做适当调整		
A	9. 通过检查自资产负债表日至____日止被审计单位授予欠款单位的、金额大于____的减免应收账款凭证以测试其准确性。检查资产负债表日前后销售退回和赊销水平,确定是否存在异常迹象(如与正常水平相比),并考虑是否有必要追加审计程序		
A	10. 复核应收账款和相关总分类账、明细分类账和现金日记账,调查异常项目。对大额或异常及关联方应收账款,即使回函相符,仍应抽查其原始凭证		
A	11. 检查应收账款减少有无异常,注意应收账款出售的会计处理是否正确		
D	12. 检查应收账款中是否存在债务人破产或死亡,以其破产财产或遗产清偿后仍无法收回,或者债务人长期未履行偿债义务的情况,如果有,应提请被审计单位处理		
ABCD	13. 标明应收关联方[包括持股5%以上(含5%)股东]的款项,执行关联方及其交易审计程序,并注明合并报表时应予抵销的金额;对关联企业、有密切关系的主要客户的交易事项作专门核查 （1）了解交易事项目的、价格和条件,作比较分析 （2）检查销售合同、销售发票、货运单证等相关文件资料 （3）检查收款凭证等货款结算单据 （4）向关联方、有密切关系的主要客户或其他注册会计师函询,以确认交易的真实性、合理性		
C	14. 检查应收账款的贴现、质押或出售 检查银行存款和银行借款等询证函的回函、会议纪要、借款协议和其他文件,确定应收账款是否已被贴现、质押或出售,应收账款贴现业务属质押还是出售,其会计处理是否正确		
	15. 根据评估的舞弊风险等因素增加的审计程序		
E	16. 检查应收账款是否已按照《企业会计准则》的规定在财务报表中作出恰当列报		

2. 重点审计程序操作

（1）应收账款账龄分析

应收账款的账龄是指资产负债表中的应收账款从销售实现、产生应收账款之日起,至资产负债表日止所经历的时间。应收账款账龄分析表如表3.10所示。

表3.10 应收账款账龄分析　　　　　　　　　　　　　　　元

客户名称	期末余额	账　龄			
		1年以内	1~2年	2~3年	3年以上
合计					

提示 编制应收账款账龄分析表时,可以考虑选择重要的客户及其余额列示,而将不重要的或余额较小的汇总列示。应收账款账龄分析表的合计数减去已计提的相应坏账准备后的净额,应该等于资产负债表中的应收账款项目余额。

实例3-3 公开发行A股的Y股份有限公司(以下简称Y公司)是安华会计师事务所的常年审计客户。注册会计师蒋三和洪涛负责对Y公司2015年度财务报表进行审计,并确定财务报表层次的重要性水平为1 200 000元。Y公司2015年度财务报告于2016年1月25日获董事会批准,并于同日报送证券交易所。Y公司适用的增值税税率为17%。在对Y公司的审计过程中蒋三和洪涛注意到以下事项。

Y公司会计政策规定,对应收款项采用账龄分析法计提坏账准备。根据债务单位的财务状况、现金流量等情况,确定坏账准备计提比例分别为:账龄1年以内的(含1年,以下类推),按其余额的10%计提;账龄1~2年的,按其余额的30%计提;账龄2~3年的,按其余额的50%计提;账龄3年以上的,按其余额的80%计提。Y公司2015年12月31日未经审计的会计报表应收账款项目金额为51 929 000元,相应的坏账准备余额为6 364 900元。应收账款账面余额明细如表3.11所示。

表3.11 应收账款账面余额明细
2016年1月15日　　　　　　　　　　　　　　　　　　　　元

客户名称	期末余额	账龄 1年以内	1~2年	2~3年	3年以上
a公司	36 582 000	35 150 000	500 000	932 000	
b公司	17 154 000	2 000 000	15 100 000	54 000	
c公司	625 000	600 000		25 000	
d公司	-2 500 000	9 500 000	-12 000 000		
e公司	68 000				68 000
合计	51 929 000	47 250 000	3 600 000	1 011 000	68 000

要求:代注册会计师蒋三和洪涛指出该公司资产负债表应收账款项目51 929 000元是否正确,坏账准备计提是否正确,如有错误,请提出审计调整建议。注意,审计调整分录均不考虑对Y公司2015年度的企业所得税、期末结转损益及利润分配的影响。

分析
注册会计师蒋三和洪涛应提请Y公司做以下报表重分类调整分录。
　　借:应收账款——d公司　　　　　　　　　　　　　　　12 000 000
　　　　贷:预收账款——d公司　　　　　　　　　　　　　　　12 000 000
注册会计师蒋三和洪涛还应提请Y公司做以下审计调整分录。
　　借:资产减值损失——计提的坏账准备　　　　　　　　　3 600 000
　　　　贷:应收账款——坏账准备　　　　　　　　　　　　　　3 600 000

(2)函证应收账款

函证应收账款的目的在于证实应收账款账户余额的真实性、正确性,防止或发现被审计单位及其有关人员在销售交易中发生的错误或舞弊行为。通过函证应收账款,可以比较有效地证明被询证者(即债务人)的存在和被审计单位记录的可靠性。

注册会计师应当考虑被审计单位的经营环境、内部控制的有效性、应收账款账户的性质、被询证者处理询证函的习惯做法及回函的可能性等,以确定应收账款函证的范围、对象、方式和时间。

① 函证的范围和对象。函证数量的多少、范围是由诸多因素决定的,主要有如下因素。

- 应收账款在全部资产中的重要性。若应收账款在全部资产中所占的比重较大,则函证的范围应相应大一些。
- 被审计单位内部控制的强弱。若内部控制制度较健全,则可以相应减少函证量;反之,则应相应扩大函证范围。
- 以前期间的函证结果。若以前期间函证中发现过重大差异,或者欠款纠纷较多,则函证范围应相应扩大一些。

一般情况下,注册会计师应选择以下项目作为函证对象:大额或账龄较长的项目;与债务人发生纠纷的项目;关联方项目;主要客户(包括关系密切的客户)项目;交易频繁但期末余额较小甚至余额为 0 的项目;可能产生重大错报或舞弊的非正常的项目。

② 函证的方式。注册会计师可采用积极的或消极的函证方式实施函证,也可将两种方式结合使用。

应收账款询证函的参考格式 3-1 为积极式询证函的格式,参考格式 3-2 为消极式询证函的格式。

参考格式3-1 积极式询证函

往来款项询证函

索引号:
编号:

地址:×××
单位:×××

本公司聘请的 ×× 会计师事务所正对本公司 ×× 年度财务报表进行审计,按照中国注册会计师执业准则和财政部、中国人民银行《关于做好企业的银行存款借款及往来款项函证工作的通知》(财协字〔1999〕1号)的要求,应当询证本公司与贵公司的往来账项等事项。下列数据出自本公司账簿记录,如与贵公司记录相符,请在本函下端"信息证明无误"处签章证明;如果有不符,请在"信息不符"处签章并列明不符金额。回函请直接寄至 ×× 会计师事务所 ×× 注册会计师。

通信地址:×× 市 ×× 街 ×× 号　　　邮编:××××××
电话:×××××××　　　传真:×××××××

1. 本公司与贵公司的往来账项列示如下。

元

会计科目	截止日期	贵公司欠	欠贵公司	备注
应收账款				

2. 其他事项。

说明:本函仅为复核账目之用,并非催款结算。若款项在上述日期之后已付清,仍请及时函复为盼。

	本公司签章：	日期：	
结论：1.信息证明无误		2.信息不符（请列明不符项目及具体内容）	
贵公司签章： 日期：		贵公司签章： 日期：	

说明：其他事项是如担保、抵押情况及其他需要询证的事项。

参考格式3-2 消极式询证函格式

企业询证函

编号：

××（公司）：

　　本公司聘请的××会计师事务所正在对本公司××年度财务报表进行审计，按照中国注册会计师审计准则的要求，应当询证本公司与贵公司的往来账项等事项。下列数据出自本公司账簿记录，如果与贵公司记录相符，则无须回复；如果有不符，请直接通知会计师事务所，并请在空白处列明贵公司认为是正确的信息。回函请直接寄至××会计师事务所。

回函地址：
邮编： 电话： 传真： 联系人：

1.本公司与贵公司的往来账项列示如下。

元

截止日期	贵公司欠	欠贵公司	备　注

2. 其他事项。

本函仅为复核账目之用，并非催款结算。若款项在上述日期之后已经付清，仍请及时核对为盼。

（公司盖章）
年　月　日

××会计师事务所：上面的信息不正确
差异如下：

（公司盖章）
年　月　日
经办人：

③ 函证时间的选择。注册会计师通常以资产负债表日为截止日，在资产负债表日后适当时间内实施函证。如果重大错报风险评估为低水平，注册会计师可选择资产负债表日前适当日期为截止日实施函证，并对所函证项目自该截止日起至资产负债表日止发生的变动实施实质性程序。

④ 函证的控制。注册会计师通常利用被审计单位提供的应收账款明细账户名称及客户地址等资料据以编制询证函，但注册会计师应当对选择被询证者、设计询证函，以及发出和收回询证函保持控制。

注册会计师可通过函证结果汇总表的方式对询证函的收回情况加以控制。应收账款函证结果汇总如表3.12所示。

表3.12 应收账款函证结果汇总

被审计单位名称：_____　制表：_____　日期：_____
结账日：__年__月__日　复核：_____　日期：_____　元

询证函编号	债务人名称	债务人地址及联系方式	账面金额	函证方式	函证日期 第一次	函证日期 第二次	回函日期	替代程序	确认余额	差异金额及说明	备注
合计											

⑤ 对不符事项的处理。注册会计师应当重新考虑所实施审计程序的性质、时间和范围。

⑥ 对函证结果的总结和评价。注册会计师对函证结果可进行如下评价。

- 重新考虑对内部控制的原有评价是否适当，控制测试的结果是否适当，分析程序的结果是否适当，相关的风险评价是否适当等。
- 如果函证结果表明没有审计差异，则可以合理地推论，全部应收账款总体是正确的。
- 如果函证结果表明存在审计差异，则应当估算应收账款总额中可能出现的累计差错是多少，估算未被选中进行函证的应收账款的累计差错是多少。为取得对应收账款累计差错更加准确的估计，也可以进一步扩大函证范围。

实例3-4 在对HD公司2015年度财务报表进行审计时，注册会计师李建负责审计应收账款，李建对截止日为2015年12月31日的应收账款实施了函证程序，并于2016年2月20日编制了以下应收账款函证分析工作底稿。

HD公司应收账款函证分析工作底稿

索引号 B-3
编制人　　　　　　　日期
复核人　　　　　　　日期

资产负债表日：2015年12月31日

	笔数	金额/元	百分比
一、函证			
2015年12月31日应收账款	4 000	4 000 000 √★	100%
其中：积极函证	108	520 000	13%
消极函证	280	40 000	10%
寄发询证函小计	388	560 000	23%
选定函证但客户不同意函证的应收账款	12		
选择函证合计	400		
二、结果			
（一）函证未发现不符			
积极函证：确认无误部分 W/P B-4	88 C	36 000	9%
消极函证：未回函或回函确认无误部分 W/P B-4	240 C	32 000	0.8%
函证未发现不符小计	328	392 000	9.8%
（二）函证发现不符			
积极函证 W/P B-5	4 CX	20 000	0.5%
消极函证 W/P B-5	40 CX	8 000	0.2%
函证发现不符小计	44	28 000	0.7%
（三）选定函证但客户不同意函证的应收账款	12		

标志说明：

√——与应收账款明细账核对相符；★——与应收账款总账核对相符；C——回函相符；CX——回函

不符。

总体结论：回函不符金额 28 000 元低于可容忍错报，应收账款得以公允反映。

要求：

假定选择函证的应收账款样本是恰当的，应收账款的可容忍错报是 30 000 元，指出注册会计师李建编制的上述工作底稿中存在哪些缺陷。

分析

（1）工作底稿没有编制人和复核人的签名和日期。

（2）在"一、函证"部分，"消极函证金额"对应的百分比计算错误，应为 40 000÷4 000 000=1%；"寄发询证函小计"金额相对应的百分比计算错误，应为 560 000÷4 000 000=14%。

（3）"选定函证但客户不同意函证的应收账款"没有列示金额和百分比，"选择函证合计"也没有列示金额和百分比。

（4）没有从样本错报结果推断总体错报，因此，形成应收账款得到公允反映的结论是不适当的。

（5）没有统计和列示通过积极函证而未回函的 16 封询证函。

3.4.2 坏账准备的实质性程序

1. 坏账准备审计目标与实质性程序

坏账准备审计目标与实质性程序如表 3.13 所示。

表3.13　坏账准备审计目标与实质性程序

被审计单位：_____　编制：_____　日期：_____　索引号：_____
截止日期：_____　复核：_____　日期：_____　页　次：_____

一、审计目标与认定的对应关系

审计目标	财务报表认定				
	存在	完整性	权利和义务	计价和分摊	列报
A　资产负债表中记录的坏账准备是存在的	√				
B　所有应当记录的坏账准备均已记录		√			
C　记录的坏账准备由审计单位拥有或控制			√		
D　坏账准备以恰当的金额包括在财务报表中，与之相关的计价调整已恰当记录				√	
E　坏账准备是否已按照《企业会计准则》的规定在财务报表中作出恰当列报					√

二、审计目标与审计程序的对应关系

审计目标	可供选择的审计程序	计划实施的审计程序	工作底稿索引号
D	1. 取得或编制坏账准备计算表，复核加计正确，与坏账准备总账、明细账合计数核对相符		

(续表)

审计目标	可供选择的审计程序	计划实施的审计程序	工作底稿索引号
AB	2. 将应收账款坏账准备本期计提数与资产减值损失相应明细项目的发生额核对是否相符		
ABCD	3. 了解被审计单位的坏账准备政策,检查坏账准备计提和核销的批准程序,取得书面报告等证明文件。评价计提坏账准备所依据的资料、假设及方法;复核应收账款坏账准备是否按经股东大会或董事会批准的既定方法和比例提取,其计算和会计处理是否正确		
ABD	4. 取得或编制坏账损失明细表,检查坏账损失的原因是否清楚、转销依据是否符合规定并办妥审批手续,有无已做坏账损失处理后又收回的账款,会计处理是否正确		
D	5. 已经确认并转销的坏账重新收回的,检查其会计处理是否正确		
ACD	6. 检查函证结果。对债务人回函中反映的异常事项及存在争议的余额,注册会计师应查明原因并做记录。必要时,应建议被审计单位做相应的调整		
D	7. 实施分析程序。通过比较前期坏账准备计提数和实际发生数,以及检查期后事项,评价应收账款坏账准备计提的合理性		
E	8. 确定应收账款坏账准备的披露是否恰当		

2. 重点实质性程序操作

1)取得或编制坏账准备计算表,复核加计正确,与坏账准备总账、明细账合计数核对相符。

2)了解被审计单位的坏账准备政策,检查坏账准备计提和核销的批准程序,取得书面报告等证明文件。评价计提坏账准备所依据的资料、假设及方法,复核应收账款坏账准备是否按经股东大会或董事会批准的既定方法和比例提取,其计算和会计处理是否正确。

3)取得或编制坏账损失明细表,检查坏账损失的原因是否清楚,转销依据是否符合规定并办妥审批手续,有无已做坏账损失处理后又收回的账款,会计处理是否正确。

实例 3-5 安华会计师事务所对南方动力公司 2015 年度财务报表审计时,注册会计师王强负责审查应收账款和坏账准备。其坏账准备检查明细如表 3.14 所示。

表3.14 坏账准备检查明细

账龄	年初余额 金额/元	本年增加 计提/元	本年增加 坏账收回	本年减少 坏账冲销	本年减少 冲回/元	年末金额 金额/元	年末金额 账龄	已审应收账款余额/元	已审坏账准备余额/元	已审余额与原余额差异/元	审计意见
1年以内	516 070.98	280 591.99				796 562.97	1年以内	17 433 259.34	871 662.97	75 000.00	补提
1~2年	356 736.84				247 736.84	109 000.00	1~2年	1 090 000.00	109 000.00	0	0
2~3年	105 000.00	0			105 000.00	0	2~3年	0	0	0	
3年以上	0	175 000.00				175 000.00	3年以上	350 000.00	175 000.00	0	
合计	97 780 782.00	455 591.99			352 736.84	1 080 562.97		18 873 259.34	1 155 662.97	75 000.00	

审计说明：

(1) 坏账准备的提取采用账龄分析法：账龄在1年以内的按5%提取；1~2年的按10%提取；2~3年的按30%提取，超过3年的按50%提取。

(2) 经查，年内未发生坏账事项，也无已做坏账损失处理后又收回的款项。年末由于应收账款调整（将一笔预收账款1 500 000.00元抵减了应收账款）而相应调整的坏账准备为75 000.00元。年末坏账准备审定余额=17 433 259.34×5%+1 090 000×10%+350 000×50%=1 155 662.97（元）。

年末应补提坏账准备如下：

借：资产减值损失——计提的坏账准备   75 000
　　贷：应收账款——坏账准备   75 000

3.5 应交税费的实质性程序

企业在一定时期内取得的营业收入和实现的利润,要按规定向国家缴纳相应的税费。这些应交的税费通常应按权责发生制原则预提记入有关账户,在尚未缴纳前就形成了企业的一项负债。在审查应交税费时,应当注意收集有关审计证据,包括销售合同、退货处理单、折让协议、销售发票等。特别要注意一些特殊情况下最容易少计或多计增值税的情况。少计或多计增值税的情况主要有:销货退回、折让、折扣是否同时冲减了应交税费;虚增销售收入或虚减销售收入时,同时虚增或虚减的应交税费;应税和免税产品同时销售时,是否合理分开允许抵扣的进项税额与免税产品不得抵扣的进项税额。

1. 审计目标与认定的对应关系

应交税费审计目标与认定的对应关系如表3.15所示。

表3.15 应交税费审计目标与认定的对应关系

审计目标	财务报表认定				
	存在	完整性	权利和义务	计价和分摊	列报
A 资产负债表中记录的应交税费是存在的	√				
B 所有应当记录的应交税费均已记录		√			
C 记录的应交税费是被审计单位应当履行的现时义务			√		
D 应交税费以恰当的金额包括在财务报表中,与之相关的计价调整已恰当记录				√	
E 应交税费已按照《企业会计准则》的规定在财务报表中作出恰当列报					√

2. 实质性程序

1)取得或编制应交税费明细表。

① 复核加计是否正确,并与报表数、总账数和明细账合计数核对是否相符。

② 注意印花税、耕地占用税,以及其他不需要预计应交数的税金有无误入应交税费项目。

③ 分析存在借方余额的项目,查明原因,判断是否由被审计单位预交税款引起。

2)首次接受委托时,取得被审计单位的纳税鉴定、纳税通知、减免税批准文件等,了解被审计单位适用的税种、附加税费、计税基础、税率,以及征、免、减税的范围与期限。如果被审计单位适用特定的税基式优惠或税额式优惠,或降低适用税率的,且该项税收优惠需办理规定的审批或备案手续的,应检查相关的手续是否完整、有效。连续接受委托时,关注其变化情况。

3)核对期初未交税金与税务机关受理的纳税申报资料是否一致,检查缓期纳税及延期纳税事项是否经过主管税务机关批准。

4)取得税务部门汇算清缴或其他确认文件、有关政府部门的专项检查报告、税务代理机构专业报告、被审计单位纳税申报资料等,分析其有效性,并与上述明细表及账面数据进行核对。对于超过法定缴纳期限的税款,应取得主管税务机关的批准文件。

5)检查应交增值税。

① 取得或编制应交增值税明细表,加计复核其正确性,并与明细账核对相符。

② 将应交增值税明细表与被审计单位增值税纳税申报表进行核对,比较两者是否总体相符,并分析其差额产生的原因。

③ 通过"原材料"等相关科目匡算进项税是否合理。

④ 抽查一定期间的进项税抵扣汇总表,与应交增值税明细表相关数额合计数核对,如果有差异,查明原因并做适当处理。

⑤ 抽查重要进项税发票、海关完税凭证、收购凭证或运费发票,并与网上申报系统进行核对,并注意进口货物、购进的免税农产品或废旧物资、支付运费、接受投资或捐赠、接受应税劳务等应计的进项税额是否按规定进行了会计处理;因存货改变用途或发生非常损失应计的进项税额转出数的计算是否正确,是否按规定进行了会计处理。

⑥ 根据与增值税销项税额相关账户审定的有关数据,复核存货销售,或者将存货用于投资、无偿馈赠他人、分配给股东(或投资者)应计的销项税额,以及将自产、委托加工的产品用于非应税项目的计税依据确定是否正确,以及应计的销项税额是否正确计算,是否按规定进行会计处理。

⑦ 检查适用税率是否符合税法规定。

⑧ 取得出口货物退(免)税申报表及办理出口退税有关凭证,复核出口货物退税的计算是否正确,是否按规定进行了会计处理。

⑨ 对经主管税务机关批准实行核定征收率征收增值税的被审计单位,应检查其是否按照有关规定正确执行。如果申报增值税金额小于核定征收率计算的增值税金额,应注意超过申报额部分的会计处理是否正确。

⑩ 抽查本期已交增值税资料,确定已交款数的正确性。

6)检查应交营业税的计算是否正确。结合营业税金及附加等项目的审计,根据审定的当期营业额,检查营业税的计税依据是否正确,适用税率是否符合税法规定,是否按规定进行了会计处理,并分项复核本期应交数。抽查本期已交营业税资料,确定已交数的正确性。

7)检查应交消费税的计算是否正确。结合营业税金及附加等项目,根据审定的应税消费品销售额(或数量),检查消费税的计税依据是否正确。适用税率(或单位税额)是否符合税法规定,是否按规定进行了会计处理,并分项复核本期应交消费税税额。抽查本期已交消费税资料,确定已交数的正确性。

8)检查应交资源税的计算是否正确,是否按规定进行了会计处理。

9)检查应交土地增值税的计算是否正确,是否按规定进行了会计处理。

① 根据审定的预售房地产的预收账款,复核预交税款是否准确。

② 对符合项目清算条件的房地产开发项目,检查被审计单位是否按规定进行土地增值税清算。如果被审计单位已聘请中介机构办理土地增值税清算鉴证的,应检查、核对相关鉴证报告。

③ 如果被审计单位被主管税务机关核定征收土地增值税的,应检查、核对相关的手续。

10）检查应交城市维护建设税的计算是否正确。结合营业税金及附加等项目的审计，根据审定的计税基础和按规定适用的税率，复核被审计单位本期应交城市维护建设税的计算是否正确，是否按规定进行了会计处理；抽查本期已交城市维护建设税资料，确定已交数的正确性。

11）检查应交车船使用税和房产税的计算是否正确。获取被审计单位自有车船数量、吨位（或座位）及自有房屋建筑面积、用途、造价（购入原价）、购建年月等资料，并与固定资产（含融资租入固定资产）明细账复核一致。了解其使用、停用时间及其原因等情况；通过审核本期完税单，检查其是否如实申报和按期交纳，是否按规定进行了会计处理。

12）检查应交土地使用税的计算是否正确，是否按规定进行了会计处理。

13）获取或编制应交所得税测算表，结合所得税项目，确定应纳税所得额及企业所得税税率，复核应交企业所得税的计算是否正确，是否按规定进行了会计处理。抽查本期已交所得税资料，确定已交数的正确性。汇总纳税企业所得税汇算清缴，并按税法规定追加相应的程序。

14）检查除上述税项外的其他税项及代扣税项的计算是否正确，是否按规定进行了会计处理。

15）检查被审计单位获得税金减免或返还时的依据是否充分、合法和有效，会计处理是否正确。

16）抽查＿＿＿笔应交税金相关的凭证，检查是否有合法依据，会计处理是否正确。

17）根据评估的舞弊风险等因素增加的审计程序。

18）确定应交税金是否已按照企业会计制度的规定在财务报表中作出恰当列报。

课堂训练

注册会计师李建在审计 A 公司销货退回、折让、折扣是否同时冲减应交税费时，查阅了相关的记账凭证，发现 A 公司于 7 月底销售给 B 公司的钢材不含税金额为 20 000 元，增值税税率为 17%，代垫运费 1 000 元，向银行办妥了托收手续，该批钢材的成本为 14 000 元。但 8 月初因质量不符合要求，B 公司寄来了拒付理由书、拒收商品通知单，同时退回了货物，A 公司做出的会计处理如下。

借：主营业务收入   20 000
  销售费用   1 000
 贷：应收账款   21 000
借：库存商品   14 000
 贷：主营业务成本   14 000

要求：请分析以上账务处理是否有问题，如有，请编制调整分录。

分析

销货退回不仅应根据红字增值税专用发票冲减主营业务收入、应收账款，根据退货入库单冲减主营业务成本和增加库存商品，同时还应冲减应交税费——应交增值税（销项税额）。

于是，注册会计师李建提请 A 公司做如下相应的会计调整。

借：应交税费——应交增值税（销项税额）   3 400
 贷：应收账款   3 400

3.6 销售费用的实质性程序

销售费用是指企业在销售商品过程中发生的费用,包括企业销售商品过程中发生的运输费、装卸费、包装费、保险费、展览费和广告费,以及为销售本企业商品而专设的销售机构的职工薪酬、业务费等经营费用。销售费用审计的重点应是关注费用的真实性,企业所有发生的费用支出都应当对应资产或服务的获得,并有合法原始凭证支持,否则,企业的费用支出不实,势必影响财务报表的公允反映。

1. 审计目标与认定的对应关系

销售费用审计目标与认定的对应关系如表3.16所示。

表3.16 销售费用审计目标与认定的对应关系

审计目标	财务报表认定					
	发生	完整性	准确性	截止	分类	列报
A 利润表中记录的销售费用已发生,且与被审计单位有关	√					
B 所有应当记录的销售费用均已记录		√				
C 与销售费用有关的金额及其他数据已恰当记录			√			
D 销售费用已记录于正确的会计期间				√		
E 销售费用已记录于恰当的账户					√	
F 销售费用已按照《企业会计准则》的规定在财务报表中作出恰当的列报						√

2. 实质性程序

1)取得或编制销售费用明细表。

① 复核其加计数是否正确,并与报表数、总账数和明细账合计数核对是否相符。

② 将销售费用中的工资、折旧等与相关的资产、负债科目核对,检查其勾稽关系的合理性。

2)对销售费用进行分析。

① 计算分析各个月份销售费用总额及主要项目金额占主营业务收入的比率,并与上年度进行比较,判断变动的合理性。

② 计算分析各个月份销售费用中主要项目发生额及占销售费用总额的比率,并与上一年度进行比较,判断其变动的合理性。

3)检查各明细项目是否与被审计单位销售商品、提供劳务及专设的销售机构发生的各种费用有关。

4)检查销售佣金支出是否符合规定,审批手续是否健全,是否取得有效的原始凭证。如果超过规定,是否按规定进行了纳税调整。

5)检查广告费、宣传费、业务招待费的支出是否合理,审批手续是否健全,是否取得有效的原始凭证。如果超过规定限额,应在计算应纳税所得额时调整。

6)检查由产品质量保证产生的预计负债,是否按确定的金额进行会计处理。

7)选择重要或异常的销售费用项目,检查各项目开支标准是否符合有关规定,开支内容是否与被审计单位的产品销售或专设销售机构的经费有关,计算是否正确,原始凭证是否合法,会计处理是否正确。

8)抽取资产负债表日前后____天的____张凭证,实施截止测试,若存在异常迹象,应考虑是否有必要追加审计程序,对于重大跨期项目的应做必要调整。

9)根据评估的舞弊风险等因素增加相应的审计程序。

10)检查销售费用是否已按照《企业会计准则》的规定在财务报表中作出恰当的列报。

实例 3-6 注册会计师徐虹在审查 D 公司 2015 年度的财务报表时,取得的 D 公司 2015 年度利润表和 2014 年度利润表如表 3.17 所示。

表3.17 2015年度及2014年度利润表   万元

项 目	2015 年度(未审数)	2014 年度(审定数)
一、营业收入	50 000	40 000
减:营业成本	40 000	33 000
营业税金及附加	1 000	90
销售费用	4 000	3 200
管理费用	-5 000	2 000
财务费用	1 000	900
加:投资收益	5 000	2 000
二、营业利润	14 000	2 000
加:营业外收入	1 000	1 500
减:营业外支出	2 000	2 000
三、利润总额	13 000	1 550
减:所得税费用(税率25%)	3 250	375
四、净利润	9 750	1 125

取得的 D 公司 2015 年度及 2014 年度销售费用明细如表 3.18 所示。

表3.18 2015年度及2014年度销售费用明细   万元

项 目	2015 年度(未审数)	2014 年度(审定数)
广告费用	1 440	1 220
产品质量保证	500	—
运输费用	1 100	1 000
职工薪酬	1 000	1 000
合计	4 000	3 200

要求:对上述资料进行分析后,指出需重点审计的销售费用项目。

分析

报表显示,"营业收入"比上年增加了 10 000 万元,增幅为 25%;"销售费用"比上年增加了 800 万元,增幅为 25%;由于产品质量保证费用一般按销售额的百分比提取,2014 年的主营业务收入为 40 000 万元,没有质量保证费用,而 2015 年的销售额为 50 000 万元,却增加了质量保证费用 500 万元,因此,需重点审计的销售费用项目是产品质量保证费用,检查是否存在人为调节费用的情况。

3.7 其他账户的实质性程序

3.7.1 应收票据的实质性程序

应收票据是指企业在采用商业汇票结算方式时,因销售商品、产品或提供劳务而收到的商业汇票。其款项具有一定的保证,经持有人背书后可以提交银行贴现,具有较大的灵活性。由于应收票据是在企业赊销业务中产生的,因此,对应收票据的审计也必须结合企业赊销业务一起进行。注册会计师在进行应收票据审计时,应检查被审计单位资产负债表中应收票据项目的数额是否与审定数相符,是否剔除了已贴现票据。如果被审计单位是一般企业,其已贴现的商业承兑汇票应在报表下端补充资料的"已贴现的商业承兑汇票"项目中加以反映;如果被审计单位是上市公司,其财务报表附注通常应披露贴现或用做抵押的应收票据情况和原因说明,以及持有其 5%(含 5%)以上股份的股东单位欠款情况。

1. 审计目标与认定的对应关系

应收票据审计目标与认定的对应关系如表 3.19 所示。

表3.19　应收票据审计目标与认定的对应关系

审计目标	财务报表认定				
	存在	完整性	权利和义务	计价和分摊	列报
A 资产负债表中记录的应收票据是存在的	√				
B 所有应当记录的应收票据均已记录		√			
C 记录的应收票据由被审计单位拥有或控制			√		
D 应收票据以恰当的金额包括在财务报表中,与之相关的计价调整已恰当记录				√	
E 应收票据已按照《企业会计准则》的规定在财务报表中作出恰当列报					√

2. 实质性程序

1)取得或编制应收票据明细表。

① 复核加计是否正确,并与总账数和明细账合计数核对是否相符;结合坏账准备科目与报表数核对是否相符。

② 检查非记账本位币应收票据的折算汇率及折算是否正确。

③ 检查逾期票据是否已转为应收账款。

2）取得被审计单位应收票据备查簿，核对其是否与账面记录一致。在应收票据明细表上标出至审计时已兑现或已贴现的应收票据，检查相关收款凭证等资料，以确认其真实性。

3）监盘库存票据，并与应收票据备查簿的有关内容核对；检查库存票据，注意票据的种类、号数、签收的日期、到期日、票面金额、合同交易号、付款人、承兑人、背书人姓名或单位名称，以及对于已背书转让或贴现的票据的贴现率、收款日期、收回金额等是否与应收票据备查簿的记录相符；关注是否对背书转让或贴现的票据负有连带责任；注意是否存在已作质押的票据和银行退回的票据。

4）对应收票据进行函证，并对函证结果进行汇总、分析，同时对不符事项做出适当处理。

5）对于大额票据，应取得相应销售合同或协议、销售发票和出库单等原始交易资料并进行核对，以证实是否存在真实交易。

6）复核带息票据的利息计算是否正确，并检查其会计处理是否正确。

7）对贴现的应收票据，复核其贴现息计算是否正确，会计处理是否正确。编制已贴现和已转让但未到期的商业承兑汇票清单，并检查是否存在贴现保证金。

8）标明应收关联方[包括持股5%以上（含5%）股东]的款项，执行关联方及其交易审计程序，并注明合并报表时应予抵销的金额。对关联企业、有密切关系的主要客户的交易事项作专门核查。

① 了解交易事项目的、价格和条件，作比较分析。

② 检查销售合同、销售发票、货运单证等相关文件资料。

③ 检查收款凭证等货款结算单据。

④ 向关联方、有密切关系的主要客户或其他注册会计师函证，以确认交易的真实性、合理性。

9）根据评估的舞弊风险等因素增加的审计程序。

10）检查应收票据是否已按照《企业会计准则》的规定在财务报表中作出恰当列报。

实例3-7 注册会计师王强在审查A公司2015年度截至12月31日应收票据项目时，通过审阅A公司财务人员提供的应收票据备查簿发现：存有H公司开具的于11月20日已到期的带息商业承兑汇票300万元，A公司不仅未按规定将未到期的应收票据转入应收账款，而且于年度终了时还按票面利率计提了应收利息。

分析

根据现行会计制度的规定：到期不能收回的带息应收票据，转入"应收账款"科目核算后，中期期末或年度终了时不再计提利息。对于A公司已逾期的应收票据要查实情况，应提请A公司将"应收票据"中H公司开具的300万元到期未能支付的带息商业承兑汇票转入"应收账款"科目核算，将计提的利息冲回进行调整，并根据逾期原因和债务方信用情况，评价可收回性。

3.7.2 预收款项的实质性程序

预收款项是在企业销售交易成立以前,预先收取的部分货款。由于预收款项是随着企业销售交易的发生而发生的,注册会计师应结合企业销售交易对预收款项进行审计。在审计实务中,注册会计师应结合销货业务对预收账款进行审计。在审计预收账款时,要关注被审计单位以下项目:是否与预收租金、预收利息等相混淆;是否将预收账款作为销售收入入账;是否利用"预收账款"截留收入;是否利用"预收账款"账户进行舞弊行为。

1. 审计目标与认定的对应关系

预收款项审计目标与认定的对应关系如表 3.20 所示。

表3.20 预收款项审计目标与认定的对应关系

审计目标	财务报表认定				
	存在	完整性	权利和义务	计价和分摊	列报
A 资产负债表中记录的预收账款是存在的	√				
B 所有应当记录的预收账款均已记录		√			
C 记录的预收账款是被审计单位应当履行的现时义务			√		
D 预收账款以恰当的金额包括在财务报表中,与之相关的计价调整已恰当记录				√	
E 预收账款已按照《企业会计准则》的规定在财务报表中作出恰当列报					√

2. 实质性程序

1)取得或编制预收账款明细表。

① 复核加计是否正确,并与报表数、总账数和明细账合计数核对是否相符。

② 以非记账本位币结算的预收账款,检查其采用的折算汇率及折算是否正确。

③ 检查是否存在借方余额,必要时进行重分类调整。

④ 结合应收账款等往来款项目的明细余额,检查是否存在应收、预收两方挂账的项目,必要时做出调整。

⑤ 标记重要客户。

2)分析预收账款的账龄,检查预收账款长期挂账的原因,并做出记录,必要时提请被审计单位予以调整。

3)抽查预收账款有关的销货合同、仓库发货记录、货运单据和收款凭证,检查已实现销售的商品是否及时转销预收账款,确定预收账款期末余额的正确性和合理性。

4)对预收账款进行函证。

5)通过货币资金的期后测试,以确定预收账款是否已记入恰当期间。

6)标明预收关联方[包括持股 5% 以上(含 5%)股东]的款项,执行关联方及其交易审计程序,并注明合并报表时应予抵销的金额。

7)对税法规定应予纳税的预收账款,结合应交税费项目,检查是否及时、足额计交有关税金。

8）根据评估的舞弊风险等因素增加的审计程序。

9）检查预收款项是否已按照《企业会计准则》的规定在财务报表中作出恰当列报。

实例 3-8 注册会计师王强审计 M 公司 2015 年度财务报表预收账款项目时,发现 2015 年 12 月 25 日 M 公司根据银行存款未达账项调整 1 000 万元记入"预收账款"账户。王强逐笔核对了记账凭证及其后附的销售合同等,随后又根据合同所列产品名称及数量,到仓库审查了库存商品明细账,证实以上各批产品已发货,有关原始凭证已传递到会计部门。M 公司执行企业会计制度,增值税税率为 17%,上述预收账款 1 000 万元的该批产品成本为 750 万元。

分析

根据会计制度的规定,上述预收账款 1 000 万元的经济事项已表明销售收入的成立,应该做销售收入处理。注册会计师王强应提请 M 公司进行账务调整,并把查证的情况客观地记录在审计工作底稿中。

借：预收账款	10 000 000
贷：主营业务收入	8 547 000
应交税费——应交增值税（销项税）	1 453 000

同时结转成本。

借：主营业务成本	7 500 000
贷：库存商品	7 500 000

技能训练

一、单项选择题

1. 注册会计师计划测试被审计单位 2015 年度主营业务收入的真实性。以下各项审计程序中,可以实现上述审计目标的是(　　)。
   A. 抽取 2015 年 12 月 31 日开具的销售发票,检查相应的发运凭证和账簿记录
   B. 抽取 2015 年 12 月 31 日的发运凭证,检查相应的销售发票和账簿记录
   C. 从主营业务收入明细账中抽取 2015 年 12 月 31 日的明细记录,检查相应的记账凭证、发运凭证和销售发票
   D. 从主营业务收入明细账中抽取 2016 年 1 月 1 日的明细记录,检查相应的记账凭证、发运凭证和销售发票

2. 注册会计师检查被审计单位销售截止时,最可能发现的问题是(　　)。
   A. 应收账款在财务报表上的列示不正确　　B. 当年未入账的销售业务
   C. 销售退回的产品未入库　　D. 是否存在过多的销售折扣

3. 下列各项中,预防员工贪污、挪用销货款的最有效的方法是(　　)。
   A. 记录应收账款明细账的人员不得兼任出纳
   B. 收取客户支票与收取客户现金由不同人担任
   C. 请客户将货款直接汇入公司所指定的银行账户
   D. 公司收到客户支票后立即寄送收据给客户

4. 为了证实应收账款是否存在,下列各项书面证据中可靠性最强的是(　　)。
   A. 注册会计师向被审计单位债务人函证应收账款的回函
   B. 销货发票副本
   C. 被审计单位提供的债务人的对账单
   D. 被审计单位应收账款账簿

5. 在对坏账损失进行审计时，A注册会计师发现被审计单位存在以下处理情况，其中不正确的是（　　）。
  A. 某债务人失踪，在取得相关法律文件予以证实后，确认为坏账损失
  B. 某债务人被撤销，尽管尚未完成清算，但根据政府相关部门责令关闭的文件等有关资料，确认坏账损失
  C. 对某债务人提起诉讼，虽然胜诉但因无法执行被裁定终止执行，确认坏账损失
  D. 某债务人已经注销，在取得相关法律文件予以证实后，确认为坏账损失

二、多项选择题

1. 在关于销售业务的审计中，注册会计师在（　　）时可以运用抽样方法。
  A. 确认赊销是否均经过批准 B. 确认销货发票是否均附有发运凭证副本
  C. 审查大额或异常的销售业务 D. 确认销货发票副本上是否表明账户号码
2. 向客户开具销售发票，这项控制与销售交易的（　　）认定有关。
  A. 完整性认定 B. 权利和义务认定
  C. 估价或分摊认定 D. 存在或发生认定
3. 注册会计师对被审计单位已发生的销售业务是否均已登记入账进行审计时，常用的控制测试程序有（　　）。
  A. 检查发运凭证连续编号的完整性 B. 检查赊销业务是否经过授权批准
  C. 检查销售发票连续编号的完整性 D. 观察已经寄出的对账单的完整性
4. 在对特定会计期间主营业务收入进行审计时，注册会计师应关注的与主营业务收入确认有密切关系的日期包括（　　）。
  A. 发货日期或劳务提供日期 B. 发票开具日期
  C. 记账日期 D. 销售截止测试日期
5. 注册会计师在确定应收账款函证样本数量的大小、范围时，应考虑的因素有（　　）。
  A. 应收账款在全部资产中所占的比重 B. 被审计单位内部控制的强弱
  C. 以前年度的函证结果 D. 函证方式的选择

三、判断题

1. 对营业收入项目实施截止期测试，其目的主要在于确定被审计单位营业收入是否真实。（　　）
2. 在对被审计单位连续编号的订购单进行测试时，注册会计师可以以订购单的编号作为测试订购的识别特征。（　　）
3. 在实施主营业务收入的实质性程序中，测试真实性目标时，起点应是发运凭证；测试完整性目标时，起点应是明细账。（　　）
4. 追查销售发票上的详细信息至发运凭证，经批准的商品价目表和客户订购单，是注册会计师获取被审计单位销售交易登记入账金额正确性的有效程序。（　　）
5. 注册会计师了解被审计单位销售业务循环后认为销售价格、销售条件、运费、折扣由销售人员根据客户情况进行谈判是一项"授权"控制活动的缺陷。（　　）

四、操作题

1. 资料：京信会计师事务所接受委托，审计雅安公司2015年度的财务报表。注册会计师任某了解和测试了与应收账款相关的内部控制，并将控制风险评估为高水平。注册会计师任某取得了2015年12月31日的应收账款明细表，并于2016年1月15日采用积极的函证方式对所有重要客户寄发了询证函。注册会计师任某将与函证结果相关的重要异常情况汇总于表3.21。

项目 3 销售与收款循环的审计

表3.21 与函证结果相关的重要异常情况

异常情况	函证编号	客户名称	函证金额	回函日期	回函内容
（1）	22	甲	30万元	2016年1月22日	购买雅安公司30万元货物属实，但款项已于2015年12月25日用支票支付
（2）	56	乙	5万元	2016年1月19日	因产品质量不符合要求，根据购货合同，于2015年12月28日将货物退回
（3）	64	丙	64万元	2016年1月19日	2015年12月10日收到雅安公司委托本公司代销的货物64万元，尚未销售
（4）	82	丁	90万元	2016年1月18日	采用分期付款方式购货90万元，根据购货合同，已于2015年12月25日首付30万元
（5）	134	戊	60万元	因地址错误被邮局退回	—

要求：针对上述异常情况，分析注册会计师任某应分别实施哪些重要审计程序。

2. 资料：注册会计师李文在审计红光机械制造有限公司2015年度财务报表时，以发运凭证为起点，对主营业务收入实施截止测试。测试时间：2016年3月5日；复核人：张劲；复核时间：2016年3月9日。测试内容如下：

测试顺序编号1，发运凭证日期2015年12月25日，号码10557；发票日期2015年12月25日，客户名称金工锁具厂，销售额300 000元，税额51 000元；明细账日期2016年1月9日，凭证号32#。

经查32#凭证，发现会计分录如下：

　　借：银行存款　　　　　　　　　　　　　　　　　　　　　　　　　　351 000
　　　　贷：预收账款　　　　　　　　　　　　　　　　　　　　　　　　　　351 000

后附增值税销售发票一张，银行转账支票进账单一张。

该笔销售业务的生产成本210 000元，未结转。

要求：

（1）请根据以上资料填写主营业务收入截止测试表（见表3.22）。

（2）根据测试中发现的问题提出审计建议(红光机械制造有限公司所得税适用税率为25%，执行企业会计制度）。

表3.22 主营业务收入截止测试

被审计单位：_____　编制：_____　日期：_____　索引号：_____
期　　　间：_____　复核：_____　日期：_____　页　次：_____

编号	发运凭证		发票内容					明细账			是否跨期 √(X)
	日期	号码	日期	客户名称	货物名称	销售额/元	税额/元	日期	凭证号	主营业务收入/元	应交税费/元	
审计说明												

项目4

采购与付款循环的审计

知识目标

1. 了解采购与付款循环的特性。
2. 了解采购与付款循环涉及的主要账户和会计记录。
3. 了解采购与付款循环内部控制规范的要求及控制测试方法。
4. 了解采购与付款循环交易的审计目标和实质性程序。

能力目标

1. 能对采购与付款循环进行控制测试。
2. 能对固定资产、在建工程、工程物资、应付账款、预付账款、应付票据、长期应付款、管理费用等账户实施实质性程序。
3. 能正确填写采购与付款循环业务审计工作底稿。

引例 **"红光实业"上市时生产设备已经不能正常运行**

红光实业是成都红光实业股份有限公司的简称,1997年6月在上海证券交易所上市,其前身是国营红光电子管厂,始建于1958年,是在成都市工商行政管理局登记注册的全民所有制工业企业。该厂是我国"一五"期间156项重点工程项目之一,是我国最早建成的大型综合性电子束器件基地,也是我国第一支彩色显像管的诞生地。

经中国证监会批准,红光实业于1997年5月23日以每股6.05元的价格向社会公众发行7 000万股社会公众股,占发行后总股本的30.43%,实际筹得4.1亿元资金。

红光实业当年年报披露亏损1.98亿元,每股收益为-0.86元。当年上市,当年亏损,开中国股票市场之先河。为此,中国证监会进行了调查,并公布了调查结果。

1. 编造虚假利润,骗取上市资格

红光实业在股票发行上市申报材料中称1996年度盈利5 000万元。经查实,红光实业通过虚构产品销售、虚增产品库存和违规账务处理等手段,虚报利润15 770万元,1996年实际亏损10 300万元。

2. 少报亏损,欺骗投资者

红光实业上市后,在1997年8月公布的中期财务报告中,将亏损6 500万元虚报为净盈利1 674万元,虚构利润8 174万元;在1998年4月公布的1997年度财务报告中,将实际亏损22 952万元(相当于募集资金的55.98%)披露为亏损19 800万元,少报亏损3 152万元。

3. 隐瞒重大事项

红光实业在股票发行上市的申报材料中,对其关键生产设备彩玻池炉废品率上升,不能维持正常生产的重大事实未作任何披露。显然,如果红光实业事先如实披露其亏损和生产设备不能正常运行的事实,它将无法取得上市资格。即便取得了上市资格,上市募股也很难取得成功。

通过以上案例,我们可以看出,当企业的固定资产已经跌价,而企业未作出恰当反映,将会给财务报表使用者带来严重的后果。

企业的采购与付款循环包括购买商品、劳务和固定资产,以及企业在经营活动中为获取收入而发生的直接或间接支出。由于企业性质不同,各类企业发生的支出类型也不完全相同,本项目主要关注与购买货物和劳务,以及应付账款的支付有关的控制活动及重大交易。有关存货购入审计在项目5中介绍。

4.1 采购与付款循环的内部控制与控制测试

4.1.1 采购与付款循环的内部控制

1. 了解并记录采购与付款循环的业务活动和内部控制

注册会计师在对采购与付款循环执行审计时,首先要了解该循环的业务特性及内部控制设计的合理性,然后据以决定采取的进一步审计程序的性质、时间和范围。采购与付款循环中的业务环节主要包括以下7个方面。

（1）请购货物

仓库负责对需要购买的已列入存货清单的项目填写请购单,其他部门也可以对所需要购买的未列入存货的项目编制请购单。大多数企业对正常经营所需物资的购买均作一般授权;但对资本支出和租赁合同,企业政策则通常要求作特别授权,只允许指定人员提出请购。请购单可由手工或计算机编制,由于企业内不少部门都可以填列请购单,不便事先编号,为加强控制,每张请购单必须经过对这类支出负预算责任的主管人员签字批准。

（2）编制订购单

采购部门在收到请购单后,对经过批准的请购单发出订购单。对每张订购单,采购部门应确定最佳的供应来源。对一些大额、重要的采购项目,应采取竞价方式来确定供应商,以保证供货的质量、及时性和低成本。

（3）验收货物

验收部门首先应比较所收货物与订购单上的要求是否相符,然后盘点货物并检查有无损坏。验收后,验收部门应对已收货的每张订购单编制一式多联、预先编号的验收单,作为验收和检验商品的依据。

（4）储存货物

将已验收货物的保管与采购的其他职责相分离,可减少未经授权的采购风险。存放货物的仓储区应相对独立,限制无关人员接近。

项目 4 采购与付款循环的审计

（5）编制付款凭单

货物验收后,应核对购货单、验收单和供货发票的一致性,确认负债,编制付款凭单,并将经审核的付款凭单,连同每日的凭单汇总表一起,送到会计部门,以编制有关记账凭证和登记有关明细账和总账账簿。

（6）付款

公司在准备付款前,应核对付款条件,并检查资金是否充足。在签发支票的同时登记支票簿和日记账,以便登记每一笔付款。已签发的支票连同有关发票、合同凭证应送交有关负责人审核签字,并将支票送交供应商。应确保只有被授权的人员才能接触未经使用的空白支票。

（7）会计记录

根据付款凭单、支票登记簿、付款日记账和有关记账凭证登记有关明细账和总账账簿。

在审计实务中,对业务循环内部控制的了解,往往是通过编制"了解内部控制设计"工作底稿来完成的。

实例 4-1 了解并记录采购与付款循环控制流程。

某电力开关公司,主要经营高压电器、低压电器及元件的制造、销售及电器开关修理等业务。注册会计师在对该公司年度财务报表审计时,了解了采购与付款循环主要业务活动、记录内容如表 4.1 所示。

表4.1 了解内部控制设计——控制流程

被审计单位：某电力开关公司　　编制：卢夏萍　　日期：2016.2.16　　索引号：C4-____
业务循环：采购与付款循环
截止日期/期间：2015.12.31　　复核：刘建国　　日期：2016.2.18　　页　次：____

本业务循环涉及的主要人员

职　务	姓　名	职　务	姓　名
生产副总经理	赵勇山	供应科科长	唐勇
技术科科长	刘基鸿	质检班班长	张冬凌
开发科科长	王力源	财务科科长	朱莉

我们采用询问、观察和检查等方法,了解并记录了采购与付款循环的主要控制流程,并已与总经理王平确认下列所述内容。

1. 有关职责分工的政策和程序

生产副总经理负责计划外材料工具的审批。技术科负责物料计划的编制和审批,并负责提供订单设计中需购物资的技术资料。开发科负责新产品开发中需购物资的技术资料。供应科负责材料采购的组织和实施。质检班负责对采购物资的检验。财务科负责对采购物资的资金结算。

2. 主要业务活动介绍

公司采购流程：采购要求确认→材料采购计划单的编制及审批→采购实施→进货检验→财务结算。

1）采购要求确认。开发科、技术科的材料清单及各部门的物资请购单必须正确、完整。所需的劳保、工具需填写物资请购单经生产副总经理批准后交由供应科采购；其他由开发科和技术科填写的物资请购单由技术副总经理批准；各车间班组填写的物资请购单,如果副总经理不在,应由授权人代为批准。

2）材料采购计划单的编制及审批。应依据技术科网络上的材料清单和各部门的物资请购单结合生产任务、库存等情况编制材料采购计划单,报供应科科长批准后交由材料采购员采购。

3）采购实施。采购员在接到"材料采购计划单"后,应立即着手实施采购。原则上所有生产材料采购在供方处进行,若由于生产急需或供方不能满足采购要求,则供应科应会同技术科选择两家以上供方,按优质优价原则,最后确认一家临时供方。

4）进货检验。采购的所有物资都必须经过进货检验程序。元器件一般由供应科以网上入库单的形式向质检班报检，进货检验员根据Q2004进行检验，检验合格并在入库单上签字后，所购物资方可入库。工件和其他在网上报检困难的物资由仓管员填写物资请检单报质检班检验，质检员在物资请检单上签字后，所报物资方可入库。检验中检验不合格的物资不得入库，供应科应及时与供方联系，以质检班开具的不合格物资清单为依据，向供方提出退货、更换、返工、索赔等要求。

5）物资检验合格后，材料采购员应尽快做好物资入库工作，将入库凭证交到财务科。财务科按隔月结算原则，由总经理批准一次性付款或分期付款。

在记录内部控制流程后，注册会计师应观察控制流程的设计是否合理，尤其是在职责分离、授权审批、文档记录、核对等方面是否得到合理控制，并进行适当的穿行测试（见表4.2），以检查内部控制是否得到执行。

表4.2 采购与付款穿行测试——与采购材料有关的业务活动的控制

主要业务活动	测试内容	测试结果
采购	请购内容	购买真空开关
	是否编制采购计划并得到适当的审批（是/否）	是
	采购合同编号#（日期）	#2015-07-10_043（2015.7.10）
	采购发票编号#（日期）	#00303747（2015.7.24）
记录应付账款	材料是否经检验（是/否）	是
	是否有入库单（是/否）	是
	采购发票所载内容与采购计划、入库单的内容是否相符（是/否）	是
	转账凭证编号#（日期）	#30027（2015.8.10）
	转账凭证是否得到适当复核（是/否）	是

2. 采购与付款循环涉及的主要凭证和会计记录

采购与付款业务通常要经过请购—订货—验收—付款这样的程序，同销售与收款业务一样，在内部控制比较健全的企业，处理采购与付款业务通常也需要使用很多凭证和会计记录。典型的采购与付款循环所涉及的主要凭证和会计记录有以下几种。

（1）请购单

请购单是由商品制造、资产使用等部门的有关人员填写，送交采购部门，申请购买商品、劳务或其他资产的书面凭证。

（2）订购单

订购单是由采购部门填写，向另一企业购买订购单上所指定的商品、劳务或其他资产的书面凭证。

（3）验收单

验收单是收到商品、资产时所编制的凭证，列示从供应商处收到的商品、资产的种类和数量等内容。

（4）卖方发票

卖方发票是由供应商开具的，交给买方以载明发运的货物或提供的劳务、应付款金额和付款条件等事项的凭证。

（5）付款凭单

付款凭单是由采购方企业的应付凭单部门编制的,载明已收到商品、资产或接受劳务的厂商、应付款金额和付款日期的凭证。付款凭单是企业内部记录和支付负债的授权证明文件。

（6）转账凭证

转账凭证是指记录转账业务的记账凭证,它是根据有关转账业务(即不涉及现金、银行存款收付的各项业务)的原始凭证编制的。

（7）付款凭证

付款凭证包括现金付款凭证和银行存款付款凭证,是指用来记录现金和银行存款支出业务的记账凭证。

（8）应付账款明细账

（9）现金日记账和银行存款日记账

（10）卖方对账单

卖方对账单是由供应商按月编制的,标明期初余额、本期购买、本期支付给卖方的款项和期末余额的凭证。

3. 可能存在的风险

① 计划外盲目采购或购建固定资产,造成资金的积压和低效使用。

② 混淆收益性支出和资本性支出,挤占生产成本等。

③ 通过多提、少提折旧,调节费用,从而达到调节利润的目的。

④ 利用固定资产清理截留转移企业资金。

⑤ 为降低资产负债率可能隐瞒应付账款账面余额。

⑥ 应付账款清理工作不及时,长期挂账。

4.1.2 了解并记录固定资产的内部控制

由于固定资产与一般的商品在内部控制上有不少特殊性,所以有必要单独说明。为了确保固定资产的真实、完整、安全和有效利用,被审计单位应当建立和健全固定资产的内部控制。

（1）固定资产的预算制度

预算制度是固定资产内部控制中最重要的部分。通常,大中型企业应编制旨在预测与控制固定资产增减和合理运用资金的年度预算；小规模企业即使没有正规的预算,对固定资产的购建也要事先加以计划。

（2）授权批准制度

完善的授权批准制度包括：企业的资本性预算只有经过董事会等高层管理机构批准方可生效,所有固定资产的取得和处置均须经企业管理层书面认可。

（3）账簿记录制度

除固定资产总账外,被审计单位还须设置固定资产明细分类账和固定资产登记卡,按固定资产类别、使用部门和每项固定资产进行明细分类核算。固定资产的增减变化均应有充分的原始凭证。

（4）职责分工制度

对固定资产的取得、记录、保管、使用、维修、处置等，均应明确划分责任，由专门部门和专人负责。

（5）资本性支出和收益性支出的区分制度

企业应制定区分资本性支出和收益性支出的书面标准。通常须明确资本性支出的范围和最低金额，凡不属于资本性支出的范围，金额低于下限的任何支出，均应列为费用并抵减当期收益。

（6）固定资产的处置制度

固定资产的处置，包括投资转出、报废、出售等，均要有一定的申请报批程序。

（7）固定资产的定期盘点制度

对固定资产的定期盘点，是验证账面各项固定资产是否真实存在，了解固定资产放置地点和使用状况，以及发现是否存在未入账固定资产的必要手段。

（8）固定资产的维护保养制度

固定资产应有严格的维护保养制度，以防止其因各种自然和人为的因素而遭受损失，并应建立日常维护和定期检修制度，以延长其使用寿命。

4.1.3 采购与付款循环的控制测试

注册会计师在了解采购与付款循环内部控制的基础上，要作出是否需要控制测试的判断，因为控制测试并非在任何情况下都需要实施。如果注册会计师在评估认定层次重大错报风险时，预期采购与付款循环控制是有效的，或者仅实施采购与付款循环的实质性程序不足以提供认定层次充分、适当的审计证据，那么，就要执行控制测试程序。

下面主要列示采购交易内部控制目标、关键内部控制和常用控制测试的关系，如表4.3所示。

表4.3 采购交易内部控制目标、关键内部控制和常用控制测试的关系

内部控制目标	关键内部控制	常用控制测试
所记录的采购都确已收到商品或已接受劳务，并符合采购方的最大利益(存在)	1. 请购单、订购单、验收单和卖方发票一应俱全，并附在付款凭单后 2. 采购经适当级别批准 3. 注销凭证以防止重复使用 4. 对卖方发票、验收单、订购单和请购单作内部核查	1. 查验付款凭单后是否附有完整的相关单据 2. 检查批准的采购标志 3. 检查内部核查的标志
已发生的采购交易均已记录(完整性)	1. 订购单均经事先连续编号并已登记入账 2. 验收单均经事先连续编号并已登记入账 3. 应付凭单均经事先连续编号并已登记入账	1. 检查订购单连续编号的完整性 2. 检查验收单连续编号的完整性 3. 检查应付凭单连续编号的完整性
所记录的采购交易估价正确(准确性、计价和分摊)	1. 对计算准确性进行内部核查 2. 采购价格和折扣的批准	1. 检查内部核查的标志 2. 检查批准采购价格和折扣的标志

（续表）

内部控制目标	关键内部控制	常用控制测试
采购交易的分类正确(分类)	采用适当的会计科目表	1. 检查工作手册和会计科目表 2. 检查有关凭证上内部核查的标志
采购交易按正确的日期记录(截止)	1. 要求收到商品或接受劳务后及时记录 2. 采购交易内部核查	1. 检查工作手册并观察有无未记录的卖方发票存在 2. 检查内部核查的标志
采购交易被正确记入应付账款和存货等明细账中,并正确汇总(准确性、计价和分摊)	应付账款明细账内容的内部核查	检查内部核查的标志

提示 注册会计师通常将实施固定资产内部控制测试的重点放在以下两个方面。

① 固定资产的取得和处置是否与预算相符,有无重大差异。审计人员应注意检查固定资产的取得和处置是否均依据预算,对实际支出与预算之间的差异及未列入预算的特殊事项,应检查其是否履行特别的审批手续。如果固定资产增减均能处于良好的经批准的预算控制之下,注册会计师即可适当减少对固定资产增加、减少审计实质性程序的样本量。

② 固定资产的取得和处置是否经过授权批准。注册会计师不仅要检查被审计单位固定资产授权批准制度本身是否完善,还要关注授权批准制度是否得到切实执行。

4.2 采购与付款循环的实质性程序

采购与付款交易的主要重大错报风险通常是低估费用和应付账款,从而高估利润,粉饰财务状况。因此,实施实质性程序,如对收到的商品和付款实施截止测试,以获取交易是否已被记入正确的会计期间的证据就显得非常重要。另一个重大错报风险是采购的商品、资产被错误分类,即对本应资本化的予以费用化,或对本应费用化的予以资本化。

4.2.1 采购与付款循环交易的实质性程序

针对前述重大错报风险实施实质性程序的目标在于获取关于发生、完整性、准确性、截止、存在、权利和义务、计价和分摊、分类等多项认定的审计证据。因此,对采购与付款循环交易实施的实质性程序通常包括以下两个方面。

1. 实质性分析程序

1）根据对被审计单位的经营活动、供应商的发展历程、贸易条件和行业惯例的了解,确定应付账款和费用支出的期望值。

2）根据本期应付账款余额组成与以前期间交易水平和预算的比较,定义采购和应付账款可接受的重大差异额。

3）识别需要进一步调查的差异并调查异常数据关系。

4）通过询问管理层和员工,调查重大差异是否表明存在重大错报风险,是否需要设计恰当的细节测试程序以识别和应对重大错报风险。

5）形成结论，即实质性分析程序是否能够提供充分、适当的审计证据，或者需要对交易和余额实施细节测试以获取进一步的审计证据。

2. 采购与付款交易和相关余额的细节测试

如果出现下列情况，注册会计师应考虑对采购与付款交易和相关余额实施细节测试。

① 重大错报风险评估为高。
② 实质性分析程序显示未预期的趋势。
③ 需要在财务报表中单独披露的金额或很可能存在错报的金额。
④ 对需要在纳税申报表中单独披露的事项进行分析。
⑤ 需要为有些项目单独出具审计报告。

4.2.2 应付账款的实质性程序

1. 应付账款审计目标与实质性程序

应付账款是企业在正常经营活动中因购买材料、商品和接受劳务供应等经营活动而应付给供应商的款项。应付账款实质性程序如表4.4所示。

表4.4 应付账款实质性程序

被审计单位：_____　编制：_____　日期：_____　索引号：_____
截止日期：_____　复核：_____　日期：_____　页　次：_____

一、审计目标与认定的对应关系

审计目标	财务报表认定				
	存在	完整性	权利和义务	计价和分摊	列报
A 资产负债表中记录的应付账款是存在的	√				
B 所有应当记录的应付账款均已记录		√			
C 资产负债表中记录的应付账款是被审计单位应当履行的现实义务			√		
D 应付账款以恰当的金额包括在财务报表中，与之相关的计价调整已恰当记录				√	
E 应付账款已按照企业会计制度的规定在财务报表中作出恰当的列报					√

二、审计目标与审计程序的对应关系

审计目标	可供选择的审计程序	计划实施的审计程序	工作底稿索引号
D	1. 获取或编制应付账款明细表 （1）复核加计是否正确，并与报表数、总账数和明细账合计数核对是否相符 （2）检查非记账本位币应付账款的折算汇率及折算是否正确 （3）分析出现借方余额的项目，查明原因，必要时做重分类调整 （4）结合预付账款等往来项目的明细余额，调查有无同时挂账的项目、异常余额或与购货无关的其他款项（如关联方账户或员工账户）。若有，应予以记录，必要时做调整		

(续表)

审计目标	可供选择的审计程序	计划实施的审计程序	工作底稿索引号
BD	2. 获取被审计单位与其供应商之间的对账单(应从非财务部门,如采购部门获取),并将对账单和被审计单位财务记录之间的差异进行调节(如在途款项、在途货物、付款折扣、未记录的负债等),查找有无未入账的应付账款,确定应付账款金额的准确性		
BD	3. 检查债务形成的相关原始凭证,如供应商发票、验收报告和入库单等,检查有无未及时入账的应付账款,确定应付账款金额的准确性		
AE	4. 对应付账款进行账龄分析,检查应付账款长期挂账的原因并做出记录,注意其是否可能无须支付;对确实无须支付的应付账款的会计处理是否正确,依据是否充分;关注账龄超过3年的大额应付账款在资产负债表日后是否偿还,检查偿还记录及单据,并披露		
B	5. 针对资产负债表日后付款项目,检查银行对账单及有关付款凭证(如银行划款通知、供应商收据等),询问被审计单位内部或外部的知情人员,查找有无未及时入账的应付账款		
B	6. 复核截止审计现场工作日的全部未处理的供应商发票,并询问是否存在其他未处理的供应商发票,确认所有的负债都记录在正确的会计期间内		
AC	7. 选择应付账款的重要项目(包括零账户)函证其余额和交易条款,对未回函的再次发函或实施替代的检查程序(检查原始凭单,如合同、发票、验收单,核实应付账款的真实性)		
B	8. 针对已偿付的应付账款,追查至银行对账单、银行付款单据和其他原始凭证,检查其是否在资产负债表日前真实偿付		
AB	9. 检查资产负债表日后应付账款明细账贷方发生额的相应凭证,关注其购货发票的日期,确认其入账时间是否合理		
AB	10. 结合存货监盘程序,检查被审计单位在资产负债日前后的存货入库资料(验收报告或入库单),检查是否有大额料到单未到的情况,确认相关负债是否记入了正确的会计期间		
AB	11. 针对异常或大额交易及重大调整事项(如大额的购货折扣或退回,会计处理异常的交易,未经授权的交易,或者缺乏支持性凭证的交易等),检查相关原始凭证和会计记录,以分析交易的真实性、合理性		
D	12. 检查带有现金折扣的应付账款是否按发票上记载的全部应付金额入账,在实际获得现金折扣时再冲减财务费用		
ABCD	13. 被审计单位与债权人进行债务重组的,检查不同债务重组方式下的会计处理是否正确		
ABCD	14. 检查应付关联方款项的真实性、完整性		
	15. 根据评估的舞弊风险等因素增加的审计程序		
E	16. 检查应付账款是否已按照企业会计制度的规定在财务报表中作出恰当列报		

2. 应付账款主要实质性程序

1）获取或编制应付账款明细表。审计人员应首先获取或编制应付账款明细表，复核加计是否正确，并与报表数、总账余额和明细账余额合计数核对相符。如果不符，应查明原因并做出相应的调整。

课堂训练

安华会计师事务所接受星湖公司委托，注册会计师王强对该公司2015年财务报表的应付账款项目进行审查。审查时，获取该公司应付账款明细账（假设客户均为非关联关系）和总分类账如表4.5、表4.6所示。

表4.5 星湖公司应付账款明细账

明细账户	期初余额/元 借方	期初余额/元 贷方	本期发生额/元 借方	本期发生额/元 贷方	期末余额/元 借方	期末余额/元 贷方
东方公司		260 000	650 200	870 200		480 000
明源公司		82 600	20 600	550 000		612 000
天鸿公司		68 000	120 200	129 000		71 800
威陆公司		50 500	116 800	120 100		53 800
远大公司		260 000	1 563 000	2 600 300		1 297 300
正阳公司		249 000	1 000 000	852 000		101 000
超力公司		380 000	188 000	355 200		547 200
五羊公司		76 800	445 000	358 200	10 000	
合计		1 426 900	4 108 800	5 835 000	10 000	3 163 100

表4.6 星湖公司应付账款总账

期初余额/元 借方	期初余额/元 贷方	本期发生额/元 借方	本期发生额/元 贷方	期末余额/元 借方	期末余额/元 贷方
	1 426 900	4 18 800	5 835 000		3 153 100

根据以上资料，请你代王强填制如表4.7所示的应付账款明细表，与总账核对，并考虑对于明细账期末借方余额该怎么处理。

表4.7 应付账款明细表（简式）

户名及款项内容	账面余额/元 本位币 期初余额	账面余额/元 本位币 本期增加额	账面余额/元 本位币 本期减少额	账面余额/元 本位币 期末余额
小计				
合计				

审计说明：

2）实施分析性复核。审计人员可根据被审计单位的实际情况,对应付账款进行分析性复核。审计人员应作如下比较分析:比较本期期末应付账款余额与上期期末余额,并分析其波动原因;计算应付账款占购货总额的比率,应付账款占流动负债的比率,并与预算数、以前期间数进行对比分析,评价应付账款整体的合理性;分析长期挂账的应付账款,要求被审计单位作出解释,判断被审计单位是否缺乏偿债能力。通过比较分析,可以确定是否存在异常变动情况,以发现需要加以关注的领域。

3）函证应付账款。一般情况下,应付账款不需要函证,这是因为函证不能保证查出未入账的应付账款,而且审计人员能够取得购货发票等证明力比较强的外部凭证来证实应付账款的余额,但如果控制风险较高,某个应付账款账户金额较大或被审计单位处于财务困难阶段,则应进行应付账款的函证。

进行函证时,注册会计师应选择较大金额的债权人,以及那些在资产负债表日金额不大,甚至为0,但为被审计单位重要供应商的债权人,作为函证对象。对未回函的重大项目,注册会计师应采用替代审计程序。

4）查找未入账的应付账款。为了防止企业低估负债,注册会计师应检查被审计单位有无故意漏记应付账款行为。检查时,注册会计师应检查债务形成的相关原始凭证,如供应商发票、验收报告或入库单等,查找有无未及时入账的应付账款,确认期末应付账款余额的完整性;结合存货监盘程序,检查资产负债表日前后的存货入库资料,是否有验收入库凭证但未收到购货发票的经济业务,确认相关负债是否记入了正确的会计期间;检查资产负债表日后应付账款明细账贷方发生额的相应凭证,关注其购货发票日期,确认其入账时间是否正确;针对资产负债表日后付款项目,检查银行对账单及有关付款凭证,查找有无未及时入账的应付账款。检查时,注册会计师还可以通过询问被审计单位的会计和采购人员,查阅资本预算、工作通知单和基建合同来进行。

如果注册会计师通过这些审计程序发现某些未入账的应付账款,应将有关情况详细记入审计工作底稿,然后根据其重要性确定是否需建议被审计单位进行相应的调整。

5）检查应付账款是否存在借方余额。如果有,应查明原因,必要时建议被审计单位做重分类调整。

6）结合预付账款的明细余额,查明是否有应付账款和预付账款同时挂账的项目;结合其他应付款的明细余额,查明有无不属于应付账款的其他应付款。

7）检查应付账款长期挂账的原因,做出记录,注意其是否可能发生呆账收益。

8）查明应付账款在资产负债表上的披露是否恰当。一般来说,"应付账款"项目应根据"应付账款"和"预付账款"科目所属明细科目的期末贷方余额的合计数填列。

实例 4-2 审计人员李林和陈斌在审计 D 公司年度财务报表时,注意到与采购和付款循环相关的内部控制存在缺陷,没有及时记录发生的应付账款。他们认为 D 公司管理层在资产负债表日故意推迟记录发生的应付账款,于是决定实施审计程序进一步查找未入账的应付账款。

要求:指出注册会计师李林和陈斌应如何查找未入账的应付账款。

分析

注册会计师李林和陈斌查找未入账应付账款的审计程序如下。

项目4 采购与付款循环的审计

1）检查 D 公司在资产负债表日未处理的不相符购货发票及有材料入库凭证但未收到购货发票的经济业务。

2）检查 D 公司在资产负债表日后收到的购货发票,确认其入账时间是否正确。

3）检查 D 公司在资产负债表日后应付账款明细账贷方发生额的相应凭证,确认其入账时间是否正确。

课堂训练

审计人员于 2016 年 1 月 23 日审查甲企业应付账款明细账时,发现 2015 年 12 月 16 日应付账款中有一笔贷方记录,内容为应付乙公司工程款 80 000 元。审计人员首先抽取这笔业务的记账凭证,编号为 38#,记录内容如下。

借:制造费用　　　　　　　　　　　　　　　　　　　　　80 000
　　贷:应付账款——乙公司　　　　　　　　　　　　　　　　80 000

然后,查看所附的原始凭证是一张自制接受乙公司劳务费单据,再与乙公司联系,结果并不存在。后经询问财务人员,才道出缘由。原来甲企业当年经济效益较好,为了给今后留有余地,年终以车间修理为名,虚列提供劳务单位,虚列劳务费用 8 万元,作为应付款项处理,从而使当年 12 月的产品成本增加了 8 万元。经了解 12 月份生产的产品全部完工入库,并已销售了 60%。

要求:请根据以上查证情况,填写如表 4.8 所示的工作底稿,并做调账分录。

表4.8　凭证抽查

被审计单位:＿＿＿＿＿　编制:＿＿＿＿＿　日期:＿＿＿＿＿　索引号:＿＿＿＿＿
截止日期／期间:＿＿＿＿＿　复核:＿＿＿＿＿　日期:＿＿＿＿＿　页　次:＿＿＿＿＿

日期	凭证编号	单位或明细项目	业务内容	对应科目	金额/元 借方	金额/元 贷方	备 注

审计说明:

4.2.3 固定资产与累计折旧的实质性程序

1. 固定资产审计目标及实质性程序

固定资产实质性程序如表 4.9 所示。

表4.9　固定资产实质性程序

被审计单位：_____　　编制：_____　　日期：_____　　索引号：_____
截止日期/期间：_____　　复核：_____　　日期：_____　　页　次：_____

一、审计目标与认定的对应关系

审计目标	财务报表认定				
^	存在	完整性	权利和义务	计价和分摊	列报
A　资产负债表中记录的固定资产是存在的	√				
B　所有应记录的固定资产均已记录		√			
C　记录的固定资产由被审计单位拥有或控制			√		
D　固定资产以恰当的金额包括在财务报表中,与之相关的计价或分摊已恰当记录				√	
E　固定资产已按照企业会计制度的规定在财务报表中作出恰当列报					√

二、审计目标与审计程序的对应关系

审计目标	可供选择的审计程序	计划实施的审计程序	工作底稿索引号
D	1. 获取或编制固定资产分类汇总表,复核加计是否正确,并与总账数和明细账合计数核对是否相符,结合累计折旧和固定资产减值准备与报表数核对是否相符		
ABD	2. 实质性分析程序 （1）基于对被审计单位及其环境的了解,通过进行以下比较,并考虑有关数据间关系的影响,建立有关数据的期望值 ① 分类计算本期计提折旧额与固定资产原值的比率,并与上期比较 ② 计算固定资产修理及维护费用占固定资产原值的比例,并进行本期各月、本期与以前各期的比较 （2）确定可接受的差异额 （3）将实际情况与期望值相比较,识别需要进一步调查的差异 （4）如果其差额超过可接受的差异额,调查并获取充分的解释和恰当的佐证审计证据(例如,通过检查相关的凭证) （5）评估分析程序的测试结果		
A	3. 实地检查重要固定资产(如果为首次接受审计,应适当扩大检查范围),确定其是否存在,关注是否存在已报废但仍未核销的固定资产		
C	4. 检查固定资产的所有权或控制权 对各类固定资产,获取、搜集不同的证据以确定其是否归被审计单位所有。对于外购的机器设备等固定资产,审核采购发票、采购合同等;对于房地产类固定资产,查阅有关的合同、产权证明、财产税单、抵押借款的还款凭据、保险单等书面文件;对于融资租入的固定资产,检查有关融资租赁合同;对于汽车等运输设备,检查有关运营证件等;对于受留置权限制的固定资产,结合有关负债项目进行检查		

(续表)

审计目标	可供选择的审计程序	计划实施的审计程序	工作底稿索引号
ABCD	5. 检查本期固定资产的增加 （1）询问管理层当年固定资产的增加情况,并与获取或编制的固定资产明细表进行核对 （2）检查本年度增加固定资产的计价是否正确,手续是否齐备,会计处理是否正确 ① 对于外购固定资产,通过核对采购合同、发票、保险单、发运凭证等资料,抽查测试其入账价值是否正确,授权批准手续是否齐备,会计处理是否正确;如果购买的是房屋建筑物,还应检查契税的会计处理是否正确;检查分期付款购买固定资产入账价值及会计处理是否正确 ② 对于在建工程转入的固定资产,应检查固定资产确认时点是否符合企业会计制度的规定,入账价值与在建工程的相关记录是否核对相符,是否与竣工决算、验收和移交报告等一致;对于已经达到预定可使用状态,但尚未办理竣工决算手续的固定资产,检查其是否已按估计价值入账,并按规定计提折旧 ③ 对于投资者投入的固定资产,检查投资者投入的固定资产是否按投资各方确认的价值入账,并检查确认价值是否公允,交接手续是否齐全;涉及国有资产的,检查是否有评估报告并经国有资产管理部门评审备案或核准确认 ④ 对于更新改造增加的固定资产,检查通过更新改造而增加的固定资产增加的原值是否符合资本化条件,是否真实,会计处理是否正确;检查重新确定的剩余折旧年限是否恰当 ⑤ 对于融资租赁增加的固定资产,获取融资租入固定资产的相关证明文件,检查融资租赁合同的主要内容,并结合长期应付款、未确认融资费用科目检查相关的会计处理是否正确 ⑥ 对于企业合并、债务重组和非货币性资产交换增加的固定资产,检查产权过户手续是否齐备,检查固定资产入账价值及确认的损益和负债是否符合规定 ⑦ 如果被审计单位为外商投资企业,检查其采购国产设备退还增值税的会计处理是否正确 ⑧ 对于通过其他途径增加的固定资产,应检查增加固定资产的原始凭证,核对其计价及会计处理是否正确,法律手续是否齐全		
ABD	6. 检查本期固定资产的减少 （1）结合固定资产清理科目,抽查固定资产账面转销额是否正确 （2）检查出售、盘亏、转让、报废或毁损的固定资产是否经授权批准,会计处理是否正确 （3）检查因修理、更新改造而停止使用的固定资产的会计处理是否正确 （4）检查投资转出固定资产的会计处理是否正确 （5）检查债务重组或非货币性资产交换转出固定资产的会计处理是否正确 （6）检查其他减少固定资产的会计处理是否正确		
AB	7. 检查固定资产的后续支出 检查固定资产有关的后续支出是否满足资产确认条件;若不满足,检查该支出是否在该后续支出发生时计入当期损益		

项目 4 采购与付款循环的审计

（续表）

审计目标	可供选择的审计程序	计划实施的审计程序	工作底稿索引号
ABCD	8. 检查固定资产的租赁 （1）固定资产的租赁是否签订了合同、租约，手续是否完备，合同内容是否符合国家规定，是否经相关管理部门审批 （2）租入的固定资产是否确属企业必需，或者出租的资产是否确属企业多余、闲置不用的 （3）租金收取是否签有合同，有无多收、少收现象 （4）租入固定资产有无久占不用、浪费损坏的现象；租出的固定资产有无长期不收租金、无人过问，是否有变相馈赠、转让等情况 （5）租入固定资产是否已登记备查簿 （6）如果被审计单位的固定资产中融资租赁占有相当大的比例，复核新增加的租赁协议，检查租赁是否符合融资租赁的条件，会计处理是否正确(资产的入账价值、折旧、相关负债)。检查以下内容 ① 复核租赁的折现率是否合理 ② 检查租赁相关税费、保险费、维修费等费用的会计处理是否符合《企业会计准则》的规定 ③ 检查融资租入固定资产的折旧方法是否合理 ④ 检查租赁付款情况 ⑤ 检查租入固定资产的成新程度 （7）向出租人函证租赁合同及执行情况 （8）租入固定资产改良支出的核算是否符合规定		
D	9. 获取暂时闲置固定资产的相关证明文件，并观察其实际状况，检查是否已按规定计提折旧，相关的会计处理是否正确		
D	10. 获取已提足折旧仍继续使用固定资产的相关证明文件，并做相应的记录		
A	11. 获取持有待售固定资产的相关证明文件并做相应的记录		
B	12. 检查固定资产保险情况，复核保险范围是否足够		
ABD	13. 检查有无与关联方的固定资产购售活动，是否经适当授权，交易价格是否公允。对于合并范围内的购售活动，记录应予合并抵销的金额		
DE	14. 检查购置固定资产时是否存在与资本性支出有关的财务承诺		
CE	15. 检查固定资产的抵押、担保情况。结合对银行借款等的检查，了解固定资产是否存在重大的抵押、担保情况。如果存在，应取证，并做相应的记录，同时提请被审计单位作恰当披露		

项目 4 采购与付款循环的审计

（续表）

审计目标	可供选择的审计程序	计划实施的审计程序	工作底稿索引号
D	16. 检查累计折旧 （1）获取或编制累计折旧分类汇总表，复核加计是否正确，并与总账数和明细账合计数核对 （2）检查被审计单位制定的折旧政策和方法是否符合相关企业会计制度的规定，确定其所采用的折旧方法能否在固定资产预计使用寿命内合理分摊其成本，前后期是否一致，预计使用寿命和预计净残值是否合理 （3）复核本期折旧费用的计提和分配 ① 了解被审计单位的折旧政策是否符合规定，计提折旧范围是否正确，确定的使用寿命、预计净残值和折旧方法是否合理。如果采用加速折旧法，是否取得批准文件 ② 检查被审计单位折旧政策前后期是否一致 ③ 复核本期折旧费用的计提是否正确，尤其关注已计提减值准备的固定资产的折旧 ④ 检查折旧费用的分配方法是否合理，是否与上期一致；分配计入各项目的金额占本期全部折旧计提额的比例与上期比较是否有重大差异 ⑤ 注意固定资产增减变动时，有关折旧的会计处理是否符合规定，查明通过更新改造、接受捐赠或融资租入而增加的固定资产的折旧费用计算是否正确 （4）将"累计折旧"账户贷方的本期计提折旧额与相应的成本费用中的折旧费用明细账户的借方相比较，检查本期计提折旧金额是否已全部摊入本期产品成本或费用。若存在差异，应追查原因，并考虑是否应建议做适当调整 （5）检查累计折旧的减少是否合理，会计处理是否正确 17. 检查固定资产的减值准备 （1）获取或编制固定资产减值准备明细表，复核加计正确，并与总账数和明细账合计数核对相符 （2）检查被审计单位计提固定资产减值准备的依据是否充分，是否存在应提未提的情况，会计处理是否正确 （3）计算本期末固定资产减值准备占期末固定资产原值的比率，并与期初该比率比较，分析固定资产的质量状况 （4）检查被审计单位处置固定资产时原计提的减值准备是否同时结转，会计处理是否正确 （5）检查转回固定资产减值准备的依据是否充分		
D	18. 根据评估的舞弊风险等因素增加的审计程序		
E	19. 检查固定资产是否已按照企业会计制度的规定在财务报表中作出恰当列报		

2. 实施固定资产主要实质性程序

1）索取或编制固定资产及累计折旧分类汇总表。固定资产及其累计折旧分类汇总表，是分析固定资产账户余额变动情况的重要依据，是固定资产审计的重要工作底稿。其格式如表 4.10 所示。注册会计师应注意验证固定资产明细账与总账的金额是否相符，如果不符，则应将明细分类账与有关的原始凭证进行核对，查出差异原因并予以更正。对各项固定资

（续表）

产的累计折旧,注册会计师也要加计汇总与总账核对,揭示并查明差异原因,予以更正。核对无误后,索取或编制固定资产及其累计折旧分类汇总表。

表4.10 固定资产及其累计折旧分类汇总

被审计单位:宏达股份有限公司　　编制:周仪　　日期:2016年1月15日
截止日期:2015年12月31日　　复核:张芳　　日期:2016年1月18日　　元

账户编号	固定资产类别	固定资产				累计折旧				
		期初余额	增加	减少	期末余额	折旧方法	折旧率	期初余额	增加	减少	期末余额
143	房屋建筑物	850 000			850 000	直线法	5%	85 000	42 500		127 5000
144	机器设备	146 000	34 000		180 000	直线法	10%	29 200	1 700		30 900
145	运输工具	86 000	12 000	8 000	90 000	直线法	20%	34 400	1 200	4 000	31 600
146	办公设备	12 000	3 000		15 000	直线法	20%	4 800	300		5 100
	合计	1 094 000	49 000	8 000	1 135 000			153 400	45 700	4 000	195 100

2）分析性复核。根据被审计单位业务的性质,选择以下方法对固定资产实施分析性复核程序。

① 分类计算本期计提折旧额与固定资产原值的比率,将此比率同上期比较,旨在发现本期折旧额计算上的错误。

② 计算固定资产的修理及维护费用占固定资产原值的比例,并进行本期各月、本期与以前各期的比较,旨在发现资本性支出和收益性支出区分上可能存在的错误。

注册会计师在计算期望值的基础上,确定可接受的差异额,然后将实际情况与期望值比较,识别需要进一步调查的差异,最后评估实质性分析程序的测试结果。

3）固定资产增加的审查。被审计单位如果不能正确核算固定资产的增加,将对资产负债表和利润表产生长期的影响。因此,审计固定资产的增加,是固定资产实质性程序中的重要内容。固定资产的增加有多种途径,如购置、自制自建、投资者投入、更新改造增加、债务人抵债增加等。注册会计师在审计中应注意以下几点。

① 询问管理层当年固定资产的增加情况,并与获取或编制的固定资产明细表进行核对。

② 检查本年度增加固定资产的计价是否正确,手续是否齐备,会计处理是否正确。

- 对于外购固定资产,通过核对采购合同、发票、保险单、发运凭证等资料,抽查测试其入账价值是否正确,授权批准手续是否齐备,会计处理是否正确。如果购买的是房屋建筑物,还应检查契税的会计处理是否正确,检查分期付款购买固定资产的入账价值及会计处理是否正确。
- 对于在建工程转入的固定资产,应检查固定资产确认时点是否符合《企业会计准则》的规定,入账价值与在建工程的相关记录是否核对相符,是否与竣工决算、验收和移交报告等一致。对已经达到预定可使用状态,但尚未办理竣工决算手续的固定资产,检查其是否已按估计价值入账,并按规定计提折旧。

项目 4 采购与付款循环的审计

- 对于投资者投入的固定资产,检查投资者投入的固定资产是否按投资各方确认的价值入账,并检查确认价值是否公允,交接手续是否齐全;涉及国有资产的,检查是否有评估报告并经国有资产管理部门评审备案或核准确认。
- 对于更新改造增加的固定资产,检查通过更新改造而增加的固定资产,增加的原值是否符合资本化条件,是否真实,会计处理是否正确,重新确定的剩余折旧年限是否恰当。
- 对于融资租赁增加的固定资产,获取融资租入固定资产的相关证明文件,检查融资租赁合同的主要内容,并结合长期应付款、未确认融资费用科目检查相关的会计处理是否正确。
- 对于企业合并、债务重组和非货币性资产交换增加的固定资产,检查产权过户手续是否齐备,检查固定资产入账价值及确认的损益和负债是否符合规定。
- 如果被审计单位为外商投资企业,检查其采购国产设备退还增值税的会计处理是否正确。
- 对于通过其他途径增加的固定资产,应检查增加固定资产的原始凭证,核对其计价及会计处理是否正确,法律手续是否齐全。

③ 检查固定资产是否存在弃置费用。

课堂训练

注册会计师李虹在 2016 年 1 月 10 日审查宏达公司 2015 年固定资产增加业务过程中,发现"固定资产"账簿记录 2015 年 11 月 20 日,凭证号 430# 有一笔固定资产购进业务,金额是 98 920 元。抽调 430# 凭证,进行账证核对。购入业务的原始凭证是一张金额为 93 600 元的转账支票存根和一张增值税专用发票,发票上注明买价是 80 000 元,税额是 13 600 元;安装调试的原始凭证是一张金额为 4 000 元的原材料领料单和一张支付其他费用的金额为 1 320 元的转账支票存根。编制会计分录如下。

借:在建工程　　　　　　　　　　　　　　　　　　936 000
　　贷:银行存款　　　　　　　　　　　　　　　　　　　　93 600

借:在建工程　　　　　　　　　　　　　　　　　　　5 320
　　贷:原材料　　　　　　　　　　　　　　　　　　　　　4 000
　　　　银行存款　　　　　　　　　　　　　　　　　　　　1 320

借:固定资产　　　　　　　　　　　　　　　　　　98 920
　　贷:在建工程　　　　　　　　　　　　　　　　　　　　98 920

由于未发现购进固定资产运杂费的处理,于是就此事项对会计主管进行面询,得知该笔 5 000 元的费用(其中运费 4 000 元,其他杂费 1 000 元)被计入 11 月份的管理费用中。编制分录如下。

借:管理费用　　　　　　　　　　　　　　　　　　5 000
　　贷:银行存款　　　　　　　　　　　　　　　　　　　　5 000

要求:请将抽查凭证的结果记录在工作底稿中(见表 4.11),并分析以上账务处理是否正确,提出审计处理意见。

表4.11 凭证抽查

| 被审计单位：_____ | 编制：_____ | 日期：_____ | 索引号：_____ |
| 截止日期/期间：_____ | 复核：_____ | 日期：_____ | 页　次：_____ |

日期	凭证编号	单位或明细项目	业务内容	对应科目	金额/元 借方/贷方	备注

审计说明：

4）固定资产减少的审查。企业固定资产的减少，大致有以下去向：出售、报废、毁损、向其他单位投资转出、盘亏等。为了保护固定资产的安全和完整，必须对固定资产的减少进行严格的审查，从而确定固定资产减少的合理性、合法性。由于固定资产减少的原因不同，注册会计师在审查时应区分不同情况，抓住审计重点。对于各种固定资产减少的审计，注册会计师的审计重点有如下几点。

① 结合固定资产清理科目，抽查固定资产账面转销额是否正确。
② 检查出售、盘亏、转让、报废或毁损的固定资产是否经授权批准，会计处理是否正确。
③ 检查因修理、更新改造而停止使用的固定资产的会计处理是否正确。
④ 检查投资转出固定资产的会计处理是否正确。
⑤ 检查债务重组或非货币性资产交换转出固定资产的会计处理是否正确。
⑥ 检查转出的投资性房地产账面价值及会计处理是否正确。
⑦ 检查其他减少固定资产的会计处理是否正确。

实例 4-3 注册会计师李虹在审阅宏达公司2015年度"固定资产"账簿记录过程中发现：6月12日，凭证为160#，有一项业务贷方发生额为10 000元，摘要为"报废固定资产"，对应科目是"累计折旧"和"营业外支出"。注册会计师调出相关凭证，其会计分录如下。

借：营业外支出——非常损失　　　　　　　　　8 000
　　累计折旧　　　　　　　　　　　　　　　　2 000
　贷：固定资产　　　　　　　　　　　　　　　　　　10 000

从凭证记录中可以看出，该项固定资产的成新率高达80%，却提前报废。经了解，公司在此期间没有发生过火灾、地震等意外事故。随后又调阅了该项固定资产卡片，发现该项固定资产仅使用了2年，且无大修的记录，说明它性能状况良好。经反复与公司财务主管及该固定资产的保管人员交谈得知，该项业务是经领导批准，将该项固定资产按账面净值进行了转让，所获款项被有关人员私分。

分析

根据企业会计制度的规定，企业因出售、报废和毁损等原因减少的固定资产，应通过"固定资产清理"科目核算。"固定资产清理"科目的借方归集固定资产的账面净值和清理过程中发生的费用及税金,贷方归集收回出售固定资产的价款、残料价值和变价收入等。因此,该项业务属于虚报固定资产毁损。

结论

鉴于该固定资产已被变卖,建议做如下调整分录。

借:其他应收款　　　　　　　　　　　　　　　　　　　　　　　　　　8 000
　　贷:营业外支出——非常损失　　　　　　　　　　　　　　　　　　8 000

对于变卖所收款项应该追回。

5)对固定资产进行实地观察。实施实地观察审计程序时,注册会计师可以以固定资产明细分类账为起点,进行实地追查,以证明会计记录中所列固定资产确实存在,并了解其目前的使用状况;也可以以实地为起点,追查至固定资产明细分类账,以获取实际存在的固定资产均已入账的证据。

提示　注册会计师实地观察的重点是本期新增加的重要固定资产,有时,观察范围也会扩展到以前期间增加的固定资产。观察范围的确定需要依据被审计单位内部控制的强弱、固定资产的重要性和注册会计师的经验来判断。如果为初次审计,则应适当扩大观察范围。

6)调查未使用和不需用的固定资产。注册会计师应调查被审计单位有无已完工或已购建但尚未交付使用的新增固定资产,因改扩建等原因暂停使用的固定资产,以及多余或不适用的需要进行处理的固定资产。如果有,应作彻底调查,以确定其是否真实。同时,还应调查未使用、不需用固定资产的购建启用及停用时点,并做出记录。

7)检查固定资产的所有权或控制权。对于各类固定资产,注册会计师应获取、收集不同的证据以确定其是否确归被审计单位所有。对于外购的机器设备等固定资产,通常经审核采购发票、采购合同等予以确定;对于房地产类固定资产,须查阅有关的合同、产权证明、财产税单、抵押借款的还款凭据、保险单等书面文件;对于融资租入的固定资产,应验证有关融资租赁合同,证实其并非经营租赁;对于汽车等运输设备,应验证有关运营证件等;对于受留置权限制的固定资产,通常还应审核被审计单位的有关负债项目等予以证实。

8)检查固定资产的后续支出。确定固定资产有关的后续支出是否满足资产确认条件。如果不满足,该支出是否在该后续支出发生时计入当期损益。

提示　在具体实务中,对于固定资产发生的下列各项后续支出,通常的处理方法如下。

① 固定资产修理费用,应当直接计入当期费用。

② 固定资产改良支出,应当计入固定资产账面价值,其增计后的金额不应超过该固定资产的可收回金额。

③ 如果不能区分是固定资产修理还是固定资产改良,或者固定资产修理和固定资产改良结合在一起,则企业应按上述原则进行判断,将发生的后续支出分别计入固定资产价值或计入当期费用。

④ 固定资产装修费用,符合上述原则可予资本化的,在两次装修期间与固定资产尚可使用年限两者中较短的期间内,采用合理的方法单独计提折旧。如果在下次装修时,该固定资产相关的固定资产装修项目仍有余额,应将该余额一次全部计入当期营业外支出。

9)检查固定资产是否已在资产负债表上恰当披露。财务报表附注通常应说明固定资产的标准、分类、计价方法和折旧方法,各类固定资产的预计使用年限、预计净残值和折旧率,分类别披露固定资产在本期的增减变动情况,并应披露用作抵押、担保和本期从在建工程转入数、本期出售固定资产数、本期置换固定资产数等情况。

3. 实施累计折旧实质性程序

企业计提固定资产折旧,是为了把固定资产的成本分配于各个受益期,实现期间收入与费用的正确配比。折旧核算是一个成本分配过程。折旧计提和核算的正确性、合规性就成了固定资产审计中一项重要的内容。固定资产折旧的审查,就是为了确定固定资产折旧的计算、提取和分配是否合法与公允。

1) 获取或编制累计折旧分类汇总表,复核加计是否正确,并与总账数和明细账合计数核对是否相符。

2) 检查被审计单位制定的折旧政策和方法是否符合相关会计准则的规定,确定其所采用的折旧方法能否在固定资产预计使用寿命内合理分摊其成本,前后期是否一致,预计使用寿命和预计净残值是否合理。

提示: 《企业会计准则第4号——固定资产》明确规定:企业应当根据与固定资产有关的经济利益的预期实现方式,合理选择固定资产折旧方法。可选用的折旧方法包括年限平均法、工作量法、双倍余额递减法和年数总和法等;除非由于与固定资产有关的经济利益的预期实现方式有重大改变,应当相应改变固定资产折旧方法,折旧方法一经选定,不得随意调整;企业至少应当于每年年度终了对固定资产的使用寿命、预计净残值和折旧方法进行复核,如果固定资产使用寿命预计数和净残值预计数与原先估计数有差异,应当做相应调整。

3) 复核本期折旧费用的计提和分配。

① 了解被审计单位的折旧政策是否符合规定,计提折旧的范围是否正确,确定的使用寿命、预计净残值和折旧方法是否合理。如果采用加速折旧法,是否取得批准文件。

② 检查被审计单位折旧政策前后期是否一致。

③ 复核本期折旧费用的计提是否正确。

● 已计提部分减值准备的固定资产,计提的折旧是否正确。

提示: 按照《企业会计准则第4号——固定资产》的规定,已计提减值准备的固定资产的应计折旧额应当扣除已计提的固定资产减值准备累计金额,按照该固定资产的账面价值及尚可使用寿命重新计算确定折旧率和折旧额。

● 已全额计提减值准备的固定资产,是否已停止计提折旧。

● 因更新改造而停止使用的固定资产是否已停止计提折旧,因大修理而停止使用的固定资产是否照提折旧。

● 对按规定予以资本化的固定资产装修费用是否在两次装修期间与固定资产尚可使用年限两者中较短的期间内,采用合理的方法单独计提折旧,并在下次装修时将该项固定资产装修余额一次全部计入了当期营业外支出。

● 对融资租入固定资产发生的、按规定可予以资本化的固定资产装修费用,是否在两次装修期间、剩余租赁期与固定资产尚可使用年限三者中较短的期间内,采用合理的方法单独计提折旧。
- 对采用经营租赁方式租入的固定资产发生的改良支出,是否在剩余租赁期与租赁资产尚可使用年限两者中较短的期间内,采用合理的方法单独计提折旧。
- 未使用、不需用和暂时闲置的固定资产是否按规定计提折旧。
- 持有待售的固定资产折旧计提是否符合规定。

④ 检查折旧费用的分配方法是否合理,是否与上期一致;分配计入各项目的金额占本期全部折旧计提额的比例与上期比较是否有重大差异。

⑤ 注意固定资产增减变动时,有关折旧的会计处理是否符合规定,查明通过更新改造、接受捐赠或融资租入而增加的固定资产的折旧费用计算是否正确。

4) 将"累计折旧"账户贷方的本期计提折旧额与相应的成本费用中的"折旧费用"明细账户的借方相比较,以查明所计提折旧金额是否已全部摊入本期产品成本或费用。若存在差异,应追查原因,并考虑是否应建议做适当调整。

5) 检查累计折旧的减少是否合理,会计处理是否正确。

6) 确定累计折旧的披露是否恰当。

如果被审计单位是上市公司,通常应在其财务报表附注中按固定资产类别分项列示累计折旧期初余额、本期计提额、本期减少额及期末余额。

课堂训练

安华会计师事务所注册会计师张红审计甲股份有限公司 2015 年度"固定资产"和"累计折旧"项目时发现下列情况。

(1)"未使用固定资产"中有固定资产——A 设备已于本年度 6 月份投入使用,该公司未按规定转入"使用固定资产"和计提折旧。

(2) 对所有的空调器,按其实际使用的时间(5 月至 9 月)计提折旧。

(3) 公司有融资租入的设备 4 台,租赁期为 6 年,尚可使用时间为 8 年,该公司确定的折旧期为 8 年。

(4) 对已提足折旧继续使用的某设备,仍计提折旧。

(5) 8 月初购入吊车 2 辆,价值为 550 万元,当月已投入使用并同时开始计提折旧。

(6) 该公司采用平均年限法计提折旧,但于本年度 9 月改为工作量法。这一改变已经股东大会批准,但未报财政及有关部门备案,也未在财务报表附注中予以说明。

要求:请代注册会计师张红指出上述各项中存在的问题,并提出改进建议。

实例 4-4 注册会计师在审查华润股份有限公司 2015 年度固定资产折旧时,发现 2014 年 12 月份新增已投入生产使用的机床一台,原价为 1 000 000 元,预计净残值为 100 000 元,预计使用年限为 5 年,使用年数总和法对该项固定资产计提折旧,其余各类固定资产均用直线法计提折旧,且该公司对这一事项在财务报表附注中未作披露。

要求:根据上述情况,注册会计师应确定这一事项对被审计单位资产负债表和损益表的影响,并提请被审计单位在财务报表附注中作充分披露。

分析

注册会计师认为该公司的固定资产折旧方法本期出现不一致,且未充分揭示,这是违反现行会计制度的。由此计算的该事项对资产负债表和损益表影响如下。

用年数总和法计算的机床年折旧额=(1 000 000-100 000)×5÷15=300 000(元)

用直线法计算的机床年折旧额=(1 000 000-100 000)÷5=180 000(元)

因此,由于折旧方法的改变,使本年度多提折旧额120 000(即300 000-180 000=120 000)元,致使资产负债表中的"累计折旧"项目增加了120 000元,损益表中的"利润总额"项目减少了120 000元。

对此,注册会计师要求被审计单位在财务报表附注中作这样的披露:"本公司由于对原值为1 000 000元,预计净残值为100 000元,预计使用年限为5年的机床采用年数总和法计提折旧,与采用直线法相比,使本年度的折旧额增加了120 000元,利润总额减少了120 000元,特予以揭示。"

4. 实施固定资产减值准备的实质性程序

企业应当在资产负债表日判断固定资产是否存在可能发生减值的迹象,如果存在导致固定资产可收回金额低于账面价值的,应当将固定资产账面价值减记至可收回金额,将减记的金额确认为固定资产减值损失,计入当期损益,同时计提相应的固定资产减值准备。注册会计师对固定资产项目的审计,包括对固定资产减值准备的审查,查明企业是否按规定计提固定资产减值准备,计提是否正确。固定资产减值准备查证表如表4.12所示。

表4.12 固定资产减值准备查证

被审计单位:_____ 编制:_____ 日期:_____ 索引号:_____
截止日期/期间:_____ 复核:_____ 日期:_____ 页次:_____

固定资产明细内容	审定净值		账面减值准备			审定数			调整数		
	数量	金额	期初数	本期提取	本期转销	期末数	预计单位可收回价值	可收回价值合计	应提减值准备	期初调整	提取调整	转销调整

审计说明:

固定资产减值准备的实质性程序主要如下。

1)获取或编制固定资产减值准备明细表,复核加计是否正确,并与总账数和明细账合计数核对是否相符。

2)检查被审计单位计提固定资产减值准备的依据是否充分,会计处理是否正确。

3)计算本期末固定资产减少占期末固定资产原值的比率,并与期初该比率比较,分析固定资产的质量状况。

4)检查被审计单位处置固定资产时原计提的减值准备是否同时结转,会计处理是否正确。

5)检查是否存在转回固定资产减值准备的情况。按照《企业会计准则》的规定,固定资产减值损失一经确认,在以后会计期间不得转回。

6)确定固定资产减值准备的披露是否恰当。

项目 4　采购与付款循环的审计

4.2.4　管理费用的实质性程序

管理费用是指企业为组织和管理生产经营所发生的费用,包括企业在筹建期间的开办费、董事会和行政管理部门在企业的经营管理中发生的或应由企业统一负担的公司经费、工会经费、董事会会费、聘请中介机构费、咨询费、诉讼费、业务招待费、房产税、车船使用税、土地使用税、印花税、技术转让费、矿产资源补偿费、研究费用、排污费等。管理费用项目较多,发生频繁,易产生弊端。

1. 管理费用审计目标及实质性程序

管理费用实质性程序如表 4.13 所示。

表4.13　管理费用实质性程序

被审计单位：＿＿＿＿　编制：＿＿＿＿　日期：＿＿＿＿　索引号：＿＿＿＿
截止日期/期间：＿＿＿＿　复核：＿＿＿＿　日期：＿＿＿＿　页　次：＿＿＿＿

一、审计目标与认定的对应关系

审计目标	财务报表认定					
^	发生	完整性	准确性	截止	分类	列报
A　利润表中记录的管理费用已发生,且与被审计单位有关	√					
B　所有应当记录的管理费用均已记录		√				
C　与管理费用有关的金额及其他数据已恰当记录			√			
D　管理费用已记录于正确的会计期间				√		
E　管理费用已记录于恰当的账户					√	
F　管理费用已按照企业会计制度的规定在财务报表中作出恰当的列报						√

二、审计目标与审计程序的对应关系

审计目标	可供选择的审计程序	计划实施的审计程序	索引号
C	1. 获取或编制管理费用明细表 （1）复核加计是否正确,并与报表数、总账数及明细账合计数核对是否相符 （2）将管理费用中的职工工资、福利费、折旧、无形资产、长期待摊费用摊销额等项目与各有关账户进行核对,分析其勾稽关系的合理性,并做出相应记录		
ABC	2. 对管理费用进行分析 （1）计算分析管理费用中各项目发生额及占费用总额的比率,将本期、上期管理费用各主要明细项目作比较分析,判断其变动的合理性 （2）比较本期各月份管理费用,对有重大波动和异常情况的项目应查明原因,必要时做适当处理		
E	3. 检查管理费用的明细项目的设置是否符合规定的核算内容与范围,结合成本费用的审计,检查是否存在费用分类错误。若有,应提请被审计单位调整		

(续表)

审计目标	可供选择的审计程序	计划实施的审计程序	索引号
ABC	4. 检查公司经费(包括行政管理部门职工工资、修理费、物料消耗、低值易耗品摊销、办公费和差旅费等)是否是经营管理中发生的或应由公司统一负担的,检查相关费用报销内部管理办法,是否有合法原始凭证支持		
ABC	5. 检查董事会费(包括董事会成员津贴、会议费和差旅费等),检查相关董事会及股东会决议,是否在合规范围内开支费用		
ABC	6. 检查聘请中介机构费、咨询费(含顾问费),检查是否按合同规定支付费用,有无涉及诉讼及赔偿款项支出		
ABC	7. 检查诉讼费用并结合或有事项审计,检查涉及的相关重大诉讼事项是否已在财务报表附注中进行披露,还需进一步关注诉讼状态,判断有无或有负债,或是否存在损失已发生而未入账的事项		
C	8. 结合坏账准备,审查坏账损失核算是否正确		
C	9. 检查业务招待费的支出是否合理,如果超过规定限额,应在计算应纳税所得额时调整		
C	10. 检查研究开发费的内容是否符合规定		
C	11. 检查外资机构的特许权使用费支出是否超过规定限额,必要时应进行纳税所得额调整		
C	12. 检查上交母公司或其他关联方的管理费是否有合法的单据及证明文件		
C	13. 复核本期发生的印花税、耕地占用税等税费是否正确		
C	14. 注意管理费用中的其他支出内容,有无不正常开支		
AC	15. 检查大额支出和有疑问支出的内容和审批手续、权限是否符合有关规定,计算是否正确,原始凭证是否合法,会计处理是否正确		
D	16. 抽取资产负债表日前后一天的一张凭证,实施截止性测试。若存在异常迹象,要考虑是否有必要追加审计程序。对于重大跨期项目,应做必要调整		
	17. 根据评估的舞弊风险等因素增加的其他审计程序		
F	18. 确定管理费用是否已按照企业会计制度的规定在财务报表中作出恰当的列报		

2. 实施管理费用主要实质性程序

1)获取或编制管理费用明细表。

① 复核加计是否正确,并与报表数、总账数及明细账合计数核对是否相符。

② 将管理费用中的职工工资、福利费、折旧、无形资产、长期待摊费用摊销额等项目与各有关账户进行核对,分析其勾稽关系的合理性,并做出相应记录。

2)实施分析程序。

① 计算分析管理费用中各项目发生额及占费用总额的比率,将本期、上期管理费用各主要明细项目作比较分析,判断其变动的合理性。

② 比较本期各月份管理费用,对有重大波动和异常情况的项目应查明原因,必要时做适当处理。

3)检查大额支出和有疑问支出的内容和审批手续、权限是否符合有关规定,计算是否正确,原始凭证是否合法,会计处理是否正确。

4)确定管理费用是否已按照企业会计制度的规定在财务报表中作出恰当的列报。

课堂训练

安华会计师事务所接受星湖公司委托,注册会计师王强对该公司2015年度财务报表的管理费用项目进行审查,获取该公司管理费用明细账,并填写管理费用明细如表4.14所示。请代王强根据管理费用明细表进行分析,确定管理费用审计的重点。

表4.14 管理费用明细 元

月 份	合 计	工 资	差旅费	业务招待费	其 他	各月占全年的比重
1	459 375.85	89 336.52	11 640.02	82 745.10		74 91.87	6.93%
2	433 625.26	101 155.13	3 107.00	49 568.40		103 007.06	6.53%
3	666 046.05	121 530.19	69 267.26	33 778.10		138 582.69	10.04%
4	484 053.46	75 399.28	38 048.98	43 126.50		88 676.63	7.30%
5	457 869.68	76 895.93	31 696.64	51 587.40		96 053.16	6.90%
6	338 019.81	83 318.39	55 260.71	43 522.60		66 779.16	5.10%
7	525 689.06	116 551.37	20 147.20	57 096.00	略	101 771.24	7.92%
8	839 452.53	65 710.18	63 713.73	60 817.60		73 171.26	12.66%
9	455 823.03	78 257.45	49 352.14	58 892.2		102 868.60	6.87%
10	487 920.35	82 444.94	10 002.84	48 871.00		88 223.75	7.35%
11	725 836.08	138 001.62	29 747.10	55 096.50		106 673..0	10.94%
12	823 568.25	224 698.93	36 121.50	38 595.20		90 159.23	12.42%
合计	6 627 279.41	1 253 299.93	272 007.16	623 699.60		1 130 448.40	100%
上期数	5 176 231.21	1 271 179.99	310 436.03	539 574.18		510 278.50	—
变动数	1 551 048.20	-17 880.06	-38 428.87	94 095.42		1 551 048.20	—
变动比例	29.96%	-1.41%	-12.38%	17.44%		29.96%	—

审计说明:
审计分析:

4.2.5 其他账户的实质性程序

1. 应付票据的实质性程序

应付票据的实质性程序一般包括以下内容。

1）获取或编制应付票据明细表。审计人员应首先获取或编制应付票据明细表，复核加计是否正确，并与应付票据备查簿、报表数、总账和明细账的余额核对是否相符。

提示 应付票据明细表通常包括票据种类、票据编号、出票日、到期日、票面金额和利率、收款人名称、付息条件、抵押担保品等资料。在核对时，审计人员应注意被审计单位有无漏报或错报票据，有无漏列作为抵押担保的资产，有无漏计、多计或少计应付利息等情况。

2）函证应付票据。审计人员应选择应付票据的重要项目（包括余额为0的债权人）进行函证，以确定余额是否正确。

提示 询证函的内容一般应包括出票日、到期日、票面金额、未付金额、已付息期间、利率及票据的抵押担保品等。审计人员应根据回函情况，编制与分析函证结果汇总表。对未回函的可再次函证，也可采用其他替代审计程序以确定应付票据的真实性。

3）实施分析性复核。为了证实应付票据的完整性和合理性，审计人员可计算各种比率，如计算应付票据占流动负债的比率，并同前期比较，以发现需要加以特别关注的方面。

4）抽查部分业务。审查应付票据备查簿，并抽查若干重要凭证，以确定其是否真实，会计处理是否正确。

① 检查该笔债务的相关合同、发票、货物验收单等资料，核实交易事项的真实性。

② 抽查资产负债表日后应付票据明细账及现金、银行存款日记账，核实其是否已付款并转销。

③ 对截止报表日已偿付的应付票据，注意其凭证入账日期的合理性。

5）复核票据利息。如果开出的是带息应付票据，审计人员应复核带息应付票据利息是否足额计提，检查其会计处理是否正确。

6）查明应付票据逾期未兑付的原因。检查逾期未兑付应付票据的原因，如果有抵押的票据，应做出记录，并提请被审计单位作必要的披露。

7）核对非记账本位币结算采用的折算汇率及其会计处理。对于用非记账本位币结算的应付票据，检查其采用的折算汇率是否正确，折算差额是否按规定进行会计处理。

8）恰当披露应付票据。确定应付票据是否已在资产负债表上恰当披露。

2. 预付账款的实质性程序

预付账款是企业根据购货合同预先支付给供货单位的货款。预付账款是企业在购货环节产生的一项流动资产。注册会计师应实施以下预付账款实质性程序。

1）获取或编制预付账款明细表。向被审计单位索取或自行编制预付账款明细表，以确定被审计单位资产负债表上预付账款的数额与其明细表是否相符。

提示 在审计时，审计人员应将明细表上的数额复核汇总，并与报表金额、总账金额和明细账合计金额相核对相符。同时请被审计单位协助，在预付账款明细表上标出截至审计日已收到货物并冲销预付账款的项目。

2）函证预付账款。审计人员应选择大额或异常的预付账款重要项目（包括零账户），函证其余额是否正确，并根据回函情况编制函证结果汇总表。对回函金额不相符的，要查明原因，做出记录或建议做适当调整；对未回函的，可再次复函，也可采用替代方法进行检查，如检查该笔债权的相关凭证资料，或抽查报表日后预付账款明细账及存货明细账，核实是否已收到货物并转销，并根据替代程序检查结果判断其债权的真实性或出现坏账的可能性。对未发询证函的预付账款，应抽查有关原始凭证。

3）审查同时挂账的预付账款。抽查入库记录，查核有无重复付款或将同一笔已付清的账款在预付账款和应付账款这两个账户同时挂账的情况。

4）审查预付账款是否存在贷方余额。分析预付账款明细账余额，对于出现贷方余额的项目，应查明原因，必要时建议做重分类调整。

5）确认预付账款是否已在资产负债表上恰当披露。一般来说，资产负债表中的"预付账款"项目应根据"应付账款"和"预付账款"科目所属明细科目的期末借方余额的合计数填列。审计人员应将被审计单位资产负债表对预付账款的反映同会计准则相比较，以发现有无不当之处。

3. 固定资产清理的实质性程序

固定资产清理的实质性程序主要如下。

1）获取或编制固定资产清理明细表，复核加计是否正确，并与报表数、总账数和明细账合计数核对是否相符。

2）检查固定资产清理的发生是否有正当理由，是否经有关技术部门鉴定，固定资产清理的发生和转销是否经授权批准，相应的会计处理是否正确。

① 结合固定资产等账项的审计，检查固定资产、累计折旧等的账面转入额是否正确。

② 检查固定资产清理收入和清理费用的发生是否真实、准确，清理结果（净损益）的计算是否正确；与施工有关的是否计入工程成本；属于筹建期间的，是否计入长期待摊费用；属于生产经营期间的，是否计入营业外收支；属于清算期间的，是否计入清算损益。

3）检查固定资产清理是否长期挂账。如果有，应做出记录，必要时建议做适当调整。

4）检查固定资产清理是否已在资产负债表上恰当披露。

技能训练

一、单项选择题

1. 固定资产折旧审计的主要目标不包括（　　）。
   A. 确定固定资产的增加、减少是否符合预算和经过授权批准
   B. 确定折旧政策和方法是否符合国家有关财会法规的规定
   C. 确定适当的折旧政策和方法是否得到一贯遵守
   D. 确定折旧额的计算是否正确

2. 注册会计师有理由认为被审计单位固定资产折旧计提不足的迹象是（　　）。
   A. 经常发生大额的固定资产清理净损失
   B. 经常发生大额的固定资产清理净收益
   C. 固定资产实际使用年限往往大于预计使用年限
   D. 固定资产实际残值往往大于预计残值

项目 4 采购与付款循环的审计

3. 助理人员对采购与付款循环的内部控制进行了了解和测试,下列内部控制中构成重大缺陷的是( )。
   A. 仓库负责根据需要填写请购单,并经预算主管人员签字批准
   B. 采购部门根据经批准的请购单编制订购单采购货物
   C. 货物到达,由独立的验收部门验收,并填制一式多联未连续编号的验收单
   D. 记录采购交易之前,由应付凭单部门编制付款凭单

4. 注册会计师通过计算固定资产原值与全年产量的比率,并与以前期间相关指标进行比较,可能对查找下述问题无效的是( )。
   A. 存在闲置的固定资产   B. 增加的固定资产尚未做出会计处理
   C. 减少的固定资产尚未做出会计处理   D. 本期折旧计算和累计折旧上的错误

5. XYZ公司于2015年6月,以400万元(不含增值税)的价格转让了一项固定资产。该项固定资产的账面原价为800万元,已计提折旧为200万元,已计提减值准备为250万元。假定固定资产转让适用的增值税税率为2%(不考虑其他税费),XYZ公司转让该固定资产实现的收益为( )万元。
   A. -220   B. -200   C. 50   D. 30

二、多项选择题

1. 应付账款一般不需要函证,但出现( )时,注册会计师还应实施函证程序。
   A. 应付账款存在借方余额   B. 控制风险较高
   C. 某应付账款的账户金额较大   D. 被审计单位处于经济困难阶段

2. 注册会计师应获取、汇集不同的证据以确定固定资产是否确实归被审计单位所有。地产类固定资产,需要查阅( )等文件。
   A. 合同、产权证明   B. 财产税单
   C. 抵押贷款的还款凭证   D. 财产保险单

3. 注册会计师在对A股份有限公司2015年度财务报表进行审计时发现有出售的固定资产。下列各项审计程序中,注册会计师可能执行的有( )。
   A. 审查有关的批准文件   B. 审查相关的会计记录
   C. 函证固定资产的购买单位
   D. 审查固定资产的所有权是否属于A股份有限公司

4. 注册会计师在审计A公司2015年度财务报表时发现固定资产的以下项目,其中可能引起固定资产账面价值发生变化的有( )。
   A. 计提固定资产减值准备   B. 计提固定资产折旧
   C. 固定资产改扩建   D. 固定资产大修

5. 注册会计师对固定追查的取得和处置实施控制测试的重点包括( )。
   A. 审查固定资产的取得是否与预算相符,有无重大差异
   B. 审查固定资产的取得和处置是否经过授权批准
   C. 审查是否正确划分资本性支出和收益性支出
   D. 审查与固定资产取得和处置相关的项目,如应付账款、银行存款、固定资产清理和营业外收支等的会计记录的适当性

三、判断题

1. 因为多数舞弊企业在低估应付账款时,是以漏记赊购业务为主的,所以函证无益于查找未入账的应付账款。( )

2. 注册会计师对固定资产进行实地观察时,可以固定资产明细分类账为起点,重点观察本期新增加的重要固定资产。( )

3. 期末余额为0的"应付账款"明细账户不需要进行函证。( )

4. 一般而言,在建工程完工交付使用或者办理竣工决算之后的利息应计入当期财务费用,不应计入固定资产的成本。( )

5. 固定资产采购、付款、保管、记账应由不同人员分别负责，实行必要的职务分离。（ ）

四、操作题

1. 振华会计师事务所接受星艺公司委托，注册会计师张雄对该公司 2015 年财务报表的应付账款项目进行审查。审查时，获取该公司应付账款明细账（假设客户均为非关联关系）和总账如表 4.15 和 4.16 所示。

表4.15　星艺公司应付账款明细账　　　　　　　　　　　　　　　　　　　　　　元

明细账户	期初余额		本期发生额		期末余额	
	借方	贷方	借方	贷方	借方	贷方
威达公司		360 000	650 200	870 200		580 000
兴元公司		72 600	10 660	550 000		612 000
大理公司		280 000	288 000	355 200		347 200
三泰公司		66 800	445 000	358 200	20 000	
		779 400	1 393 800	2 133 600	20 000	1 539 200

表4.16　星艺公司应付账款总账　　　　　　　　　　　　　　　　　　　　　　　元

期初余额		本期发生额		期末余额	
借方	贷方	借方	贷方	借方	贷方
	779 440	1 393 800	2 133 600		1 519 200

要求：根据以上资料，请填制如表 4.17 所示的应付账款明细表，与总账核对，并考虑对于明细账期末借方余额 20 000 该怎么处理。

表4.17　应付账款明细表（简式）　　　　　　　　　　　　　　　　　　　　　　元

户名及款项内容	账面余额			
	本位币			
	期初余额	本期增加	本期减少	期末余额
一、关联方				
二、非关联方				
威达公司				
兴元公司				
大理公司				
三泰公司				
小计				
合计				

审计说明：

2. 注册会计师王宏负责审查宏远公司 2015 年度固定资产项目。他于 2016 年 3 月 2 日审查本年度固定资产折旧，取得如下资料。

（1）固定资产明细记录及本期计提折旧（见表 4.18）。

表4.18 固定资产明细记录及本期计提折旧　　　　　　　　　　　　　　　　　　元

账户编号	固定资产类别	固定资产 期初余额	固定资产 本期增加	固定资产 本期减少	固定资产 期末余额	本年账面已提折旧
123	房屋建筑物	650 000			65 000	42 500
124	机器设备	246 000	24 000		270 000	1 700
125	运输工具	76 000	12 000	10 000	78 000	1 200
126	办公设备	22 000	4 000		26 000	300
合计		994 000	40 000	10 000	1 024 000	45 700

其中，机器设备于2015年6月份购置投入使用，运输工具为当年11月份购置投入使用，办公设备为当年2月份投入使用，运输工具报废时间是当年8月份。

（2）经询问会计主管，了解到该公司按直线法计提折旧，采用分类折旧率，年折旧率房屋建筑物为5%、机器为10%、运输工具为20%、办公设备为20%。

（3）假设办公设备折旧费计入管理费用，其他固定资产折旧费计入制造费用。

要求：根据以上资料填制如表4.19所示的本期应提折旧查证表，并复核本期计提折旧额是否正确。如果不正确，请提出调账建议。

表4.19　本期应提折旧查证

被审计单位：_____　　编制：_____　　日期：_____　　索引号：1502-_____
截止日期/期间：_____　　复核：_____　　日期：_____　　页　次：_____

固定资产类别	年折旧率/（%）	期初原值	期初应提折旧	本期增加应提折旧	本期减少、已提足应提折旧	本期应提折旧合计	本期账面已提折旧	差异（＋）（－）
合计								
审计说明：								

项目5
生产与存货循环的审计

知识目标
1. 了解生产与存货循环的内部控制及控制测试。
2. 掌握存货的监盘程序。
3. 掌握存货计价测试程序。
4. 掌握生产成本等账户的实质性程序。

能力目标
1. 能够实施生产与存货循环的控制测试。
2. 能够实施生产与存货循环的实质性程序。

引例 因资产造假的首执行官与财务总监被判重刑

从孩提时代开始,米奇·莫纳斯就喜欢几乎所有的运动,尤其是篮球。但是因天资及身高所限,他没有机会到职业球队打球。然而,莫纳斯确实拥有一个所有顶级球员共有的特征,那就是无法抑制的求胜欲望。

莫纳斯把他无穷的精力从球场上转移到他的董事长办公室里。他首先设法买下了位于(美)俄亥俄州阳土敦市的一家药店,在随后的10年中他又收购了另外299家药店,从而组建了全国连锁的法尔莫公司。不幸的是,这一切辉煌都是建立在资产造假——未检查出来的存货高估和虚假利润的基础上的,这些舞弊行为最终导致了莫纳斯及其公司的破产。同时也使为其提供审计服务的"五大"事务所损失了数百万美元。

自获得第一家药店开始,莫纳斯就梦想着把他的小店发展成一个庞大的药品帝国。其所实施的策略就是他所谓的"强力购买",即通过提供大比例折扣来销售商品。莫纳斯首先做的就是把实际上并不盈利且未经审计的药店报表拿来,用自己的笔为其加上并不存在的存货和利润。然后凭着自己空谈的天分及一套夸大了的报表,在一年之内骗得了足够的投资用以收购8家药店,奠定了他的小型药品帝国的基础。这个帝国后来发展到了拥有300家连锁店的规模。一时间,莫纳斯成为金融领域的风云人物,他的公司则在阳土敦市赢得了人们的崇拜。

在一次偶然的机会导致这个精心设计的、至少引起5亿美元损失的财务舞弊事件浮出水面之时,莫纳斯和他的公司炮制虚假利润已达1年之久。这并非一件容易的事。当时法尔莫公司的财务总监认为因公司以低于成本出售药品而招致严重的损失,但是莫纳斯认为通过"强力购买",公司完全可以发展得足够大以能顺利地坚持它的销售方式。最终在莫纳斯的强大压力下,这位财务总监卷入了这起舞弊案件。在随后的数年之中,他和他的几位下属保持了两套账簿,一套用以应付注册会计师的审计,一套反映糟糕的现实。

他们先将所有的损失归入一个所谓的"水桶账户",然后再将该账户的金额通过虚增存货的方式重新分配到公司的数百家成员药店中。他们仿造购货发票、制造增加存货并减少销售成本的虚假记账凭证、确认购货却不同时确认负债、多计或加倍计算存货的数量。财务部门之所以可以隐瞒存货短缺是因为注册会计师只对 300 家药店中的 4 家进行存货监盘,而且他们会提前数月通知法尔莫公司他们将检查哪些药店。管理人员随之将那 4 家药店堆满实物存货,而把那些虚增的部分分配到其余的 296 家药店。如果不考虑其会计造假,法尔莫公司实际已濒临破产。在最近一次审计中,其现金已紧缺到供应商因其未能及时支付购货款而威胁取消对其供货的地步。

注册会计师们一直未能发现这起舞弊,他们为此付出了昂贵的代价。这项审计失败使会计师事务所在民事诉讼中损失了 3 亿美元。那位财务总监被判 33 个月的监禁,莫纳斯本人则被判入狱 5 年。

此案例告诉注册会计师:存货监盘程序具有局限性,注册会计师无法指望通过盘点解决所有的问题。若想发现舞弊的蛛丝马迹,分析性程序不失为一种十分有效的审计方法。这一程序从整体的角度对客户提供的各种具有内在勾稽关系的数据进行对比分析,有助于发现重大误差。如前文所述,由于存货造假会使有些项目出现异常,因而对存货与销售收入、总资产、运输成本等项目进行比例和趋势分析,并对那些异常的项目进行追查,就很可能揭示出重大的舞弊。

生产与存货循环由将原材料转化为产成品的有关活动组成,该循环包括制订生产计划,控制、保持存货水平,以及与制造有关的交易和事项,涉及领料、生产加工、销售产品等主要环节。

5.1 生产与存货循环的内部控制与控制测试

5.1.1 生产与存货循环的内部控制

1. 了解生产与存货循环的业务活动和内部控制

生产与存货循环的业务内容主要包括以下几个环节。

（1）计划和安排生产

生产的计划和安排通常是由企业的生产管理部门来执行的,其主要职责是根据客户订货单、销售合同、市场预测及存货需求分析来决定生产产品的品种和数量。如果决定生产,则签发生产通知单,并下达到各生产部门(工厂或车间)。生产管理部门应将发出的所有生产通知单预先编号并加以记录控制。此外,还需要编制一份材料需求报告,列示完成一张生产通知单所需要的原材料和零件。

（2）发出原材料

仓库部门的职责是根据从生产部门收到的领料单发出原材料。领料单上必须列示所需材料的数量和种类,以及领料部门的名称。领料单可以一单一料,也可以一单多料,通常需要一式三联,分别由领料部门、仓库部门和会计部门保管使用。

（3）生产产品

生产部门在收到生产通知单及领取原材料后,将生产任务分解到每一个生产班组及工人,并将所领取的原材料交给生产工人进行加工。某个生产部门完工的产品应交检验员验收,并办理入库手续,或是将所完成的产品按照转移单的授权移交到下一个生产部门,以进行进一步加工。

各生产部门必须制定严格的规则,由管理人员对领料、生产、完工入库的全过程进行有效控制,以避免窝工和在产品积压,从而提高产品合格率。生产部门应及时编制生产报告,通知会计部门。对生产中出现的废料、废品存货应与在产品存货分开存放和控制。

（4）核算产品成本

为了正确地核算产品成本,对在产品进行有效控制,必须建立、健全成本会计制度,将生产控制和成本核算有机结合在一起。一方面,生产过程中的各种记录、生产通知单、领料单、入库单等文件资料都要汇集到会计部门,由会计部门对其进行审查和核对,了解和控制生产过程中存在的实物流转。另一方面,会计部门需要设置相应的会计账户,会同有关部门对生产过程中的成本进行核算和控制。完善的成本会计制度应该提供原材料转为在产品,在产品转为产成品,以及按照成本中心、分批生产任务通知单或生产周期所消耗的材料、人工和间接费用的分配和归集的详细资料。

（5）储存产成品

完工的产成品入库时,需由储存部门先行点验和检查,然后签收。签收后,将实际入库数量通知会计部门。据此,储存部门确立了本身的保管责任。由于产成品存货很容易被盗窃或损坏,因此,企业应对其进行严格的管理,限制无关人员接近。此外,储存部门还应根据产成品的品质特征进行分类存放,并贴上标签。

（6）发出产成品

产成品的发出必须由独立的发运部门进行。装运产成品时必须持经有关部门核准的发运通知单,并据此编制出库单。出库单至少一式四联,一联交仓库部门,一联交发运部门,一联留交客户,一联作为给客户开发票的依据。

（7）薪酬业务的内部控制

薪酬是构成成本费用的重要组成部分,薪酬的计算和分配是生产循环的重要内容。因此,企业应建立、健全完善的薪酬内部控制制度。完善的薪酬内部控制制度一般应包括以下几个方面。

① 适当的职责分离与职务轮换。职责分离应包括:考核部门与工资部门分离,考勤部门最好与工资部门分离。工资部门应定期进行职务轮换。

② 正确的授权审批。职员的提升、职务调整和解聘必须经过审批,并记录于员工个人和部门的人事档案。员工的工资以劳动合同或组织政策的形式予以确定,并应经过一定层次的管理人员的审批。员工工资状况的变动(包括由于雇用新员工引起的工资变动),应经适当的审批,并向工资部门报告。

③ 薪酬计算控制。考勤记录与成本计算中的人工成本记录应定期与工资部门的工资核算进行核对和调整。应由员工个人填写工时卡和工作量统计单,并由专人进行审核。由管理层对员工的业绩进行定期的考核与评价,并将考核结果记录于员工个人的人事档案。

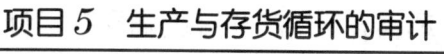

人事档案应妥善保管,以防损坏、遗失和非法接触。组织向养老基金、政府有关代理机构和保险公司所尽义务的情况,应由管理层、外部审计人员和法律顾问进行审查,以保证组织更好地遵循有关规定,履行有关义务,并及时调整组织的有关政策。人事和工资部门定期将工资文件和相应的人事文件进行核对。

④ 薪酬发放控制。工资的扣除项目和扣除标准,应由员工在有关声明中签字,以示同意,经过签章的声明应附在员工个人的人事档案中。工资单最好由电算化的工资系统来编制,否则,应由独立的人员来负责。此外,由专人负责将工资单与工资文件进行核对,审核工资单的完整性。发放现金工资,可把工资装入专门的工资袋。把现金装入工资袋的职员,不能负责工资单的编制。员工领取工资袋,应在收据上签章。未领取的工资应存入专门的银行账户或者指派独立于工资部门以外的专门机构或人员负责保管。

审计人员在了解了生产循环内部控制之后,应对内部控制进行初步评价,并初步估计其控制风险水平,以确定生产循环内部控制是否可以依赖,决定是否进行符合性测试,以及符合性测试的时间、性质和范围。

2. 了解成本会计制度的内部控制

注册会计师可以通过调查表(见表5.1)方式了解成本会计制度内部控制设计及执行情况。

表5.1 成本会计制度内部控制调查问卷

被审计单位名称:_____ 编制:_____ 日期:_____ 索引号:_____
会计期间:_____ 复核:_____ 日期:_____ 页 次:_____

问 题	是	否	不适用	备注
1. 生产通知单是否经过生产管理部门批准				
2. 生产通知单是否预先按顺序编号				
3. 仓库发出原材料是否要求有已批准的领料单				
4. 领料单是否预先按顺序编号				
5. 是否有产量和工时记录				
6. 是否制定和执行先进合理的定额或标准				
7. 是否建立适当的成本核算和管理制度				
8. 成本开支范围是否符合国家有关规定				
9. 成本计算方法是否适合企业的生产特点,并且前后各期一致				
10. 是否采用适当的费用分配方法,并且前后各期一致				
11. 产品成本的计算是否以经过审核的材料费用分配表、人工费用分配表、制造费用分配表为依据				
12. 是否定期独立检查原材料、在产品、产成品存货明细账与总账余额的一致性?				
13. 是否定期独立盘点原材料、在产品、产成品存货,并与账面数相比较				
问题与评价:				

3. 生产与存货循环涉及的主要凭证与账户

生产与存货循环所涉及的凭证和记录主要有如下内容。

(1) 生产任务通知单

生产任务通知单,又称为生产指令,是企业生产管理部门下达制造产品等生产任务的书面文件,用以通知生产车间组织产品制造、供应部门组织材料发放、会计部门组织成本计算。广义的生产任务通知单也包括用于指导产品加工的工艺流程,如机械加工企业的"路线图"等。

（2）领发料凭证

领发料凭证是企业为控制材料发出所使用的各种凭证,如领料单、限额领料单、领料登记簿、发料凭证汇总表、退料单等。

（3）产量和工时记录

产量和工时记录是登记工人或生产班组在出勤日内完成的产品数量、质量和生产这些产品所消耗工时数量的原始记录。产量和工时记录的内容和格式是多种多样的,在不同的企业,甚至在同一企业的不同生产车间中,由于生产类型不同而采用不同的产量和工时记录。常见的产量和工时记录主要有工作通知单、工程进程单、工作班产量报告、产量通知单、产量明细表、废品通知单等。

（4）工资汇总表和人工费用分配表

工资汇总表是为了反映企业工资的结算情况,并据以进行工资结算总分类核算和汇总整个企业工资费用而编制的,它是企业进行工资费用分配的依据。人工费用分配表反映了各生产车间、各产品应负担的工人工资及福利费。除此之外,还包括职工工资计算单等单据。

（5）材料费用分配表

材料费用分配表是用来汇总反映各生产车间各产品所耗费的材料费用的原始记录。

（6）制造费用分配汇总表

制造费用分配汇总表是用来汇总反映各生产车间各产品所应负担的制造费用的原始记录。

（7）成本计算单

成本计算单是用来归集某一成本计算对象所承担的生产费用,计算该成本计算对象的总成本和单位成本的记录。

（8）存货明细账

存货明细账是用来反映各种存货增减变动情况、期末库存数量及相关成本信息的会计记录。

4. 可能存在的风险

① 材料采购人员图谋私利,在材料采购供应中营私舞弊。
② 虚增、虚减生产费用,调节生产成本和利润。
③ 主营业务成本账户和主营业务收入账户口径不一致。
④ 主营业务成本的计算方法没有保持一贯性。
⑤ 虚计应付职工薪酬,调节产品成本。
⑥ 职工薪酬的发放程序不健全,管理不严格。
⑦ 未按照规定的程序和方法及时处理存货的盘盈和盘亏。

5.1.2　生产与存货循环的控制测试

生产与存货循环内部控制主要包括存货的内部控制和成本会计制度的内部控制两项内

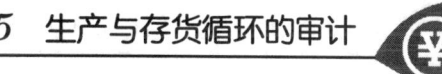

容。有关存货的内部控制分别在销售与收款循环、采购与付款循环中涉及,其测试的内容也与相关业务相结合更为有效。所以本小节所述的控制测试,将主要是针对成本会计制度的测试。成本会计制度的目标、关键内部控制和控制测试的关系如表 5.2 所示。

表 5.2 成本会计制度的目标、关键内部控制和控制测试的关系

内部控制目标	关键内部控制	常用的控制测试
生产业务是根据管理层一般或特定的授权进行的(发生)	对以下 3 个关键点,应履行恰当手续,经过特别审批或一般授权:①生产指令的授权批准;②领料单的授权批准;③工薪的授权批准	检查凭证中是否包括这 3 个关键点的恰当审批
记录的成本为实际发生的而非虚构的(发生)	成本的核算是以经过审核的生产通知单、领发料凭证、产量和工时记录、工薪费用分配表、材料费用分配表、制造费用分配表为依据的	检查有关成本的记账凭证是否附有生产通知单、领发料凭证、产量和工时记录、工薪费用分配表、材料费用分配表、制造费用分配表等,原始凭证的顺序编号是否完整
所有耗费和物化劳动均已反映在成本中(完整性)	生产通知单、领发料凭证、产量和工时记录、工薪费用分配表、材料费用分配表、制造费用分配表均事先编号并已经登记入账	检查生产通知单、领发料凭证、产量和工时记录、工薪费用分配表、材料费用分配表、制造费用分配表编号是否完整
成本以正确的金额,在恰当的会计期间及时记录于适当的账户(发生、完整性、准确性、计价和分摊)	采用适当的成本核算方法,并且前后各期一致;采用适当的费用分配方法,并且前后各期一致;采用适当的成本核算流程和账务处理流程;内部核查	选取样本测试各种费用的归集和分配及成本的计算,测试是否按照规定的成本核算流程和账务处理流程进行核算和账务处理
对存货实施保护措施,保管人员与记录、批准人员相互独立(完整性)	存货保管人员与记录人员职务相分离	询问和观察存货与记录的接触控制及相应的批准程序
账面存货与实际存货定期核对相符(存在、完整性、计价和分摊)	定期进行存货盘点	询问和观察存货盘点程序

提示 注册会计师在对成本会计内部控制的了解中,可以形成以下工作底稿:①了解内部控制设计——控制流程;②评价内部控制——设计及执行情况;③穿行测试表。具体格式参见 4.1 节,在此不再赘述。

5.2 生产与存货循环的实质性程序

5.2.1 生产与存货循环交易的实质性程序

生产与存货循环交易的实质性程序可区分为实质性分析程序、生产与存货交易和相关余额的细节测试两个方面。

1. **实质性分析程序**

1）根据对被审计单位的经营活动、供应商的发展历程、贸易条件、行业惯例和行业现状的了解,确定营业收入、营业成本、毛利及存货周转和费用支出项目的期望值。

2）根据本期存货余额组成、存货采购、生产水平与以前期间和预算的比较,确定营业收入、营业成本和存货可接受的重大差异额。

3）比较存货余额和预期周转率。

4）计算实际数和预计数之间的差异,并同管理层使用的关键业绩指标进行比较。

5）通过询问管理层和员工,调查实质性分析程序得出的重大差异额是否表明存在重大错报风险,是否需要设计恰当的细节测试程序以识别和应对重大错报风险。

6）形成结论,即实质性分析程序是否能提供充分、适当的审计证据,或者需要对交易和余额实施细节测试以获取进一步的审计证据。

2. **生产与存货交易和余额的细节测试**

1）注册会计师应从被审计单位存货业务流程层面的主要交易流中选取一个样本,检查其支持性证据。例如,从存货采购、完工产品的转移、销售和销售退回记录中选取一个样本。

① 检查支持性的供应商文件、生产成本分配表、完工产品报告、销售和销售退回文件。

② 从供应商文件、生产成本分配表、完工产品报告、销售和销售退回文件中选取一个样本,追踪至存货总分类账户的相关分录。

③ 重新计算样本所涉及的金额,检查交易经授权批准而发生的证据。

2）对期末前后发生的诸如采购、销售退回、销售、产品存货转移等主要交易流,实施截止测试。

确认本期末存货收发记录的最后一个顺序号码,并详细检查随后的记录,以检测在本会计期间的存货收发记录中是否存在更大的顺序号码,或因存货收发交易被漏记或错记入下一会计期间而在本期遗漏的顺序号码。

3）存货余额测试。可以观察被审计单位存货的实地盘存,询问确定现有存货是否存在寄存情形,检查存货价格,等等。

5.2.2 存货的实质性程序

由于存货对于企业的重要性,存货问题的复杂性,以及存货与其他项目密切的关联度,要求注册会计师对存货项目的审计予以特别的关注。相应地,要求实施存货项目审计的注册会计师具有较高的专业素质和相关业务知识,分配较多的审计工时,运用较多有针对性的审计程序。

1. **存货审计目标与认定关系**

存货审计目标与认定的对应关系如表5.3所示。

表5.3 存货审计目标与认定的对应关系

审计目标	财务报表认定				
	存在	完整性	权利和义务	计价和分摊	列报
A 资产负债表中记录的存货是存在的	√				
B 所有应当记录的存货均已记录		√			
C 记录的存货由被审计单位拥有或控制			√		
D 存货以恰当的金额包括在财务报表中,与之相关的计价调整已恰当记录				√	
E 存货已按照《企业会计准则》的规定在财务报表中作出恰当列报					√

2. 存货的实质性程序

1）获取或编制存货明细表。注册会计师首先应获取或编制存货及跌价准备明细表,复核加计是否正确,并与报表数、总账余额与明细账余额合计数核对相符。如果不相符,应查明原因,并做出记录和相应调整。

2）存货监盘。对期末存货数量的确定,是存货审计中的重要内容。《中国注册会计师审计准则第1311号——对存货、诉讼和索赔、分部信息等特定项目获取审计证据的具体考虑》规定,存货监盘是指注册会计师现场观察被审计单位存货的盘点,并对已盘点的存货进行适当检查。可见,存货监盘有两层含义:一是注册会计师应亲临现场观察被审计单位存货的盘点;二是在此基础上,注册会计师应根据需要适当抽查已盘点的存货。

对存货进行监盘是存货审计必不可少的一项审计程序。存货监盘针对的主要是存货的存在认定、完整性认定及权利和义务的认定。注册会计师监盘存货的目的在于获取有关存货数量和状况的审计证据,以确证被审计单位记录的所有存货确实存在并属于被审计单位的合法财产。

提示 管理层和注册会计师对存货盘点的责任是不同的。定期盘点存货,合理确定存货的数量和状况是被审计单位管理层的责任;实施存货监盘,获取有关期末存货数量和状况的充分、适当的审计证据是注册会计师的责任。

存货监盘程序包括以下重要步骤。

① 存货监盘计划工作。审计人员在进行监盘之前应根据被审计单位存货的特点、盘存制度和存货内部控制的有效性等情况,在评价被审计单位存货盘点计划的基础上,编制存货监盘计划,对存货监盘作出合理的安排。

在编制存货监盘计划时,注册会计师应实施下列审计程序:了解存货的内容、性质、各存货项目的重要程度及存放场所;了解与存货相关的内部控制;评估与存货相关的重大错报风险和重要性;查阅以前年度的存货监盘工作底稿;考虑实地查看存货的存放场所,特别是金额较大或性质特殊的存货;考虑是否需要利用专家的工作或其他注册会计师的工作;复核或与管理层讨论其存货盘点计划。

存货监盘计划应包括的内容如下。

项目 5　生产与存货循环的审计

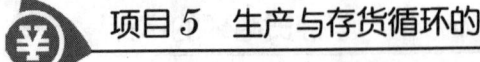

- 存货监盘的目标、范围及时间安排。存货监盘的目标是获取被审计单位资产负债表日有关存货数量和状况的审计证据,检查存货的数量是否真实完整,是否归属于被审计单位,存货有无毁损、陈旧、过时、短缺等状况。

  存货监盘范围的大小取决于存货的内容、性质,以及与存货相关的内部控制的完善程度和重大错报风险的评估结果。对存放于外单位的存货,应当考虑实施适当的替代程序,以获取充分、适当的审计证据。

  存货监盘的时间,包括实地查看盘点现场的时间、观察存货盘点的时间和对已盘点存货实施检查的时间等,应当与被审计单位实施存货盘点的时间相协调。

- 存货盘点的要点及关注的事项。存货盘点的要点主要包括注册会计师实施存货监盘程序的方法、步骤,各个环节应注意的问题及所要解决的问题。注册会计师需要重点关注的事项包括盘点期间的存货移动、存货的状况、存货的截止确认、存货的各个存放地点及金额等。

- 参加存货监盘人员的分工。注册会计师应当根据被审计单位参加存货盘点人员分工、分组情况,存货监盘工作量的大小和人员素质等情况,确定参加存货监盘的人员组成,各组成人员的职责和具体分工情况,并加强督导。

- 抽查的范围。根据被审计单位存货盘点和对被审计单位内部控制的评价结果,注册会计师确定抽查存货的范围。在实施观察程序后,如果认为被审计单位内部控制设计良好且得到有效实施,存货盘点组织良好,注册会计师可以相应缩小抽查程序的范围。

② 盘点问卷调查。审计人员在实施监盘前,应对企业的盘点组织及其参与人员的准备工作情况进行调查,以确定企业是否按照盘点计划的要求进行盘点准备工作。若认为企业的盘点准备工作达不到事前规划的要求,审计人员可以拒绝实施监盘,并要求企业另定时间、重新准备。存货盘点计划问卷的内容如表 5.4 所示。

表5.4　存货盘点计划问卷

被审计单位：_____　编制：_____　日期：_____　索引号：_____
截止日期：_____　复核：_____　日期：_____　页　次：_____

1. 存货盘点的范围、盘点的场所及盘点时间是如何确定的？填列以下表格。

地点	存货类型	占存货总额的大致比例	盘点时间

2. 盘点人员是如何组织分工的？是否具有胜任能力？填列以下表格。

人员	地点	职责	胜任能力	电话

3. 盘点过程是否有专家参加？是否对专家参与盘点作出了适当的安排？

4. 盘点前是否召开会议并布置任务？

5. 是否存在代销存货等所有权不属于被审计单位的存货？若有,情况如何？

6. 有哪些毁损、陈旧、过时、残次的存货？它们是如何区分和存放的？

7. 半成品、原材料和产成品如何分开？

8. 对于成堆堆放或分散在仓库中的存货,是否设置了专门的盘点程序或数量转换计算的方法？

9. 分散在不同地方的相同存货项目如何汇总(这对于与后续盘点汇总保持一致很重要)？

10. 存货盘点采用什么计量工具和计量方法？

11. 在产品的完工程度如何确认？原材料、直接人工、制造费用等如何在产成品和在产品之间分配？

12. 是否有存放在外单位的存货？如何进行盘点？

13. 放在距离较远的地方的存货如何盘点？

14. 对存货收发截止是如何进行控制的？

15. 对盘点期间存货移动是如何进行控制的？盘点期间是否需要停止生产？

16. 盘点表单是如何设计、使用与控制的？使用什么形式的文件来记录盘点？盘点表是否预先编号？

17. 是否所有的盘点都被独立检查以确保它们的准确性？若使用永续存货盘存制,如果实际数量与记录存在差异,是否有进行独立再盘点的措施？是否要求监督者对盘点执行的检查做出记录？

18. 盘点结果是如何汇总的？

19. 如何对盘盈或盘亏进行分析、调查与处理？

20. 对被审计单位存货盘点计划能否合理地确定存货的数量和状况作出总体评价。

（1）被审计单位存货盘点计划是否适当？

（2）盘点计划是否存在缺陷？如果有,应建议被审计单位调整。

③ 实地观察盘点。审计人员应到盘点现场观察和监督盘点的全过程。审计人员主要观察和监督以下内容：盘点现场的存货是否摆放有序并停止流动；盘点程序是否符合盘点计划和指令的基本要求；对存货点数、计量所采用的方法是否适当,有无重计或漏计的错误；盘点标签及盘点汇总表是否按要求完整填制；存货中有无混进废品与毁损物品等。在监盘过程中如果发现问题,审计人员应及时指出,并要求被审计单位纠正。如果认为盘点程序不当或记录有错误,导致盘点结果严重失实,应要求盘点人员重新进行盘点,以保证登记汇总存货数量的正确性。

④ 复盘抽点。抽点是指被审计单位盘点人员盘点后,审计人员应根据观察的情况,在盘点标签尚未取下之前,选择部分存货项目进行复盘抽点。抽点的范围取决于具体存货项目的性质、控制状况及特定的环境条件。通常审计人员应将存货分层,将价值较高的存货全部盘点,对其他项目则选取样本进行抽点。抽点的样本一般应达到存货总价值的10%以上。审计人员应将抽点结果与盘点标签及盘点汇总表上的记录进行比较。抽点在产品时,还应关注其完工程度是否恰当。如果抽点发现差异,除要求被审计单位进行更正外,还应扩大抽点范围；如果发现差错过大,则应要求被审计单位重新盘点。审计人员进行抽点时,应在工作底稿上记录其抽点结果。

抽点结束后,应将全部盘点标签及盘点的汇总表按编号顺序归总,并据以登记盘点表。所有的盘点标签、盘点汇总表均应由参与盘点的人员和监盘审计人员签名,并复印两份,被审计单位与会计师事务所各留一份。同时,审计人员还应向被审计单位索取存货盘点前的最后一张验收凭证和发货凭证,以便审计时做截止测试之用。

⑤ 特殊情况的处理。如果由于被审计单位存货的性质或位置等原因导致无法实施存货的监盘,注册会计师应当考虑能否实施替代审计程序,获取有关期末存货数量的充分、适当的审计证据。注册会计师实施替代审计程序主要包括：检查进货交易凭证或生产记录及其相关资料,检查资产负债表日后发生的销货凭证,向顾客或供应商函证。

- 由于存货的性质或位置而无法实施存货监盘程序。这种情况,通常需要依赖内部控制。注册会计师应当复核采购、生产和销售记录,以获取必要的审计证据,通常情况下还可以向能够接触到的相关存货项目的第三方人员询证。当然,注册会计师也可以实施其他有效的替代审计程序。

- 因不可预见的因素导致无法在预定日期实施存货监盘或接受委托时被审计单位的期末存货盘点已经完成。在这种情况下,注册会计师应采用一些替代审计程序,如利用被审计单位的存货盘点资料,抽查盘点部分存货,审查自结账日以来的存货收发记录,倒推出结账日的存货数量。如果仍无法实施替代程序,则表示存货项目的审计证据不足,应在审计报告中予以说明。

项目 5　生产与存货循环的审计

- 委托其他单位保管或已做抵押的存货。对被审计单位委托其他单位保管的或已做抵押的存货,注册会计师应向保管人或债权人函证。如果此类存货的金额占流动资产或总资产的比例较大,注册会计师还应当考虑实施存货监盘或利用其他注册会计师的工作。

实例 5-1　注册会计师王力、朱晓群对常年审计客户丙公司 2015 年度财务报表进行审计。丙公司为玻璃制造企业,存货主要有玻璃、煤炭和烧碱,其中少量玻璃存放于外地公用仓库。另有丁公司部分水泥存放于丙公司的仓库。丙公司拟于 2015 年 12 月 29 日至 12 月 31 日盘点存货,以下是王力撰写的存货监盘计划的部分内容。

存货监盘计划

一、存货监盘的目标
检查丙公司 2015 年 12 月 31 日存货数量是否真实完整。

二、存货监盘范围
2015 年 12 月 31 日库存的所有存货,包括玻璃、煤炭、烧碱和水泥。

三、监盘时间
存货的观察与检查时间均为 2015 年 12 月 31 日。

四、存货监盘的主要程序
1. 与管理层讨论存货监盘计划。
2. 观察丙公司盘点人员是否按照盘点计划盘点。
3. 检查相关凭证以证实盘点截止日前所有已确认为销售但尚未装运出库的存货均已纳入盘点范围。
4. 对于存放在外在公用仓库的玻璃,主要实施检查货运文件、出库记录等替代程序。

要求:
(1)请指出存货监盘计划中的目标、范围和时间存在的错误,并简要说明理由。
(2)请判断存货监盘计划中列示的主要程序是否恰当,若不恰当,请予以修改。

分析

(1)共有 3 处错误。

错误 1:目标错误,存货监盘的目标不恰当,监盘目标应为获取有关存货数量和状况的审计证据。

错误 2:范围错误,丁公司水泥的所有权不属于丙公司,不应纳入监盘范围。

错误 3:时间错误,存货的观察与检查时间应与盘点时间相协调,应为 12 月 29 日至 12 月 31 日。

(2)判断如下。

程序 1 不恰当。

修改为:复核或与管理层讨论存货盘点计划。

程序 2 恰当。

程序 3 不恰当。

修改为:检查相关凭证以证实盘点截止日前所有已确认为销售但尚未装运出库的存货均未纳入盘点范围。

程序 4 不恰当。

修改为:对于存放在外地公用仓库的玻璃,应实施函证或利用其他注册会计师的工作等替代程序。

3）存货的计价测试。监盘程序主要是对存货的结存数量加以确认,为了验证资产负债表上存货余额的真实性,还必须进行存货的计价测试,确定存货实物数量和永续盘存记录中的数量记录是否经过正确的计价和汇总。存货计价审计表如表5.5所示。

表5.5　存货计价审计

日期	品名及规格	购入			发出			余额		
		数量/件	单价/元	金额/元	数量/件	单价/元	金额/元	数量/件	单价/元	金额/元
1. 计价方法说明										
2. 情况说明及审计结论										

① 样本的选择。计价审计的样本,应从存货数量已经盘点,单价和总金额已经记入存货汇总表的结存存货中选择。

② 计价方法的确认。存货可按不同的计价基础和方法确定其价值,但必须符合《企业会计准则》及企业会计制度的规定。存货的计价基础主要有历史成本基础、成本与可变现净值孰低基础等。存货计价方法主要包括实际成本计价和计划成本计价两大类,而实际成本计价又有先进先出法、加权平均法、个别计价法等。企业可结合国家法规要求选择符合自身特点的存货计价基础与方法。如果被审计单位采用的存货计价基础与方法不符合规定,必须加以调整和揭示。此外,如果没有足够的理由,存货计价方法在同一会计期间不得变动。如果会计期间计价方法发生变动,审计人员要检查变动的理由、性质是否恰当,分析对当期损益的影响程度,并确定所需揭示的有关资料信息。

③ 计价测试。进行计价测试时,注册会计师首先应对存货价格的组成内容予以审核,然后按照了解的计价方法对所选择的存货样本进行计价测试。测试时,应尽量排除被审计单位已有计算程序和结果的影响,进行独立测试。测试结果出来后,应与被审计单位账面记录对比,编制对比分析表,分析形成差异的原因。如果差异过大,应扩大测试范围,并根据审计结果考虑是否应提出审计调整建议。存货计价审计中,由于被审计单位对期末存货采用成本与可变现净值孰低的方法计价,所以注册会计师应充分关注其对存货可变现净值的确定及存货跌价准备的计提。

4）存货的截止测试。

① 存货截止测试的含义。存货截止测试是检查截止到当年12月31日止,所购入的存货或已销售的存货是否与其对应的会计科目一并记入同一会计期间。

正确确定存货购入与销售的截止日期,是正确、完整地记录企业年末存货的前提。如果被审计单位于当年12月31日购入货物,并已包括在当年12月31日的实物盘点范围内,而当年12月份账上并无进货和对应的负债记录,这就少记了账面存货和应付账款。这时若将盘盈的存货冲减有关的费用或增加有关收入,就虚增了本年利润。相反,如果在当年12月

31日收到一张购货发票,并记入当年12月份账内,而这张发票所对应的存货实物却于次年1月3日收到,未包括在当年年度的盘点范围内,若此时根据盘亏结果增加费用或损失,就会虚减本年的存货和利润。

② 存货截止测试的方法。

◆ 检查存货盘点日前后的购货(销售)发票与验收报告、入库单(出库单)

在一般情况下,档案中的每张发票均附有验收报告与入库单(出库单)。因此,测试购销业务年末截止情况的主要方法是检查存货盘点日前后的购货发票、验收报告和入库单(或销售发票与出库单)。如果12月底入账的发票附有12月31日或之前日期的验收报告与入库单,则货物肯定已经入库,并包括在本年的实地盘点存货范围内,如果验收报告日期为1月份的日期,则货物不会列入年底实地盘点的存货中;反之,如果仅有验收报告和入库单而没有购货发票,则应认真审核每一张验收报告单上是否加盖暂估入账印章,并以暂估价记入当年存货账内,待次年初以红字冲销。

◆ 查阅验收部门的业务记录

存货截止测试的另一审核方法就是查阅验收部门的业务记录,凡是接近年底(包括次年年初)购入或销售的货物,均必须查明其相应的购货或销售发票是否在同期入账。对于未收到购货发票的入库存货,应查明是否将入库单分开存放并暂估入账,对已填制出库单而未发出的商品,应查明是否将其单独保管。对于测试完成后发现的截止期处理不当的情况,审计人员应提请被审计单位做必要的会计账务调整。

在实务中,存货截止测试工作通过填制存货入库截止测试和存货出库截止测试工作底稿来完成。存货入库截止测试表如表5.6所示。

表5.6 存货入库截止测试

被审计单位:_____ 编制:_____ 日期:_____ 索引号:_____
截止日期:_____ 复核:_____ 日期:_____ 页 次:_____

一、从存货明细账的借方发生额中抽取样本与入库记录核对,以确定存货入库被记录在正确的会计期间

序号	摘要	明细账凭证			入库单(或购货发票)		
		编号	日期	金额/元	编号	日期	金额/元

二、从存货入库记录抽取样本与明细账的借方发生额核对,以确定存货入库被记录在正确的会计期间

序号	摘要	入库单(或购货发票)			明细账凭证		
		编号	日期	金额/元	编号	日期	金额/元

注:本表适用于材料采购/在途物资、原材料、在产品、库存商品等。

5.2.3 材料采购的实质性程序

1. 审计目标与实质性程序

材料采购是用来核算企业购入材料的实际成本和结转入库材料的计划成本,并据以计算、确定购入材料成本差异额的账户。材料采购审计目标与审计程序的对应关系如表5.7所示。

表5.7 材料采购审计目标与审计程序的对应关系

审计目标	可供选择的审计程序	计划实施的审计程序	工作底稿索引号
D	1. 获取或编制材料采购(在途物资)的明细表,复核加计是否正确,并与总账数、明细账合计数核对是否相符		
ACD	2. 检查材料采购或在途物资 (1)对大额材料采购或在途物资,追查至相关的购货合同及购货发票,复核采购成本的正确性,并抽查期后入库情况,必要时发函询证 (2)检查期末材料采购或在途物资,核对有关凭证,查看是否存在不属于材料采购(在途物资)核算的交易或事项 (3)检查月末转入原材料等科目的会计处理是否正确		
AB	3. 查阅资产负债表日前后____天材料采购(在途物资)增减变动的有关账簿记录和收料报告单等资料,检查有无跨期现象,如果有,则应做出记录,必要时做调整		
D	4. 如果采用计划成本核算,则审核材料采购账项有关材料成本差异发生额的计算是否正确		
A	5. 检查材料采购是否存在长期挂账事项,如果有,应查明原因,必要时提出建议,进行调整		
	6. 根据评估的舞弊风险等因素增加的审计程序		
E	7. 检查材料采购(在途物资)是否已按照《企业会计准则》的规定在财务报表中作出恰当列报		

2. 主要实质性程序操作

抽查材料采购账户,核对有关凭证。对于大额的采购业务,应追查自订货直到材料验收、入库全过程的合同、凭证、账簿记录,以确定其是否完整、正确;对于抽查的材料采购项目,应追查至相关的购货合同及购货发票,复核采购成本的正确性,并抽查期后的入库情况。

实例 5-2 注册会计师在审查某企业10月份材料采购明细账时,发现借方记录如下情况。

(1)合同约定应由供货单位负担的运杂费 22 000 元。
(2)因无款承付而支付的罚款 3 600 元。
(3)采购人员差旅费 2 500 元。

要求:指出企业以上账务处理中存在的问题。

分析

企业将应记入其他账户和应由外单位负担的费用计入材料采购成本。这样做,混淆了费用支出界限,影响了利润计算的正确性。

审计结论

企业的账务处理使材料采购账户多计 28 100 元,审计人员应提请该企业进行账务调整。

  借:应付账款   22 000
    营业外支出   3 600
    管理费用   2 500
    贷:材料采购   28 100

实例 5-3 注册会计师审查某企业 2015 年材料采购业务时,发现本年内一笔业务的处理如下:从外地购进材料一批,共计 8 500 千克,价款共计 293 250 元,外地运杂费 1 500 元,财会部门将材料价款计入材料采购成本,运杂费计入管理费用。

  要求:指出企业在材料采购管理中存在的问题,并做出调整分录。

分析

财会部门对材料采购成本的处理有误,外地运杂费应计入材料的采购成本,而不应该计入当期的期间费用。

审计结论

注册会计师应提请被审计单位调账,调账分录如下。

  借:材料采购   1 500
    贷:管理费用   1 500

5.2.4 原材料的实质性程序

1. 审计目标与实质性程序

原材料是用来核算企业库存材料计划成本或实际成本增减变动及其结存情况的账户。原材料审计目标与审计程序的对应关系如表 5.8 所示。

表 5.8 原材料审计目标与审计程序的对应关系

审计目标	可供选择的审计程序	计划实施的审计程序	工作底稿索引号
D	1. 获取或编制原材料的明细表,复核加计是否正确,并与总账数、明细账合计数核对是否相符		

(续表)

审计目标	可供选择的审计程序	计划实施的审计程序	工作底稿索引号
ABD	2. 实质性分析程序(必要时) （1）针对已识别需要运用分析程序的有关项目,并基于对被审计单位及其环境的了解,通过进行以下比较,并考虑有关数据间关系的影响,以建立注册会计师有关数据的期望值 ① 比较当前年度及以前年度原材料成本占生产成本百分比的变动,并对异常情况作出解释 ② 比较原材料的实际用量与预算用量的差异,并分析其合理性 ③ 核对仓库记录的原材料领用量与生产部门记录的原材料领用量是否相符,并对异常情况作出解释 ④ 根据标准单耗指标,将原材料收、发、存情况与投入、产出结合比较,以分析本期原材料领用、消耗、结存的合理性 （2）确定可接受的差异额 （3）将实际情况与期望值相比较,识别需要进一步调查的差异 （4）如果其差额超过可接受的差异额,调查并获取充分的解释和恰当的佐证审计证据(例如,通过检查相关的凭证) （5）评估分析程序的测试结果		
AB	3. 选取代表性样本,抽查原材料明细账的数量与盘点记录的原材料数量是否一致,以确定原材料明细账的数量的准确性和完整性 （1）从原材料明细账中选取具有代表性的样本,与盘点报告(记录)的数量核对 （2）从盘点报告(记录)中抽取有代表性的样本,与原材料明细账的数量核对		
AB	4. 截止测试 （1）原材料入库的截止测试 ① 在原材料明细账的借方发生额中选取资产负债表日前后＿＿张、金额＿＿以上的凭证,并与入库记录(如入库单、购货发票、运输单据)核对,以确定原材料入库被记录在正确的会计期间 ② 在入库记录(如入库单、购货发票、运输单据)选取资产负债表日前后＿＿张、金额＿＿以上的凭证,与原材料明细账的借方发生额进行核对,以确定原材料入库被记录在正确的会计期间 （2）原材料出库截止测试 ① 在原材料明细账的贷方发生额中选取有资产负债表日前后＿＿张、金额＿＿以上的凭证,并与出库记录(如出库单、销货发票、运输单据)核对,以确定原材料出库被记录在正确的会计期间 ② 在出库记录(如出库单、销货发票、运输单据)中选取资产负债表日前后＿＿张、金额＿＿以上的凭证,与原材料明细账的贷方发生额进行核对,以确定原材料出库被记录在正确的会计期间		

(续表)

审计目标	可供选择的审计程序	计划实施的审计程序	工作底稿索引号
D	5.原材料计价方法的测试 （1）检查原材料的计价方法前后期是否一致 （2）检查原材料的入账基础和计价方法是否正确,自原材料明细表中选取适量品种 ① 以实际成本计价时,将其单位成本与购货发票核对,并确认原材料成本中不包含增值税 ② 以计划成本计价时,将其单位成本与材料成本差异明细账及购货发票核对,同时关注被审计单位计划成本制定的合理性 ③ 检查进口原材料的外币折算是否正确,检查相关的关税、增值税及消费税的会计处理是否正确 （3）检查原材料发出计价的方法是否正确 ① 了解被审计单位原材料发出的计价方法,前后期是否一致,并抽取主要材料复核其计算是否正确。若原材料以计划成本计价,还应检查材料成本差异的发生和结转的金额是否正确 ② 编制本期发出材料汇总表,与相关科目勾稽核对,并复核____月发出材料汇总表的正确性 （4）结合原材料的盘点检查期末有无料到单未到情况,如果有,应查明是否已暂估入账,其暂估价是否合理		
ABCD	6.对于通过非货币性资产交换、债务重组、企业合并及接受捐赠等取得的原材料,检查其入账的有关依据是否真实、完备,入账价值和会计处理是否符合相关规定		
ABCD	7.检查投资者投入的原材料是否按照投资合同或协议约定的价值入账,并检查约定的价值是否公允、交接手续是否齐全		
ABCD	8.检查与关联方的购销业务是否正常,关注交易价格、交易金额的真实性及合理性,检查对合并范围内购货记录应予合并抵销的数据是否正确		
A	9.审核有无长期挂账的原材料,如果有,应查明原因,必要时做调整		
CE	10.结合银行借款等科目,了解是否有用于债务担保的原材料,如果有,则应取证并做相应的记录,同时提请被审计单位作恰当披露		
CE	11.根据评估的舞弊风险等因素增加的审计程序		
E	12.检查原材料是否已按《企业会计准则》的规定在财务报表中作出恰当列报		

材料成本差异

D	1.获取或编制材料成本差异的明细表,复核加计是否正确,并与总账数、明细账合计数核对是否相符		
D	2.对材料成本差异率进行分析,检查是否有异常波动,注意是否存在调节成本现象		
D	3.结合以计划成本计价的原材料（库存商品）、包装物等的入账基础测试,比较计划成本与供货商发票或其他实际成本资料,检查材料成本差异的发生额是否正确		

审计目标	可供选择的审计程序	计划实施的审计程序	工作底稿索引号
D	4. 抽查月发出材料(商品)汇总表,检查材料成本差异的分配是否正确,并注意分配方法前后期是否一致 5. 根据评估的舞弊风险等因素增加的审计程序		

(续表)

2. 主要实质性程序操作

原材料计价方法的测试:检查原材料的计价方法前后期是否一致;检查原材料的入账基础和计价方法是否正确,自原材料明细表中选取适量品种,以实际成本计价时,将其单位成本与购货发票核对,并确认原材料成本中不包含增值税;以计划成本计价时,将其单位成本与材料成本差异明细账及购货发票核对,同时关注被审计单位计划成本制定的合理性。

实例 5-4 某企业的原材料采用计划成本核算,注册会计师发现甲材料的计价存在问题。具体情况如下:5月初甲材料成本差异为超支差 10 800 元,库存材料成本为 300 000 元;5月份购入甲材料计划成本为 2 400 000 元,其实际成本为 2 356 800 元;5月份基本生产车间生产产品领用甲材料计划成本为 480 000 元,企业本月结转材料成本超支差 9 600 元。

要求: 指出存在的问题,提出调整意见。

分析

验算领用材料应负担的成本差异:

材料成本差异率 =[10 800+(2 356 800−2 400 000)]÷(300 000+2 400 000)×100%
             =−1.2%

发出材料应负担的成本差异 =480 000 ×(−1.2%)=−5 760(元)

通过计算可以发现,企业多转了发出材料应负担的成本差异 5 760+9 600=15 360(元)。

审计结论

建议企业做如下调账处理。

借:生产成本   15 360
　　贷:材料成本差异   15 360

实例 5-5 某企业发出材料按每月一次加权平均法计价,注册会计师审查该企业2015 年 12 月份甲材料的明细账时发现:月初结存 500 吨,单价为每吨 120 元;12 月份只购进材料一批 500 吨,单价为每吨 130 元;该月发出材料一批 450 吨,单价按每吨 130 元计算,并全部记入"生产成本"账户。经查,该材料为本企业在建工程领用,该工程目前尚未完工。

要求: 分析企业在材料发出过程中存在的问题,并提出改进意见。

分析

按照加权平均法计算的材料单价为 500 ×(120+130)÷1 000=125(元),据此计算的发出材料的成本为 125×450=56 250(元),而企业实际计入发出材料的成本为 450×130=58 500(元),可见企业多计入发出材料成本为 58 500−56 250=2 250(元)。

审计结论

从以上的分析可知,该企业多计了生产成本 2 250 元,将应计入工程成本的材料计入了生产成本,进而虚增了产品成本,隐瞒了利润,少计了税金。注册会计师应编制调账分录如下。

借:原材料　　　　　　　　　　　　　　　　　2 250
　　贷:生产成本　　　　　　　　　　　　　　　　　2 250
借:在建工程　　　　　　　　　　　　　　　　65 812.50
　　贷:生产成本　　　　　　　　　　　　　　　　　56 250.00
　　　　应交税费——应交增值税　　　　　　　　　　9 562.50

5.2.5 库存商品的实质性程序

1. 库存商品审计目标及实质性程序

库存商品是用来核算企业库存的外购商品、自制产品及产成品、自制半成品、存放在门市部准备出售的商品、发出展览的商品,以及寄存在外的商品等的实际成本的增减变动及其结余情况的账户。库存商品审计目标与审计程序的对应关系如表5.9所示。

表5.9　库存商品审计目标与审计程序的对应关系

审计目标	可供选择的审计程序	计划实施的审计程序	工作底稿索引号
D	1. 获取或编制库存商品的明细表,复核加计是否正确,并与总账数、明细账合计数核对是否相符		
ABD	2. 实质性分析程序 (1)针对已识别需要运用分析程序的有关项目,基于对被审计单位及其环境的了解,通过进行以下比较,并考虑有关数据间关系的影响,以建立注册会计师有关数据的期望值 ① 按品种分析库存商品各月单位成本的变动趋势,以评价是否有调节生产成本或销售成本的因素 ② 比较前后各期的主要库存商品的毛利率(按月、按生产线、按地区等)、库存商品周转率和库存商品账龄等,评价其合理性并对异常波动作出解释,查明异常情况的原因 ③ 比较库存商品库存量与生产量及库存能力的差异,并分析其合理性 ④ 核对仓库记录的库存商品入库量与生产部门记录的库存商品生产量一致,并对差异作出解释 ⑤ 核对发票记录的数量是否与发货量、订货量、主营业务成本记录的销售量一致,并对差异作出解释 ⑥ 比较库存商品销售量与生产量或采购量的差异,并分析其合理性 ⑦ 比较库存商品销售量和平均单位成本之积与账面库存商品销售成本的差异,并分析其合理性 (2)确定可接受的差异额 (3)将实际情况与期望值相比较,识别需要进一步调查的差异 (4)如果其差额超过可接受的差异额,调查并获取充分的解释和恰当的佐证审计证据(例如,通过检查相关的凭证) (5)评估分析程序的测试结果		

审计目标	可供选择的审计程序	计划实施的审计程序	工作底稿索引号
AB	3. 选取代表性样本，抽查库存商品明细账的数量与盘点记录的库存商品数量是否一致，以确定库存商品明细账数量的准确性和完整性 （1）从库存商品明细账中选取具有代表性的样本，与盘点报告（记录）的数量核对 （2）从盘点报告（记录）中抽取有代表性的样本，与库存商品明细账的数量核对		
AB	4. 截止测试 （1）库存商品入库的截止测试 ① 在库存商品明细账的借方发生额中选取资产负债表日前后____张、金额____以上的凭证，并与入库记录（如入库单、购货发票、运输单据）核对，以确定库存商品入库被记录在正确的会计期间 ② 在入库记录（如入库单、购货发票、运输单据）中选取资产负债表日前后____张、金额____以上的凭证，与库存商品明细账的借方发生额进行核对，以确定库存商品入库被记录在正确的会计期间 （2）库存商品出库截止测试 ① 在库存商品明细账的贷方发生额中选取资产负债表日前后____张、金额____以上的凭证，并与出库记录（如出库单、销货发票、运输单据）核对，以确定库存商品出库被记录在正确的会计期间 ② 在出库记录（如出库单、销货发票、运输单据）中选取资产负债表日前后____张、金额____以上的凭证，与库存商品明细账的贷方发生额进行核对，以确定库存商品出库被记录在正确的会计期间		
D	5. 库存商品计价方法的测试 （1）检查库存商品的计价方法是否前后期一致 （2）检查库存商品的入账基础和计价方法是否正确，自库存商品明细表中选取适量品种 ① 自制库存商品 ● 以实际成本计价时，将其单位成本与成本计算单核对 ● 以计划成本计价时，将其单位成本与相关成本差异明细账及成本计算单核对 ② 外购库存商品 ● 以实际成本计价时，将其单位成本与购货发票核对 ● 以计划成本计价时，将其单位成本与相关成本差异明细账及购货发票核对 ③ 抽查库存商品入库单，核对库存商品的品种、数量与入账记录是否一致，并将入库库存商品的实际成本与相关科目（如生产成本）的结转额核对并作交叉索引 （3）检查外购库存商品的发出计价是否正确 ① 了解被审计单位对库存商品发出的计价方法，并抽取主要库存商品，检查其计算是否正确。若库存商品以计划成本计价，还应检查产品成本差异的发生和结转金额是否正确 ② 编制本期库存商品发出汇总表，与相关科目勾稽核对，并复核____月库存商品发出汇总表的正确性 （4）结合库存商品的盘点，检查期末有无库存商品已到而相关单据未到的情况，如果有，应查明是否暂估入账，其暂估价是否合理		

（续表）

审计目标	可供选择的审计程序	计划实施的审计程序	工作底稿索引号
ABCD	6. 对于通过非货币性资产交换、债务重组、企业合并及接受捐赠取得的库存商品，检查其入账的有关依据是否真实、完备，入账价值和会计处理是否符合相关规定		
ABCD	7. 检查投资者投入的库存商品是否按照投资合同或协议约定的价值入账，并同时检查约定的价值是否公允，交接手续是否齐全		
ABC	8. 检查与关联方的商品购销交易是否正常，关注交易价格、交易金额的真实性与合理性，对合并范围内购货记录应合并抵销的数据是否抵销		
A	9. 审阅库存商品明细账并结合盘点情况，检查有无长期挂账的库存商品及冷背、残次、呆滞的库存商品，如果有，应查明原因并做适当处理		
CE	10. 结合银行借款等科目，了解是否有用于债务担保的库存商品，如有，则应取证并做相应的记录，同时提请被审计单位作恰当披露		
	11. 根据评估的舞弊风险等因素增加的审计程序		
E	12. 检查库存商品是否已按照《企业会计准则》的规定在财务报表中作出恰当列报		

2. 主要实质性程序举例

实例 5-6 M 公司的会计政策规定，入库产成品按实际生产成本入账，发出产成品按先进先出法核算。2015 年 12 月 31 日，M 公司甲产品期末结存数量为 1 200 件，期末余额为 5 210 万元，假定发出商品都已实现销售，M 公司 2015 年度甲产品的相关明细资料如表 5.10 所示(数量单位为件，金额单位为人民币万元，假定期初余额和所有的数量、入库单价均无误)。

表5.10 甲产品明细账 件，万元

日 期	摘 要	入 库 数量	入 库 单价	入 库 金额	发 出 数量	发 出 单价	发 出 金额	结 存 数量	结 存 单价	结 存 金额
1.1	期初余额							500	5.00	2 500
3.1	入库	400	5.1	2 040				900		4 540
4.1	销售				800	5.2	4 160	100		380
8.1	入库	1 600	4.6	7 360				1 700		7 740
10.3	销售				440	4.6	1 840	1 300		5 900
12.1	入库	700	4.5	3 150				2 000		9 050
12.31	销售				800	4.8	3 840	1 200		5 210
12.31	期末余额							1 200		5 210

项目 5 生产与存货循环的审计

要求：试对甲产品收发存成本进行审计。

分析

对于库存商品明细表，注册会计师要复核加计是否正确。注册会计师可以编制一张工作底稿，主要是计算发出存货的成本是否正确，由此确定期末库存商品的余额是否正确。注意复核时发出成本按先进先出法计算。其工作底稿简化格式如表 5.11 所示。

表5.11 甲产品明细账（简化格式）

日期	摘要	入库 数量	入库 单价	入库 金额	发出 数量	发出 单价	发出 金额	结存 数量	结存 单价	结存 金额
1.1	期初余额							500	5.0	2 500
3.1	入库	400	5.1	2 040				90		4 540
4.1	销售				800		4 030	10	5.1	510
8.1	入库	1 600	4.6	7 360				1 700		7 870
10.3	销售				400		1 890	1 300		5 980
12.1	入库库	700	4.5	3 150				2 000		9 130
12.31	销售				800		3 680	1 220		5 450
12.31	期末余额							1 220		5 450

通过复核计算可知：当期发出甲产品的成本为 4 030+1 890+3 680=9 600（万元），而 M 公司计算的发出存货成本为 9 840 万元，多计发出产品成本 9 840-9 600=240（万元），由此导致主营业务成本多计 240 万元，库存商品的成本少计 240 万元，结存的甲产品成本应为 5 450 万元。

注册会计师根据对库存商品明细表的复核结果，可得出如下审计结论。

审计结论

主营业务成本多计 240 万元，注册会计师应提请被审计单位进行调账，分录如下。

借：库存商品　　　　　　　　　　　　　　　　　2 400 000
　贷：主营业务成本　　　　　　　　　　　　　　　　2 400 000

实例 5-7 注册会计师在查阅某商品流通企业"库存商品——甲商品"明细账时，发现摘要中注明领用商品共计 40 000 元，怀疑有私分商品或其他违纪行为，决定进一步查证。审计人员调阅了有关记账凭证，其记录如下。

借：销售费用　　　　　　　　　　　　　　　　　40 000
　贷：库存商品　　　　　　　　　　　　　　　　　　40 000

该记账凭证所附原始凭证为一张企业内部商品报销单，经调查，该企业领导承认此商品在国庆节前分给职工作为福利。

要求：分析该企业存在的问题，并提出调账建议。

分析

存在的问题如下。

（1）把应在职工薪酬中开支的福利费以"销售费用"列支，多计费用，虚减利润，少交所得税。

（2）该批商品在购进时支付的增值税进项税额未转出，增加了当期抵扣额，致使企业少交增值税。

审计结论

注册会计师应提请被审计单位进行调账，分录如下。

借：应付职工薪酬　　　　　　　　　　　　　　　　　　　46 800
　　贷：应交税费——应交增值税（进项税额转出）　　　　　6 800
　　　　销售费用　　　　　　　　　　　　　　　　　　　40 000

5.2.6 生产成本的实质性程序

生产成本审计目标与审计程序的对应关系如表5.12所示。

表5.12　生产成本审计目标与审计程序的对应关系

审计目标	可供选择的审计程序	计划实施的审计程序	工作底稿索引号
D	1. 获取或编制生产成本的明细表，复核加计是否正确，并与总账数、明细账合计数核对是否相符		
ABD	2. 实质性分析程序 （1）针对已识别需要运用分析程序的有关项目，基于对被审计单位及其环境的了解，通过进行以下比较，并考虑有关数据间关系的影响，以建立注册会计师有关数据的期望值 ① 检查各月及前后期同一产品的单位成本是否有异常波动，注意是否存在调节成本的现象 ② 分别比较前后各期及本年度各个月份的生产成本项目，以确定成本项目是否有异常变动，以及是否存在调节成本的现象 ③ 比较本年度及以前年度直接材料、直接人工、制造费用占生产成本的比例，并查明异常情况的原因 ④ 核对下列相互独立部门的数据，并查明异常情况的原因 ● 仓库记录的材料领用量与生产部门记录的材料领用量 ● 工资部门记录的人工成本与生产部门记录的工时和工资标准之积 （2）确定可接受的差异额 （3）将实际的情况与期望值相比较，识别需要进一步调查的差异 （4）如果其差额超过可接受的差异额，调查并获取充分的解释和恰当的佐证审计证据(例如，通过检查相关的凭证) （5）评估分析程序的测试结果		

（续表）

审计目标	可供选择的审计程序	计划实施的审计程序	工作底稿索引号
D	3. 生产成本计价方法的测试 （1）了解被审计单位的生产工艺流程和成本核算方法，检查成本核算方法与生产工艺流程是否匹配，前后期是否一致并做出记录 （2）抽查成本计算单，检查直接材料、直接人工及制造费用的计算和分配是否正确，并与有关佐证文件（如领料记录、生产工时记录、材料费用分配汇总表、人工费用分配汇总表等）相核对 ① 获取并复核生产成本明细汇总表的正确性，将直接材料与材料耗用汇总表、直接人工与职工薪酬分配表、制造费用总额与制造费用明细表及相关账项的明细表核对，并做交叉索引 ② 检查车间在产品盘存资料，与成本核算资料核对；检查车间月末余料是否办理假退料手续 ③ 获取直接材料、直接人工和制造费用的分配标准和计算方法，评价其是否合理和适当，以确认在产品中所含直接材料、直接人工和制造费用是合理的 （3）获取完工产品与在产品的生产成本分配标准和计算方法，检查生产成本在完工产品与在产品之间及完工产品之间的分配是否正确，分配标准和方法是否适当，与前期比较是否存在重大变化，该变化是否合理 （4）对采用标准成本或定额成本核算的，检查标准成本或定额成本在本期有无重大变动，分析其是否合理；检查本期材料成本差异的计算、分配和会计处理是否正确，库存商品期末余额是否已按实际成本进行调整		
A	4. 获取关于现有设备生产能力的资料，检查产量是否与现有生产能力相匹配。若产量超过设计生产能力，应提请被审计单位说明原因，并提供足够的依据及技术资料		
D	5. 检查废品损失和停工损失的核算是否符合有关规定		
D	6. 对应计入生产成本的借款费用，结合对长短期借款、应付债券或长期应付款的审计，检查借款费用（借款利息、折溢价摊销、汇兑差额、辅助费用）资本化的计算方法和资本化金额及会计处理是否正确		
	7. 根据评估的舞弊风险等因素增加的审计程序		
E	8. 检查生产成本是否已按照《企业会计准则》的规定在财务报表中作出恰当列报		

5.2.7　制造费用的实质性程序

制造费用审计目标与审计程序的对应关系如表5.13所示。

表5.13　制造费用审计目标与审计程序的对应关系

审计目标	可供选择的审计程序	计划实施的审计程序	工作底稿索引号
D	1. 获取或编制制造费用的明细表，复核加计是否正确，并与总账数、明细账合计数核对是否相符		

（续表）

审计目标	可供选择的审计程序	计划实施的审计程序	工作底稿索引号
ABD	2. 对制造费用进行分析比较 （1）比较本年度和以前年度，以及本年度各月制造费用的增减变动，询问并分析异常波动的原因 （2）分别比较前后各期及本年度各个月份的制造费用项目，以确定成本项目是否有异常变动，以及是否存在调节成本的现象		
ABD	3. 将制造费用明细表中的材料发生额与材料耗用汇总表、人工费用发生额与职工薪酬分配表、折旧发生额与折旧分配表、资产摊销发生额与各项资产摊销分配表及相关账项明细表核对一致，并做交叉索引		
ABCD	4. 选择重要或异常的制造费用项目，检查其原始凭证是否齐全，会计处理是否正确		
D	5. 分析各项制造费用的性质，结合生产成本科目的审计，抽查成本计算单，检查制造费用的分配是否合理、正确，检查制造费用的分配方法前后期是否一致		
D	6. 对采用标准成本核算的，应抽查标准制造费用及分配率的确定是否合理，计入成本计算单的数额是否正确，制造费用差异的计算、分配和会计处理是否正确，并检查标准成本在本期有无重大变动，变动是否合理		
D	7. 检查计入生产成本的制造费用是否已扣除非正常消耗的制造费用（如非正常的低生产量、闲置设备等产生的费用）		
AD	8. 检查制造费用中有无资本性支出，必要时做调整		
AB	9. 必要时，对制造费用实施截止测试，检查资产负债表日前后____张、金额____以上的制造费用明细账和凭证，确定有无跨期现象		
ABD	10. 检查季节性停工损失的核算是否符合有关规定		
	11. 根据评估的舞弊风险等因素增加的审计程序		

5.2.8 营业成本的实质性程序

营业成本包括主营业务成本和其他业务成本。这里以主营业务成本为例，说明营业成本的审计方法。主营业务成本是指企业从事对外销售商品、提供劳务等主营业务活动所发生的实际成本。

1. 审计目标

主营业务成本审计目标与认定的对应关系如表5.14所示。

项目 5　生产与存货循环的审计

表5.14　主营业务成本审计目标与认定的对应关系

审计目标	财务报表认定						
	发生	完整性	准确性	截止	分类	列报
A　利润表中记录的主营业务成本已发生，且与被审计单位有关	√					
B　所有应当记录的主营业务成本均已记录		√				
C　与主营业务成本有关的金额及其他数据已恰当记录			√			
D　主营业务成本已记录于正确的会计期间				√		
E　主营业务成本已记录于恰当的账户					√	
F　主营业务成本已按照《企业会计制度》的规定在财务报表中作出恰当的列报						√

2. 实质性程序

主营业务成本审计目标与审计程序的对应关系如表 5.15 所示。

表5.15　主营业务成本审计目标与审计程序的对应关系

审计目标	可供选择的审计程序	计划实施的审计程序	索引号
C	1. 获取或编制主营业务成本明细表，复核加计是否正确，并与报表数、总账数和明细账合计数核对是否相符		
ABC	2. 结合主营业务成本率分析比较本年度与以前年度，以及本年度各月份或主要产品的主营业务成本，对于出现重大波动和异常情况的月份或主要产品，一是编制该月份或主要产品生产成本及主营业务成本倒轧表，查明主营业务成本结转的正确性；二是结合产成品的计价测试，验证主营业务成本的结转是否符合企业所采用的发出存货计价方法		
ABC	3. 检查主营业务成本的内容和计算方法是否符合会计制度的规定，前后期是否一致		
ABC	4. 比较本年度及以前年度相同品种产品的主营业务成本和毛利率，如果有异常情况应查明原因		
AB	5. 比较计入主营业务成本的品种、规格、数量和主营业务收入的口径是否一致，是否符合配比原则		
ABCDE	6. 针对主营业务成本中重大调整事项（如销售退回、委托代销商品），检查相关原始凭证，评价真实性和合理性，检查其会计处理是否正确		
C	7. 在采用计划成本、定额成本、标准成本或售价核算存货的条件下，应检查产品成本差异或商品进销差价的计算、分配和会计处理是否正确		
AB	8. 结合期间费用的审计，判断被审计单位是否通过将应计入生产成本的支出计入期间费用，或将应计入期间费用的支出计入生产成本等手段调节生产成本，从而调节主营业务成本		

(续表)

审计目标	可供选择的审计程序	计划实施的审计程序	索引号
D	9. 比较本年度和以前年度截止日前后两个月的毛利率,如果有异常应查明原因		
	10. 根据评估的舞弊风险等因素增加的审计程序		
F	11. 检查主营业务成本是否已按照《企业会计制度》的规定在财务报表中作出恰当列报		

生产成本与主营业务成本倒轧表如表5.16所示。

表5.16 生产成本与主营业务成本倒轧

被审计单位名称:＿＿＿＿ 编制:＿＿＿＿ 日期:＿＿＿＿ 索引号:＿＿＿＿
会计期间:＿＿＿＿ 复核:＿＿＿＿ 日期:＿＿＿＿ 页 次:＿＿＿＿

项 目	未审数	调整或重分类金额借(贷)	审定数
原材料期初余额 加:本期购进 减:原材料期末余额 　　其他发出额 直接材料成本 加:直接人工成本 　　制造费用 生产成本 加:在产品期初余额 减:在产品期末余额 产成品生产成本 加:产成品期初余额 减:产成品期末余额 主营业务成本			
结论:			

实例 5-8 注册会计师张三对甲公司2015年的主营业务成本进行审计,通过审查该公司的主营业务成本明细表,并与有关明细账、总账进行核对,发现账表之间数字完全相符。有关数字如下。

　　材料期初余额　　　80 000元　　　本期购进材料　　　15 000元
　　材料期末余额　　　60 000元　　　本期销售材料　　　10 000元
　　直接人工成本　　　15 000元　　　制造费用　　　　　42 000元
　　在产品期初余额　　23 000元　　　在产品期末余额　　30 000元
　　产成品期初余额　　40 000元　　　产成品期末余额　　50 000元

该注册会计师通过对有关记账凭证和原始凭证的审计,发现以下问题。

(1)本期已入库,但尚未收到结算凭证的材料5 000元未做暂估处理。

(2)已领未用的材料1 000元,未做退料处理。

(3)为在建工程发生的工人工资计入生产成本2 000元。

（4）本期发生的大修理费用6 000元全部计入当期制造费用(按规定应分3期摊销)。

（5）经对期末在产品的盘点,在产品的实际金额为38 000元。

要求：根据以上资料,编制生产成本与主营业务成本倒轧表(见表5.17),计算结果并得出审计结论。

表5.17　生产成本与主营业务成本倒轧

被审计单位名称：甲公司　　编制：　　　　　　日期：　　　　　　索引号：

会计期间：2015　　　　　复核：　　　　　　日期：　　　　　　页　次：

项目	未审数	调整或重分类金额借(贷)	审定数
原材料期初余额	80 000		80 000
加：本期购进	150 000	借5 000	155 000
减：原材料期末余额	60 000	借1 000	61 000
其他发出额	10 000		
直接材料成本	160 000	借4 000	164 000
加：直接人工成本	15 000	贷2 000	13 000
制造费用	42 000	贷4 000	38 000
生产成本	217 000	贷2 000	215 000
加：在产品期初余额	23 000		23 000
减：在产品期末余额	30 000	借8 000	38 000
产品生产成本	210 000	贷10 000	200 000
加：产成品期初余额	40 000		40 000
减：产成品期末余额	50 000		50 000
主营业务成本	200 000	贷10 000	190 000

结论：由于多计产品生产成本10 000元,导致多计主营业务成本10 000元,将影响主营业务利润少计10 000元。

实例5-9　注册会计师在审查A公司2015年12月的销售业务时,发现下列情况。

（1）4日送交该公司不独立核算的门市部甲产品600件,产品已收到,账中未做处理。

（2）8日售给前锋工厂甲产品800件,货款已收到并已入账。

（3）12日销售给友联工厂乙产品1 600件,货款收到,未入账。

（4）20日公司托儿所大修理领用乙产品100件,未做销售处理。

（5）28日前锋工厂退回质量有问题的甲产品400件,产品已收到,账中未做处理。

（6）31日产成品账中对12日售给友联工厂的乙产品未做结转处理。

经查,甲产品单位售价为10元,制造成本为7元；乙产品单位售价为20元,制造成本为15元。

要求：

（1）指出该公司在销售业务中存在的问题。

（2）计算应调整的销售收入和销售成本。

（3）提出处理意见。

分析

（1）该公司销售业务存在的主要问题是：对主营业务收入的确认违反了权责发生制原则,没有划清各会计期间收入的界限；对主营业务成本结转违反了配比原则的要求,与主营业务收入的口径不一致,产品存货管理缺乏严格的内部控制,由此造成了利润虚减。对福利单位领用的产品,按规定应视同对外销售,该公司未做销售处理,属于违反财务会计制度的行为。上述问题的存在,构成了偷漏销售税金和所得税的违法行为。

(2) 应调整的销售收入 = 1 600×20+100×20-400×10=30 000(元)(调增)

应调整的销售成本 = 1 600×15+100×15-400×7=22 700(元)(调增)

(3) 处理意见:审计人员应提请该公司调整主营业务收入、主营业务成本,补交营业税金及附加、所得税及应交的滞纳金和罚款。

技能训练

一、单项选择题

1. 注册会计师观察被审计单位存货盘点的主要目的是(　　)。
   A. 查明是否盘漏某些重要的存货项目
   B. 鉴定存货的质量
   C. 了解盘点指示是否得到贯彻执行
   D. 获得存货期末是否实际存在及其状况的证据
2. 下列不属于存货实质性测试内容的是(　　)。
   A. 存货的监督性盘点　　　　　　B. 存货计价的测试
   C. 存货的增加是否符合预算的规定　D. 存货的分析性复核
3. 注册会计师在对存货进行计价测试时,一般不应考虑的是(　　)。
   A. 是否有抵押、担保的存货
   B. 存货计价方法的选择是否合理且一贯
   C. 样本量的选择是否具有代表性
   D. 存货跌价准备计提是否正确
4. 下列有关存货审计的表述正确的是(　　)。
   A. 对存货进行监盘主要是证实存货"完整性"和"权利和义务"的认定
   B. 对于特殊类型的存货,应根据企业存货收发制度确认存货数量
   C. 存货计价测试的样本应着重选择余额较小且价格变动不大的存货项目
   D. 观察存货的验收入库地点和装运出库地点以执行截止测试
5. 对存货进行定期盘点是管理层的责任,盘点计划应由(　　)负责制订。
   A. 注册会计师　　　　　　　　B. 被审计单位管理层
   C. 管理层与注册会计师　　　　D. 会计师事务所

二、多项选择题

1. 存货监盘程序包括(　　)。
   A. 抽点　　　　　　　　　　B. 实地观察
   C. 盘点问卷调查　　　　　　D. 编制审计工作底稿
2. 存货监盘计划应当包括的内容有(　　)。
   A. 存货监盘的目标、范围及时间安排　B. 参加存货监盘人员的分工
   C. 检查存货的范围　　　　　　　　　D. 产品成本的计算
3. 对被审计单位的存货审计是最复杂、最费时的部分,其原因是(　　)。
   A. 存货占资产比重大　　　　　B. 存货放置地点不同,实物控制不便
   C. 存货项目的种类繁多　　　　D. 存货计价方法多样化
4. 存货盘点中的遗漏影响(　　)项目的高估或低估。
   A. 存货　　　　B. 应收账款　　　C. 营业收入　　　D. 营业成本

5. 注册会计师对于存放或寄销在外地的存货应采取（　　　　）方法测试。
   A. 向寄存寄销的单位发询证函　　　　B. 审查有关原始凭证、账簿记录
   C. 亲自前往存放地实施监盘　　　　　D. 委托存放当地的会计师事务所负责监盘

三、判断题

1. 注册会计师实施对存货的监盘，并不能取代被审计单位管理层定期盘点存货，合理确定存货数量和状况的责任。　　　　　　　　　　　　　　　　　　　　　　　　　　　　　　　　（　　）
2. 对存货进行监盘主要是证实存货"完整性"和"权利和义务"的认定。　　　　　（　　）
3. 在存货盘点结束前，注册会计师再次观察盘点现场，这样做的目的是测试存货盘点记录的真实性。　　　　　　　　　　　　　　　　　　　　　　　　　　　　　　　　　　　（　　）
4. 在对被审计单位连续编号的订购单进行测试时，注册会计师可以订购单的编号作为测试订购的识别特征。　　　　　　　　　　　　　　　　　　　　　　　　　　　　　　　　（　　）
5. 存货计价测试的样本应着重选择余额较小且价格变动不大的存货项目。　　（　　）

四、操作题

1. 资料：审计人员审查某厂2015年11月份成本支出和成本计算单时，发现以下问题。
（1）11月30日有材料退库18 000元，经检查月末无剩余材料也无材料退库。
（2）制造费用中有设备安装费5 000元。
（3）待摊费用1 000元应摊入本月制造费用，未摊销。
（4）经账面资料查得11月份完工产品800件，期末在产品盘存400件，完工程度为50%，材料是在生产过程中分次投入的。该厂计算的成本计算单如表5.18所示。

表5.18　成本计算单　　　　　　　　　　　　　　　　　　　　　　　　　　　元

成本项目	月初在产品成本	本月生产费用	生产费用合计	产成品成本	月末在产品成本
直接材料	20 000	130 000	150 000	100 000	50 000
直接人工	2 000	16 000	18 000	14 400	3 600
制造费用	6 800	42 200	49 000	39 200	9 800
合计	28 800	188 220	219 000	153 600	63 400

（5）经审查查明本月产品入库数量是1 000件，并非800件，在产品数量、投料程度和加工程度均正确。
（6）该厂本年度使用约当产量法计算月末在产品成本。
要求：
（1）根据资料审查成本计算单是否正确。如果不正确，重编一份成本计算单。
（2）指出该成本计算中存在的问题，并分析该厂存在问题的原因。

2. 资料：注册会计师王克对三源股份有限公司的主营业务成本进行审计。通过审查该公司的主营业务成本明细表，并与有关明细账、总账核对，发现账表之间数字完全相符。有关数字如下：

　　原材料期初余额　10 000元　　　　　　制造费用　　　　12 000元
　　本期购进原材料　25 000元　　　　　　在产品期初余额　23 000元
　　原材料期末余额　8 000元　　　　　　 在产品期末余额　25 000元
　　本期销售材料　　3 000元　　　　　　 产成品期初余额　40 000元
　　直接人工成本　　15 000元　　　　　　产成品期末余额　38 000元

该注册会计师通过对有关记账凭证和原始凭证的审计，发现以下问题。
（1）经对期末在产品的盘点发现，在产品的实际金额为38 000元。
（2）领而未用的原材料共计3 000元，未做假退料处理。
（3）为在建工程发生的人工工资计入生产成本2 000元。

要求：根据以上资料填制如表 5.19 所示的生产成本与主营业务成本倒轧表，计算结果并得出审计结论。

表5.19　生产成编制本与主营业务成本倒轧

被审计单位：_____　编制：_____　日期：_____　索引号：_____
会计期间：_____　复核：_____　日期：_____　页　次：_____

项　目	未审数	调整或重分类金额借(贷)	审定数
原材料期初余额			
加：本期购进			
减：原材料期末余额			
其他发出额			
直接材料成本			
加：直接人工成本			
制造费用			
生产成本			
加：在产品期初余额			
减：在产品期末余额			
产成品生产成本			
加：产成品期初余额			
减：产成品期末余额			
主营业务成本			
结论：			

项目6
投资与筹资循环的审计

知识目标
1. 了解投资与筹资循环的主要业务活动和内部控制。
2. 了解投资与筹资循环的主要凭证和账户。
3. 了解投资与筹资循环的审计目标。

能力目标
1. 掌握借款业务内部控制测试。
2. 掌握所有者权益业务的内部控制测试。
3. 掌握投资活动内部控制测试。
4. 掌握银行借款审计、应付债券审计、所有者权益审计和长期股权投资审计。

引例　　**"琼民源公司"以投资虚构收入**

1998年6月10日下午,北京市第一中级人民法院开庭审理了琼民源公司财务报表舞弊案。在审理过程中,就琼民源公司是否虚构利润5.7亿元、虚构资本公积6.57亿元问题展开法庭辩论。在辩论过程中,我们可以看出,有关当事人是如何通过合法凭证,虚构出他们所需要的利润与财务状况。琼民源公司的合作方香港冠联置业公司原本应投入1.95亿元人民币股本或合作建房资金,但琼民源公司大笔一挥,开出一张发票,就成为分期付款的购房款,作为琼民源公司的当年收入。其次,琼民源公司转让部分开发权及商场经营权给北京开源机械设备公司,取得总计3.2亿元资金。实际上,这是琼民源公司利用几家关联企业在同一银行中各自的账户,在1996年12月3日一天之内,将民源海南公司汇入开源公司的5 000万元,以及民源大厦总经理柯少云通过私人关系借款4 000万元,通过3次循环转账手法,开具发票,虚构了琼民源公司收到2.7亿元的收入。同样,琼民源还将深圳有色金属财务有限公司汇来的合作建房投资款5 000万元,经2次转账,在开具了发票之后,也作为当年的收入。由于合同的标的物——北京民源大厦是真实存在的,并且每一次的入账都是在收到现金,并具有发票、合同及相关凭证的基础上进行的,因此,对此审计的海南中华会计师事务所在确认这些发票与合同的所有要素之后,只能对其出具了无保留意见的审计报告。

此案例说明尽管投资与筹资业务发生很少,但每笔金额都比较大,如果会计上不能恰当处理,将影响会计报表的公允反映。

投资活动是指企业为享有被投资单位分配的利润,或为谋求其他利益,将资产让渡给其他单位而获得另一项资产的活动。筹资活动是指企业为满足生存和发展的需要,通过改变企业资本及债务规模和构成而筹集资金的活动。

投资与筹资循环中所涉及的资产负债表项目主要包括交易性金融资产、应收利息、应收股利、可供出售金融资产、持有至到期投资、长期股权投资、短期借款、应付利息、应付股利、长期借款、应付债券、实收资本(或股本)、资本公积、盈余公积、未分配利润等。投资与筹资循环中所涉及的利润表项目主要包括财务费用、投资收益等。

6.1 投资与筹资循环的内部控制与控制测试

6.1.1 了解投资与筹资循环的特性

投资与筹资循环由投资活动和筹资活动的交易事项构成,投资活动主要由权益性投资交易和债权性投资交易组成,筹资活动主要由借款交易和股东权益交易组成。

1. 投资与筹资循环的特性

① 审计年度内投资与筹资循环涉及的交易数量较少,但每笔交易的金额通常较大。
② 筹资活动必须遵守国家法律、法规和相关契约的规定。
③ 漏记或不恰当地对一笔业务进行会计处理,将会导致重大错误,从而对企业财务报表的公允反映产生较大的影响。

2. 投资与筹资循环所涉及的主要业务活动

投资与筹资循环所涉及的主要业务活动如表 6.1 所示。

表6.1 投资与筹资循环所涉及的主要业务活动

投资所涉及的主要业务活动	筹资所涉及的主要业务活动
1. 投资交易的发生	1. 审批授权
2. 有价证券的收取和保存	2. 签订合同或协议
3. 投资收益的取得	3. 取得资金
4. 监控程序	4. 计算利息或股利
	5. 偿还本息或发放股利

3. 投资与筹资循环所涉及的凭证和会计记录

投资与筹资循环所涉及的凭证和会计记录如表 6.2 所示。

表6.2 投资与筹资循环所涉及的凭证和会计记录

投资活动所涉及的主要凭证和会计记录	筹资活动所涉及的主要凭证和会计记录
1. 债券投资凭证	1. 公司债券
2. 股票投资凭证	2. 股本凭证
3. 股票证书	3. 债券契约
4. 股利收取凭证	4. 股东名册

(续表)

投资活动所涉及的主要凭证和会计记录	筹资活动所涉及的主要凭证和会计记录
5. 长期股权投资协议	5. 公司债券存根簿
6. 有关记账凭证	6. 承销或包销协议
7. 投资总分类账	7. 借款合同或协议
8. 投资明细分类账	8. 有关记账凭证
	9. 筹资总分类账
	10. 筹资明细分类账

6.1.2 投资与筹资循环的内部控制

投资与筹资交易的控制目标、内部控制和测试分别如表6.3和表6.4所示。

表6.3 投资交易的控制目标、内部控制和测试

内部控制目标	关键内部控制程序	常用控制测试
记录的投资交易均是真实发生的交易(存在或发生)	投资业务经过授权审批	索取投资的授权批文,检查手续是否齐全
投资交易均已记录(完整性)	投资管理员根据交易流水单,对每笔投资交易记录进行核对、存档,并在交易结束后的一个工作日内将交易凭证交投资记账员。投资记账员编制转账凭证并附相关单证,提交会计主管复核。复核无误后进行账务处理。每周末投资管理员与投资记账员就投资类别、资金统计进行核对,并编制核对表,分别由投资管理经理、财务经理复核并签字。如果有差异,将立即调查,对所投资的有价证券或金融资产定期盘点,并与账面记录核对,定期与交易对方或被投资单位核对账目	询问投资业务的职责分工,检查被审计单位是否定期与交易对方或被投资单位核对账目
投资交易以恰当的金额记入恰当的期间(截止)	定期与交易对方或被投资单位核对账目,会计主管复核	检查被审计单位是否定期与交易对方或被投资单位核对账目,检查会计主管复核印记
投资交易均已记入恰当的账户(分类)	使用会计科目核算说明,会计主管复核	询问会计科目的使用情况,检查会计主管复核印记

提示 本表以获得初始投资交易为例,不包括收到的投资收益、收回或变现投资、期末对投资计价进行调整等交易。

表6.4 筹资交易的控制目标、内部控制和测试

内部控制目标	关键内部控制	内部控制测试
记录的筹资交易均是真实发生的交易(存在或发生)	借款经过授权审批,签订借款合同或协议等相关法律性文件	索取借款的授权批准文件,检查手续是否齐全,索取借款合同或协议
筹资交易均已记录(完整性)	负责借款业务的信贷管理员根据综合授信协议或借款合同,逐笔登记借款备查簿,并定期与信贷记账员的借款明细账核对,定期与债权人核对账目	询问借款业务的职责分工,检查被审计单位是否定期与债权人核对账目
筹资交易均已以恰当的金额记入恰当的期间(截止)	负责借款业务的信贷管理员根据综合授信协议或借款合同,逐笔登记借款备查簿,并定期与信贷记账员的借款明细账核对,定期与债权人核对账目,会计主管复核	询问借款业务的职责分工,检查被审计单位是否定期与债权人核对账目,检查会计主管复核印记
筹资交易均已记入恰当的账户(分类)	使用会计科目核算说明,会计主管复核	询问会计科目的使用情况,检查会计主管复核印记

> **提示：** 本表以获得初始借款交易为例,不包括偿还的利息和本息交易。

6.2 投资活动的内部控制与控制测试

6.2.1 投资活动内部控制的主要内容

一般来讲,投资活动内部控制的主要内容包括以下几个方面。

1. 合理的职责分工

这是指合法的投资业务,应在业务的授权、业务的执行、业务的会计记录,以及投资资产的保管等方面都有明确的分工,不得由一人同时负责上述任何两项工作。

2. 健全的资产保管制度

企业对投资资产(指股票和债券资产)一般有两种保管方式：一种方式是由独立的专门机构保管,如在企业拥有较大投资资产的情况下,委托银行、证券公司、信托投资公司等机构进行保管;另一种方式是由企业自行保管,在这种方式下,必须建立严格的联合控制制度,即至少要由两名以上人员共同控制,不得一人单独接触证券。

3. 详尽的会计核算制度

企业的投资资产都要进行完整的会计记录,并对其增减变动及投资收益进行相关会计核算。具体而言,应对每一种股票或债券分别设立明细分类账,并详细记录其名称、面值、证书编号、数量、取得日期、经纪人(证券商)名称、购入成本、收取的股息或利息等;对于联营投资类的其他投资,也应设置明细分类账,核算其他投资的投出及其投资收益和投资收回等

业务，并对投资的形式（如流动资产、固定资产、无形资产等）、投向（即接受投资单位）、投资的计价及投资收益等做出详细的记录。

4. 严格的记名登记制度

除无记名证券外，企业在购入股票或债券时应在购入的当日尽快登记于企业名下，切忌登记于经办人员名下，防止冒名转移并借其他名义牟取私利的舞弊行为发生。

5. 完善的定期盘点制度

对于企业所拥有的投资资产，应由内部审计人员或不参与投资业务的其他人员进行定期盘点，检查是否确实存在，并将盘点记录与账面记录相互核对以确认账实的一致性。

6.2.2 投资活动的控制测试

投资活动的控制测试一般包括如下内容。

1. 检查控制执行留下的轨迹

注册会计师应抽查投资业务的会计记录和原始凭证，确定各项控制程序的运行情况。

2. 审阅内部盘点报告

注册会计师应审阅内部审计人员或其他授权人员对投资资产进行定期盘点的报告。应审阅其盘点方法是否恰当，盘点结果与会计记录相核对情况，以及出现差异的处理是否合规。如果各期盘点报告的结果未发现账实之间存在差异（或差异不大），则说明投资资产的内部控制得到了有效执行。

3. 分析企业投资业务管理报告

对于企业的长期投资，注册会计师应对照有关投资方面的文件和凭证，分析企业的投资业务管理报告。在作出长期投资决策之前，企业最高管理阶层（如董事会）需要对投资进行可行性研究和论证，并形成一定的纪要，如证券投资的各类证券、联营投资中的投资协议、合同及章程等。负责投资业务的财务经理须定期向企业最高管理层报告有关投资业务的开展情况（包括投资业务内容和投资收益实现情况及未来发展预测），即提交投资业务管理报告书，供最高管理层决策和控制。注册会计师应认真分析这些投资业务管理报告的具体内容，并对照前述的文件和凭证资料，从而判断企业长期投资的管理情况。

6.3 投资交易的实质性程序

6.3.1 交易性金融资产的实质性程序

交易性金融资产是指企业为了近期出售而持有的金融资产。在会计科目设置上，企业持有的直接指定为以公允价值计量且其变动计入当期损益的金融资产，也通过该科目核算。交易性金融资产的审计目标与认定的对应关系如表6.5所示，审计目标与审计程序的对应关系如表6.6所示。

表6.5 交易性金融资产的审计目标与认定的对应关系

审计目标	财务报表认定				
	存在	完整性	权利和义务	计价和分摊	列报
A 资产负债表中列示的交易性金融资产是存在的	√				
B 所有应当列示的交易性金融资产均已列示		√			
C 列示的交易性金融资产由被审计单位拥有或控制			√		
D 交易性金融资产以恰当的金额包括在财务报表中,与之相关的计价调整已恰当记录				√	
E 交易性金融资产已按照《企业会计准则》的规定在财务报表中作出恰当列报					√

表6.6 交易性金融资产的审计目标与审计程序的对应关系

审计目标	可供选择的审计程序	索引号
D	1.获取或编制交易性金融资产明细表 (1)复核加计是否正确,并与报表数、总账数和明细账合计数核对是否相符 (2)检查非记账本位币交易性金融资产的折算汇率及折算是否正确 (3)与被审计单位讨论以确定划分为交易性金融资产是否符合《企业会计准则》的规定	
CE	2.根据被审计单位管理层将投资确定划分为交易性金融资产的意图获取审计证据,并考虑管理层实施该意图的能力。应向管理层询问,并通过下列方式对管理层的答复予以印证 (1)考虑管理层以前所述的对于划分为交易性金融资产的意图的实际实施情况 (2)复核包括预算、会议纪要等在内的书面计划和其他文件记录 (3)考虑管理层选择划分为交易性金融资产的理由 (4)考虑管理层在既定经济环境下实施特定措施的能力	
ADE	3.确定交易性金融资产余额是否正确及存在 (1)获取股票、债券、基金等账户对账单,与明细账余额核对,做出记录或进行适当调整 (2)被审计单位人员盘点交易性金融资产,编制交易性金融资产盘点表,审计人员实施监盘并检查交易性金融资产名称、数量、票面价值、票面利率等内容,同时与相关账户余额进行核对。如果有差异,查明原因,做出记录或进行适当调整 (3)如果交易性金融资产在审计工作日已售出或兑换,则追查至相关原始凭证,以确认其在资产负债表日存在 (4)在外保管的交易性金融资产等应查阅有关保管的文件,必要时可向保管人函证,复核并记录函证结果	
BC	4.确定交易性金融资产的会计记录是否完整,并确定所购入的交易性金融资产是否归被审计单位拥有 (1)取得有关账户流水单,对照检查账面记录是否完整。检查购入交易性金融资产是否被被审计单位拥有 (2)向相关机构发函,并确定是否存在变现限制,同时记录函证过程	

（续表）

审计目标	可供选择的审计程序	索引号
D	5. 确定交易性金融资产的计价是否正确 （1）复核交易性金融资产计价方法，检查其是否按公允价值计量，前后期是否一致 （2）复核公允价值取得的依据是否充分。公允价值与账面价值的差额是否记入公允价值变动损益科目	
ABD	6. 抽取交易性金融资产增减变动的相关凭证，检查其原始凭证是否完整、合法，会计处理是否正确 （1）抽取交易性金融资产增加的记账凭证，注意其原始凭证是否完整、合法，成本、交易费用和相关利息或股利的会计处理是否符合规定 （2）抽取交易性金融资产减少的记账凭证，检查其原始凭证是否完整、合法，会计处理是否正确。注意出售交易性金融资产时其成本结转是否正确	
C	7. 检查有无变现存在重大限制的交易性金融资产，如果有，则查明情况，并做适当调整	
	8. 针对识别的舞弊风险等因素增加的审计程序	
E	9. 检查交易性金融资产是否已按照《企业会计准则》的规定在财务报表中作出恰当列报	

实例6-1 注册会计师刘伟对立华公司2015年度资产负债表中"交易性金融资产"项目进行审计。该公司仅持有B公司股票短期投资。该股票于2015年10月购入，总计50 000股，每股面值10元，购买价15元，支付佣金及手续费10 000元，实际付款760 000元，实付价款中包含已宣告尚未发放的现金股利30 000元。立华公司的账务处理如下。

借：交易性金融资产——成本　　　　　　　　　　　　　　　730 000
　　投资收益　　　　　　　　　　　　　　　　　　　　　　　30 000
　贷：银行存款　　　　　　　　　　　　　　　　　　　　　　760 000

2015年末，B公司股票市价上升为每股16元，立华公司资产负债表中"交易性金融资产"列示数为730 000元。

要求： 请分析上述情况存在的问题，并提出调整意见。

分析

审计人员认为立华公司存在的问题如下。

（1）购买股票中包含的已宣告尚未发放的现金股利30 000元，应记入"应收股利"科目，不应冲减"投资收益"科目。立华公司的会计处理导致收益和资产虚减。应调整如下。

借：应收股利　　　　　　　　　　　　　　　　　　　　　　　30 000
　贷：投资收益　　　　　　　　　　　　　　　　　　　　　　　30 000

（2）手续费及佣金应冲减"投资收益"科目，不应记入"交易性金融资产"科目。该公司的会计处理导致收益和资产虚增。应调整如下。

借：投资收益　　　　　　　　　　　　　　　　　　　　　　　10 000
　贷：交易性金融资产——成本　　　　　　　　　　　　　　　10 000

（3）2015年末，应将交易性金融资产的账面价值（720 000元）与公允价值（800 000元）的差额进行调整，而该公司未做调整，导致收益和资产虚减。应调整如下。

借：交易性金融资产——公允价值变动　　　　　　　　　　80 000
　　贷：公允价值变动损益　　　　　　　　　　　　　　　　80 000

6.3.2 可供出售金融资产的实质性程序

可供出售金融资产是指初始确认时即被指定为可供出售的非衍生金融资产，以及除下列各类资产以外的金融资产：贷款和应收款项；持有至到期投资；以公允价值计量且其变动计入当期损益的金融资产。可供出售金融资产的审计目标与认定的对应关系如表6.7所示，审计目标与审计程序的对应关系如表6.8所示。

表6.7　可供出售金融资产的审计目标与认定的对应关系

审计目标	财务报表认定				
	存在	完整性	权利和义务	计价和分摊	列报
A　资产负债表中列示的可供出售金融资产是存在的	√				
B　所有应当列示的可供出售金融资产均已列示		√			
C　列示的可供出售金融资产山被审计单位拥有或控制			√		
D　可供出售金融资产以恰当的金额包括在财务报表中，与之相关的计价调整已恰当记录				√	
E　可供出售金融资产已按照《企业会计准则》的规定在财务报表中作出恰当列报					√

表6.8　可供出售金融资产的审计目标与审计程序的对应关系

审计目标	可供选择的审计程序	索引号
D	1　获取或编制可供出售金融资产明细表 （1）复核加计是否正确，并与总账数和明细账合计数核对是否相符，结合"可供出售金融资产减值准备"科目与报表数核对是否相符 （2）与被审计单位讨论以确定划分为可供出售金融资产的金融资产是否符合《企业会计准则》的规定 （3）与上年明细项目进行比较，确定与上年分类相同	
DE	2.根据被审计单位管理层的意图和能力，判断可供出售金融资产的分类是否正确	
ABCD	3.确定可供出售金融资产的余额正确并存在 （1）对于没有划分为以公允价值计量且其变动计入当期损益的金融资产，获取股票、债券、基金等账户对账单，与明细账余额核对，需要时，向证券公司等发函询证，以确认其存在。如果有差异，应查明原因，做出记录或进行适当调整 （2）被审计单位的主管会计人员盘点库存可供出售金融资产，编制可供出售金融资产盘点表，注册会计师实施监盘并检查可供出售金融资产名称、数量、票面价值、票面利率等内容，并与相关账户余额进行核对。如果有差异，应查明原因，做出记录或进行适当调整 （3）如果可供出售金融资产在审计工作日已售出或兑换，则追查至相关原始凭证，以确认其在审计截止日存在 （4）在外保管的可供出售金融资产等应查阅有关保管的文件，必要时可向保管人函证，复核并记录函证结果	

项目 6　投资与筹资循环的审计

（续表）

BC	4.确定可供出售金融资产的会计记录完整，由被审计单位拥有 （1）分别自本期增加、本期减少中选择适量项目 （2）追查至原始凭证，检查其是否经授权批准，确认有关可供出售金融资产的购入、售出、兑换及投资收益金额正确，记录完整，并确认所购入可供出售的金融资产归被审计单位拥有 （3）检查可供出售金融资产的处置时，是否将原直接计入资本公积的公允价值变动累计额对应处置部分的金额转出，计入投资收益
D	5.确定可供出售金融资产的计价正确 （1）复核可供出售金融资产的计价方法，检查其是否按公允价值计量，前后期是否一致，公允价值的取得依据是否充分 （2）与被审计单位讨论以确定实际利率的确定依据是否充分。若非本期新增投资，复核实际利率是否与前期一致 （3）重新计算持有期间的利息收入和投资收益。按票面利率计算确定当期应收利息，按可供出售金融资产摊余成本和实际利率计算确定当期投资收益，差额作为利息调整。与应收利息和投资收益中的相应数字核对无误 （4）复核可供出售金融资产的期末价值计量是否正确，会计处理是否正确。可供出售金融资产期末公允价值变动应计入资本公积。但应关注按实际利率法计算确定的利息、减值损失、外币货币性金融资产形成的汇兑损益应确认为当期损益。与财务费用、资产减值损失等科目中的相应数字核对无误
D	6.期末对可供出售金融资产进行如下逐项检查，以确定可供出售金融资产是否已经发生减值 （1）核对可供出售金融资产减值准备本期与以前年度计提方法是否一致，如果有差异，查明政策调整的原因，并确定政策变更对本期损益的影响，提请被审计单位作适当披露 （2）期末，对可供出售金融资产逐项进行检查，以确定是否已经发生减值 （3）将本期减值准备计提（或转回）金额与利润表资产减值损失中的相应数字核对无误
ABCD	7.检查非货币性资产交换、债务重组的会计处理是否正确
CE	8.结合银行借款等的检查，了解可供出售金融资产是否存在质押、担保的情况。如果有，则应详细记录，并提请被审计单位进行充分披露
	9.针对识别的舞弊风险等因素增加的审计程序
E	10.检查可供出售金融资产的列报是否恰当

实例 6-2　注册会计师王英、李杰审计华华股份有限公司 2015 年度财务报表时发现：2015 年 6 月 1 日，华华股份有限公司购入万万公司的 10 000 股股票，但不准备长期持有。华华股份有限公司将其划为可供出售金融资产。华华股份有限公司支付买价 100 万元，经纪人佣金 30 000 元，其他相关税费 5 000 元。实付价款中包含万万公司已于当年 4 月 28 日宣告按每股 1 元分派，并于 6 月 20 日实际派发的股利。

该公司做如下会计处理。

（1）取得时的会计分录如下。

　　借：可供出售金融资产——成本　　　　　　　　　　　　1 035 000
　　　　贷：银行存款　　　　　　　　　　　　　　　　　　　　　　1 035 000

(2)6月20日派发股利时的会计分录如下。
　　借:银行存款　　　　　　　　　　　　　　　　　　　　　　10 000
　　　　贷:投资收益　　　　　　　　　　　　　　　　　　　　　　　　10000
(3)6月30日,该股票的市价为每股100元,确认股价变动收益,会计分录如下。
　　借:投资收益　　　　　　　　　　　　　　　　　　　　　　35 000
　　　　贷:可供出售金融资产——公允价值变动　　　　　　　　　　　35 000
(4)11月20日,该公司出售该股票,每股售价为120元,不考虑其他因素,会计分录如下。
　　借:银行存款　　　　　　　　　　　　　　　　　　　　　1 200 000
　　　　可供出售金融资产——公允价值变动　　　　　　　　　　　35 000
　　　　贷:可供出售金融资产——成本　　　　　　　　　　　　1 035 000
　　　　　　投资收益　　　　　　　　　　　　　　　　　　　　　200 000

要求:假如你是注册会计师王英,请指出上述会计处理中是否存在错误,应如何正确处理。

分析

(1)根据《企业会计准则》的规定,企业取得可供出售金融资产,应按其公允价值与交易费用之和,借记"可供出售金融资产——成本"科目;按支付的价款中包含的已宣告但尚未发放的现金股利,借记"应收股利"科目;按实际支付的金额,贷记"银行存款"。因此,取得时的会计分录应如下。

　　借:可供出售金融资产——成本　　　　　　　　　　　　　1 025 000
　　　　应收股利　　　　　　　　　　　　　　　　　　　　　　10 000
　　　　贷:银行存款　　　　　　　　　　　　　　　　　　　　1 035 000

(2)6月20日收到股利时,应冲减"应收股利"科目,而不是确认"投资收益"科目。会计分录如下。

　　借:银行存款　　　　　　　　　　　　　　　　　　　　　　10 000
　　　　贷:应收股利　　　　　　　　　　　　　　　　　　　　　1 000

(3)企业会计准则规定,资产负债表日,可供出售金融资产的公允价值高于其账面余额的差额,借记"可供出售金融资产——公允价值变动"科目,贷记"资本公积——其他资本公积"科目;公允价值低于其账面余额的差额,做相反的会计分录。因此,6月30日,该股票的市价为每股100元时,公允价值为1 000 000元,而其账面价值为1 025 000元,该公司应做如下会计调整。

　　借:资本公积——其他资本公积　　　　　　　　　　　　　　25 000
　　　　贷:可供出售金融资产——公允价值变动　　　　　　　　　　25 000

(4)出售时应结转可供出售金融资产的明细科目,同时应转销资本公积余额,总差额计入投资收益。正确分录如下。

　　借:银行存款　　　　　　　　　　　　　　　　　　　　　1 200 000
　　　　可供出售金融资产——公允价值变动　　　　　　　　　　　25 000
　　　　贷:可供出售金融资产——成本　　　　　　　　　　　　1 025 000
　　　　　　资本公积——其他资本公积　　　　　　　　　　　　　25 000
　　　　　　投资收益　　　　　　　　　　　　　　　　　　　　　175 000

6.3.3 持有至到期投资的实质性程序

持有至到期投资是指到期日固定、回收金额固定或可确定,且企业有明确意图和能力持有至到期的非衍生金融资产。持有至到期投资审计目标与认定的对应关系如表6.9所示,审计目标与审计程序的对应关系如表6.10所示。

表6.9 持有至到期投资的审计目标与认定的对应关系

审计目标		财务报表认定				
		存在	完整性	权利和义务	计价和分摊	列报
A	资产负债表中列示的持有至到期投资存在	√				
B	所有应当列示的持有至到期投资均已列示		√			
C	列示的持有至到期投资由被审计单位拥有或控制			√		
D	持有至到期投资以恰当的金额包括在财务报表中,与之相关的计价调整已恰当记录				√	
E	持有至到期投资已按照《企业会计准则》的规定在财务报表中作出恰当列报					√

表6.10 持有至到期投资的审计目标与审计程序的对应关系

审计目标	可供选择的审计程序	索引号
D	1. 获取或编制持有至到期投资明细表 （1）复核加计是否正确,并与总账数和明细账合计数核对是否相符,结合持有至到期投资减值准备科目与报表数核对是否相符 （2）检查非记账本位币持有至到期投资的折算汇率及折算是否正确 （3）与被审计单位讨论以确定划分为持有至到期投资的金融资产是否符合《企业会计准则》的规定 （4）与上年度明细项目进行比较,确定与上年度分类相同。具有到期日固定、回收金额固定或可确定、企业有明确意图和能力持有至到期、有活跃市场特征的金融资产可划分为持有至到期投资的金融资产	
CE	2. 根据被审计单位管理层将投资确定划分为持有至到期投资的意图获取审计证据,并考虑管理层实施该意图的能力。应向管理层询问,并通过下列方式对管理层的答复予以印证 （1）考虑管理层以前所述的对于划分为持有至到期投资的实际实施情况 （2）复核包括预算、会议纪要等在内的书面计划和其他文件记录 （3）考虑管理层将某项资产划分为持有至到期投资的理由	
ABCD	3. 确定持有至到期投资的余额正确和持有至到期投资的存在 （1）被审计单位的主管会计人员盘点库存持有至到期投资,编制持有至到期投资盘点表。审计人员实施监盘并检查持有至到期投资名称、数量、票面价值、票面利率等内容,并与相关账户余额进行核对。如果有差异,查明原因,做出记录或进行适当调整 （2）若持有至到期投资在审计工作日已售出或兑换,则追查至相关原始凭证,以确认其在资产负债表日存在 （3）在外保管的持有至到期投资等应查阅有关保管的文件,必要时可向保管人函证 （4）如果可以向证券公司等获取对账单的,应取得对账单,并与明细账余额核对,需要时,向其发函询证,以确认其存在。如果有差异,查明原因,做出记录或进行适当调整	

(续表)

审计目标	可供选择的审计程序	索引号
ABCD	4. 确定持有至到期投资的会计记录完整,并确定所购入持有至到期投资归被审计单位拥有 (1) 分别自本期增加、本期减少中选择适量项目 (2) 追查至原始凭证,检查其是否经授权批准,确认有关持有至到期投资的购入、售出、处置及投资收益金额正确,记录完整,并确认所购入持有至到期投资归被审计单位拥有	
D	5. 确定持有至到期投资的计价正确 (1) 检查持有至到期投资初始计量是否正确,复核其计价方法,检查是否按摊余成本计量,前后期是否一致 (2) 与被审计单位讨论确定实际利率确定依据是否充分。若非本期新增投资,则复核实际利率是否与前期一致 (3) 重新计算持有期间的利息收入和投资收益。按票面利率计算确定当期应收利息,按持有至到期投资摊余成本和实际利率计算确定当期投资收益,差额作为利息调整。与应收利息(分期付息)或应计利息(到期付息)和投资收益中的相应数字核对无误	
CD	6. 检查持有至到期投资与可供出售金融资产相互重分类的依据是否充分,会计处理是否正确	
D	7. 期末,对成本计量的持有至到期投资进行如下逐项检查,以确定持有至到期投资是否已经发生减值 (1) 核对持有至到期投资减值准备本期与以前年度计提方法是否一致,如果有差异,查明政策调整的原因,并确定政策改变对本期损益的影响,提请被审计单位作适当披露 (2) 期末,对持有至到期投资逐项进行检查,以确定是否已经发生减值。确有出现导致其预计未来现金流量现值低于账面价值的情况,将预计未来现金流量现值低于账面价值的差额作为持有至到期投资减值准备予以计提,并与被审计单位已计提数相核对,如果有差异,查明原因 (3) 将本期减值准备计提(或转回)金额与利润表资产减值损失中的相应数字核对 (4) 持有至到期投资减值准备按单项资产(或包括在具有类似信用风险特征的金融资产组)计提,计提依据充分,得到适当批准。持有至到期投资价值得以恢复的,原确认的减值损失应予以转回,复核转回后的账面价值不超过假设不计提减值准备情况下该持有至到期投资在转回日的摊余成本,检查会计处理是否正确	
ABCD	8. 检查非货币性资产交换、债务重组时取得或转出持有至到期投资的会计处理是否正确	
CE	9. 结合银行借款等的检查,了解持有至到期投资是否存在质押、担保情况。如果有,则应详细记录,并提请被审计单位进行充分披露	
	10. 针对识别的舞弊风险等因素增加的审计程序	
E	11. 检查持有至到期投资的列报是否恰当	

6.3.4 长期股权投资的实质性程序

长期股权投资核算企业持有的采用权益法或成本法核算的长期股权投资,具体包括如下内容。

① 企业持有的能够对被投资单位实施控制的权益性投资,即对子公司的投资。
② 企业持有的能够与其他合营方一同对被投资单位实施共同控制的权益性投资,即对

项目 6 投资与筹资循环的审计

合营企业的投资。

③ 企业持有的能够对被投资单位施加重大影响的权益性投资,即对联营企业的投资。

④ 企业对被投资单位不具有控制、共同控制或重大影响,且在活跃市场中没有报价、公允价值不能可靠计量的权益性投资。

长期股权投资的审计目标与认定的对应关系如表 6.11 所示,审计目标与审计程序的对应关系如表 6.12 所示。

表6.11 长期股权投资的审计目标与认定的对应关系

审计目标	财务报表认定				
	存在	完整性	权利和义务	计价和分摊	列报
A 资产负债表中列示的长期股权投资存在	√				
B 所有应当列示的长期股权投资均已列示		√			
C 列示的长期股权投资由被审计单位拥有或控制			√		
D 长期股权投资以恰当的金额包括在财务报表中,与之相关的计价调整已恰当记录				√	
E 长期股权投资已按照《企业会计准则》的规定在财务报表中作出恰当列报					√

表6.12 长期股权投资的审计目标与审计程序的对应关系

审计目标	可供选择的审计程序	索引号
D	1. 获取或编制长期股权投资明细表,复核加计是否正确,并与总账数和明细账合计数核对是否相符,结合"长期股权投资减值准备"科目与报表数核对是否相符	
ACDE	2. 确定长期股权投资是否存在,并归被审计单位所有;根据管理层的意图和能力,分类是否正确;针对各分类其计价方法,验证期末余额是否正确 (1) 根据有关合同和文件,确认长期股权投资的股权比例和时间,检查长期股权投资核算方法是否正确;取得被投资单位的章程、营业执照、组织机构代码证等资料 (2) 分析被审计单位管理层的意图和能力,检查有关原始凭证,验证长期股权投资分类的正确性(分为对子公司、联营企业、合营企业和其他企业的投资 4 类),是否不包括应由金融工具确认和计量准则核算的长期股权投资 (3) 对于应采用权益法核算的长期股权投资,获取被投资单位已经注册会计师审计的年度财务报表。如果未经注册会计师审计,则应考虑对被投资单位的财务报表实施适当的审计或审阅程序 ① 复核投资损益时,根据重要性原则,应以取得投资时被投资单位各项可辨认资产的公允价值为基础,对被投资单位的净损益进行调整后加以确认。被投资单位采用的会计政策及会计期间与被审计单位不一致的,应当按照被审计单位的会计政策及会计期间对被投资单位的财务报表进行调整,据以确认投资损益,并做出详细记录 ② 将重新计算的投资损益与被审计单位计算的投资损益相核对,如果有重大差异,查明原因,并做适当调整 ③ 关注被审计单位在其被投资单位发生净亏损或以后期间实现盈利时的会计处理是否正确 ④ 检查除净损益以外被投资单位所有者权益的其他变动,是否调整计入所有者权益 (4) 对于采用成本法核算的长期股权投资,检查股利分配的原始凭证及分配决议等资料,确定会计处理是否正确;对被审计单位实施控制而采用成本法核算的长期股权投资,比照权益法编制变动明细表,以备合并报表使用 (5) 对于成本法和权益法相互转换的,检查其投资成本的确定是否正确	

(续表)

审计目标	可供选择的审计程序	索引号
ABD	3. 确定长期股权投资增减变动的记录是否完整 （1）检查本期增加的长期股权投资,追查至原始凭证及相关的文件或决议及被投资单位验资报告或财务资料等,确认长期股权投资是否符合投资合同、协议的约定,会计处理是否正确 （2）检查本期减少的长期股权投资,追查至原始凭证,确认长期股权投资的处理有合理的理由及授权批准手续；检查会计处理是否正确	
D	4. 期末对长期股权投资进行逐项检查,以确定长期股权投资是否已经发生减值 （1）核对长期股权投资减值准备本期与以前年度计提方法是否一致,如果有差异,查明政策调整的原因,并确定政策改变对本期损益的影响,提请被审计单位作适当披露 （2）对长期股权投资进行逐项检查,当长期股权投资可收回金额低于账面价值时,应将可收回金额低于账面价值的差额作为长期股权投资减值准备予以计提,并应与被审计单位已计提数相核对。如果有差异,查明原因 （3）将本期减值准备计提金额与利润表资产减值损失中的相应数字进行核对 （4）长期股权投资减值准备按单项资产计提,检查计提依据是否充分,是否得到适当批准	
ABD	5. 检查通过发行权益性证券、投资者投入、企业合并等方式取得的长期股权投资的会计处理是否正确	
D	6. 对于长期股权投资分类发生变化的,检查其核算是否正确	
CE	7. 结合银行借款等的检查,了解长期股权投资是否存在质押、担保的情况。如果有,则应详细记录,并提请被审计单位进行充分披露	
CE	8. 与被审计单位人员讨论确定是否存在被投资单位由于所在国家和地区及其他方面的影响,其向被审计单位转移资金的能力受到限制的情况。如果存在,应详细记录受限情况,并提请被审计单位充分披露	
	9. 根据评估的舞弊风险等因素增加的审计程序	
E	10. 检查长期股权投资的列报是否恰当	

实例 6-3 注册会计师张雯审查美达公司2015年度长期股权投资,发现以下情况。

（1）美达公司长期股权投资仅有对长城公司的一项投资,"长期股权投资"项目未审数额为10 000 000元,"投资收益"项目未审数额为1 200 000元。

（2）查阅相关账簿及资料,了解到该公司于2015年1月购入长城公司股票1 000 000股,每股10元,共支付10 000 000元,占长城公司股份总额的30%。

（3）2015年年末,长城公司实现税后利润5 000 000元,发放给该公司股利1 100 000元,股利已收到并存入银行。

要求：请指出上述处理存在的问题,提出审计意见,并核实2015年末该公司"长期股权投资"和"投资收益"项目的实有数。

分析

（1）美达公司对长城公司拥有30%的股权,采用成本法进行长期股权投资核算不符合《企业会计准则》的规定,应改用权益法进行核算,提请该公司调整。

（2）采用权益法核算,2015年年末,两个项目实有数计算如下。

"长期股权投资"项目实有数额 =10 000 000+5 000 000×30%-1 100 000
=10 400 000（元）

"投资收益"项目实有数额 =5 000 000 ×30%=1 500 000（元）

6.3.5 应收利息的实质性程序

应收利息的审计目标与认定的对应关系如表 6.13 所示，审计目标与审计程序的对应关系如表 6.14 所示。

表6.13 应收利息的审计目标与认定的对应关系

审计目标	财务报表认定					
	存在	完整性	权利和义务	计价和分摊	列报
A 资产负债表中列示的应收利息存在	√				
B 所有应当列示的应收利息均已列示		√			
C 列示的应收利息由被审计单位拥有或控制			√		
D 应收利息以恰当的金额包括在财务报表中，与之相关的计价调整已恰当记录				√	
E 应收利息已按照《企业会计准则》的规定在财务报表中做出恰当列报					√

表6.14 应收利息的审计目标与审计程序的对应关系

审计目标	可供选择的审计程序	索引号
D	1. 获取或编制应收利息明细表 （1）复核加计是否正确，并与总账数和明细账合计数核对是否相符，结合坏账准备科目与报表数核对是否相符 （2）检查非记账本位币应收利息的折算汇率及折算是否正确 （3）关注到期一次还本付息债券投资的应收利息是否包含在应收利息明细表中，如果有，则调整至"持有至到期投资"科目	
BCD	2. 检查应收利息增减变动 （1）与金融资产（如交易性金融资产、持有至到期投资、可供出售金融资产等）的相关审计结合，验证确定应收利息的计算是否充分、正确，检查会计处理是否正确 （2）对于重大的应收利息项目，审阅相关文件，复核其计算的准确性。必要时，向有关单位函证并记录 （3）检查应收利息减少有无异常	
AB	3. 检查期后收款情况 （1）对至审计时已收回金额较大的款项进行常规检查，如核对收款凭证、银行对账单、发票等 （2）关注长期未收回及金额较大的应收利息，询问被审计单位管理人员及相关职员，确定应收利息的可收回性。必要时，向被投资单位函证利息支付情况，复核并记录函证结果	
CD	4. 对标明针对关联方的应收利息，执行关联方及其交易审计程序	
	5. 针对识别的舞弊风险等因素增加的审计程序	
E	6. 检查应收利息是否已按照《企业会计准则》的规定在财务报表中作出恰当列报	

6.3.6 投资收益的实质性程序

投资收益的审计目标与认定的对应关系如表 6.15 所示,审计目标与审计程序的对应关系如表 6.16 所示。

表6.15 投资收益的审计目标与认定的对应关系

审计目标	财务报表认定					
	发生	完整性	准确性	截止	分类	列报
A 利润表中列示的投资收益已发生,且与被审计单位有关	√					
B 所有应当列示的投资收益均已列示		√				
C 与投资收益有关的金额及其他数据已恰当记录			√			
D 投资收益已记录于正确的会计期间				√		
E 投资收益已记录于恰当的账户					√	
F 投资收益已按照《企业会计准则》的规定在财务报表中作出恰当的列报						√

表6.16 投资收益的审计目标与审计程序的对应关系

审计目标	可供选择的审计程序	索引号
C	1. 获取或编制投资收益分类明细表 (1)复核加计是否正确,并与报表数、总账数和明细账合计数核对是否相符 (2)检查非记账本位币投资收益的折算汇率及折算是否正确	
BCDE	2. 确定投资收益的金额是否准确 (1)与交易性金融资产、可供出售金融资产、持有至到期投资、长期股权投资、交易性金融负债等的相关审计结合,验证确定投资收益的记录是否允分、准确 (2)对于重大的投资收益项目,审阅相关文件,复核其计算的准确性,并确定其应为投资收益	
D	3. 结合投资和银行存款等的审计,确定投资收益被记入正确的会计期间	
AF	4. 检查投资协议等文件,确定国外的投资收益汇回是否存在重大限制。若存在重大限制,应说明原因,并作出恰当披露	
	5. 根据评估的舞弊风险等因素增加的审计程序	
F	6. 检查投资收益是否已按照《企业会计准则》的规定在财务报表中作出恰当列报	

6.3.7 应收股利的实质性程序

应收股利审计目标与认定的对应关系如表 6.17 所示,应收股利审计目标与审计程序的对应关系如表 6.18 所示。

项目 6 投资与筹资循环的审计

表6.17 应收股利审计目标与认定的对应关系

审计目标		财务报表认定				
		存在	完整性	权利和义务	计价和分摊	列报
A	资产负债表中列示的应收股利存在	√				
B	所有应当列示的应收股利均已列示		√			
C	列示的应收股利由被审计单位拥有或控制			√		
D	应收股利以恰当的金额包括在财务报表中,与之相关的计价调整已恰当记录				√	
E	应收股利已按照《企业会计准则》的规定在财务报表中作出恰当列报					√

表6.18 应收股利审计目标与审计程序的对应关系

审计目标	可供选择的审计程序	索引号
D	1. 获取或编制应收股利明细表 （1）复核加计正确,并与总账数和明细账合计数核对是否相符,结合坏账准备科目与报表数核对是否相符 （2）检查非记账本位币应收股利的折算汇率及折算是否正确	
BCD	2. 检查应收股利增减变动 （1）与投资（如长期股权投资、交易性金融资产、可供出售金融资产等）的相关审计结合,验证确定应收股利的计算是否充分、正确,检查会计处理是否正确 （2）对于重大的应收股利项目,审阅相关文件,测试其计算的准确性。必要时,向被投资单位函证并记录 （3）检查应收股利的减少有无异常	
AB	3. 检查期后收款情况 （1）对至审计时已收回的金额较大的款项进行常规检查,如核对收款凭证、银行对账单、股利分配方案等 （2）关注长期未收回且金额较大的应收股利,询问被审计单位管理人员及相关职员或者查询被投资单位的情况,确定应收股利的可收回性。必要时,向被投资单位函证股利支付情况,复核并记录函证结果	
CE	4. 结合投资审计,确定境外投资应收股利汇回不存在重大限制,如果存在,已充分披露	
	5. 针对识别的舞弊风险等因素增加的审计程序	
E	6. 检查应收股利是否已按照《企业会计准则》的规定在财务报表中作出恰当列报	

6.4 筹资活动的内部控制与控制测试

筹资活动主要由借款交易和股东权益交易组成。股东权益增减变动的业务较少而金额较大,注册会计师在审计中一般直接执行实质性程序。企业的借款交易主要涉及短期借款、长期借款和应付债券,这些活动的内部控制基本类似。因此,这里以应付债券为例说明筹资活动的内部控制和控制测试。

无论是否依赖内部控制,注册会计师均应对筹资活动的内部控制获得足够的了解,以识别错报的类型、方式及发生的可能性。一般来讲,应付债券内部控制的主要内容包括以下几方面。

① 应付债券的发行要有正式的授权程序,每次均要由董事会授权。
② 申请发行债券时,应履行审批手续,向有关机关递交相关文件。
③ 应付债券的发行,要有受托管理人来行使保护发行人和持有人合法权益的权利。
④ 每种债券发行都必须签订债券契约。
⑤ 债券的承销或包销必须签订有关协议。
⑥ 记录应付债券业务的会计人员不得参与债券发行。
⑦ 如果企业保存债券持有人明细分类账,应同总分类账核对相符。若这些记录由外部机构保存,则须定期同外部机构核对。
⑧ 未发行的债券必须有人负责。
⑨ 债券的回购要有正式的授权程序。

如果企业应付债券业务不多,注册会计师可根据成本效益原则采取实质性方案;如果企业应付债券业务繁多,注册会计师可考虑采用综合性方案,进行控制测试。

6.5 筹资交易的实质性程序

6.5.1 短期借款的实质性程序

短期借款审计目标与认定的对应关系如表6.19所示,审计目标与审计程序的对应关系如表6.20所示。

表6.19 短期借款审计目标与认定的对应关系

审计目标	财务报表认定				
	存在	完整性	权利和义务	计价和分摊	列报
A 资产负债表中列示的短期借款存在	√				
B 所有应当列示的短期借款均已列示		√			
C 列示的短期借款为被审计单位应当履行的现时义务			√		
D 短期借款以恰当的金额包括在财务报表中,与之相关的计价调整已恰当记录				√	
E 短期借款已按照《企业会计准则》的规定在财务报表中作出恰当列报					√

项目6 投资与筹资循环的审计

表6.20 短期借款审计目标与审计程序的对应关系

审计目标	可供选择的审计程序	索引号
D	1. 获取或编制短期借款明细表 （1）复核加计是否正确，并与报表数、总账数和明细账合计数核对是否相符 （2）检查非记账本位币短期借款的折算汇率及折算金额是否正确，折算方法是否前后期一致	
B	2. 检查被审计单位贷款卡，核实账面记录是否完整 对被审计单位贷款卡上列示的信息与账面记录核对的差异进行分析，并关注贷款卡中列示的被审计单位对外担保的信息	
AC	3. 对短期借款进行函证	
ABD	4. 检查短期借款的增加 对年度内增加的短期借款，检查借款合同，了解借款数额、借款用途、借款条件、借款日期、还款期限、借款利率，并与相关会计记录核对	
ABD	5. 检查短期借款的减少 对年度内减少的短期借款，应检查相关记录和原始凭证，核实还款数额，并与相关会计记录核对	
D	6. 复核短期借款利息 根据短期借款的利率和期限，检查被审计单位短期借款的利息计算是否正确。如果有未计息和多计息，应做出记录，必要时提请被审计单位进行调整	
CE	7. 检查被审计单位用于短期借款的抵押资产的所有权是否属于企业，其价值和实际状况是否与契约中的规定相一致	
AD	8. 检查被审计单位与贷款人之间所发生的债务重组。检查债务重组协议，确定其真实性、合法性，并检查债务重组的会计处理是否正确	
	9. 根据评估的舞弊风险等因素增加的其他审计程序	
E	10. 检查短期借款是否已按照《企业会计准则》的规定在财务报表中作出恰当的列报	

提示 在实际审计过程中，注册会计师在执行上述审计程序时，所涉及的工作底稿还包括短期借款审定表、短期借款明细表、利息分配情况检查表、短期借款检查情况表、短期借款利息测试表等。

实例6-4 注册会计师在审查A公司"短期借款——生产周转借款"使用情况时发现，该公司2015年6月至12月平均贷款为820 000元，存货合计为250 000元，其他应收款为420 000元。该公司其他应收款占用比重过大，怀疑可能存在非法使用或占用短期借款的行为。

审计人员调阅了相关借入短期借款的凭证，并通过银行存款日记账追查存款的去向。审查过程中发现6月1日借入借款的12号凭证，其会计分录如下。

  借：银行存款   390 000
    贷：短期借款——生产周转借款   390 000

12号凭证所附"收账通知"和"借款契约"两张原始凭证，借款期限为6个月。审阅银行存款日记账时，发现6月15日银付字101号凭证，减少银行存款380 000元，该凭证的会计分录如下。

借：其他应收款——张某　　　　　　　　　　　380 000
　　贷：银行存款　　　　　　　　　　　　　　　　　　380 000

其摘要为"汇给某公司货款"。经核实，所记汇款是该公司为职工垫付的购买60台热水器的款项，张某是负责向职工收回垫付款的负责人，全部货款至本年12月陆续收回。审计人员认为为职工垫付热水器款，占用了短期借款，并增加了公司的财务费用。

要求： 审计人员应提出何种审计建议？该公司应做出怎样的调整分录？

分析

上述问题查实后，审计人员提出审计意见，公司收回的垫付款应归还借款，已入账的借款利息应由职工承担。按借款利息占用时间计算，应负担利息23 000元，做如下调整会计记录。

按规定应收利息。

借：其他应收款　　　　　　　　　　　　　　　23 000
　　贷：财务费用　　　　　　　　　　　　　　　　　　23 000

6.5.2 长期借款的实质性程序

长期借款审计目标与认定的对应关系如表6.21所示，审计目标与审计程序的对应关系如表6.22所示。

表6.21　长期借款审计目标与认定的对应关系

审计目标	财务报表认定				
	存在	完整性	权利和义务	计价和分摊	列报
A　资产负债表中列示的长期借款存在	√				
B　所有应当列示的长期借款均已列示		√			
C　列示的长期借款为被审计单位应当履行的现时义务			√		
D　长期借款以恰当的金额列示在财务报表中，与之相关的计价调整已恰当记录				√	
E　长期借款已按照《企业会计准则》的规定在财务报表中作出恰当列报					√

表6.22　长期借款审计目标与审计程序的对应关系

审计目标	可供选择的审计程序	索引号
D	1. 获取或编制长期借款明细表 （1）复核加计是否正确，并与总账数和明细账合计数核对是否相符，减去将于一年内偿还的长期借款后与报表数核对是否相符 （2）检查非记账本位币长期借款的折算汇率及折算是否正确，折算方法是否前后期一致	

项目6 投资与筹资循环的审计

（续表）

审计目标	可供选择的审计程序	索引号
B	2. 检查被审计单位贷款卡，核实账面记录是否完整。对被审计单位贷款卡上列示的信息与账面记录核对的差异进行分析，并关注贷款卡中列示的被审计单位对外担保的信息	
ACD	3. 对长期借款进行函证	
ABCD	4. 检查长期借款的增加。对年度内增加的长期借款，检查借款合同和授权批准，了解借款数额、借款条件、借款用途、借款日期、还款期限、借款利率，并与相关会计记录核对	
ABD	5. 检查长期借款的减少。对年度内减少的长期借款，检查相关记录和原始凭证，核实还款数额，并与相关会计记录核对	
D	6. 复核长期借款利息。根据长期借款的利率和期限，复核被审计单位长期借款的利息计算是否正确。如果有未计利息和多计利息，应做出记录，必要时进行调整	
AD	7. 检查借款费用的会计处理是否正确	
C	8. 检查被审计单位抵押长期借款的抵押资产的所有权是否属于被审计单位，其价值和实际状况是否与担保契约中的约定相一致	
AD	9. 检查被审计单位与贷款人进行的债务重组。检查债务重组协议，确定其真实性、合法性，并检查债务重组的会计处理是否正确	
	10. 根据评估的舞弊风险等因素增加的其他审计程序	
E	11. 检查长期借款是否已按照《企业会计准则》的规定在财务报表中作出恰当的列报	

实例6-5 注册会计师审查B公司2015年"长期借款"明细账时，发现10月份从银行借入技改借款100万元，但在"在建工程"账户中没有增加数。审计人员怀疑其中有挪用借款问题。经查证同期财务报表和银行存款日记账，发现长期股权投资额增加了90万元——购买股票的投资。再查问资金的来源，确为银行借入的技改贷款。

要求：请分析上述事项存在什么问题，应如何处理。

分析

被审计单位虚设技改项目，从银行套取资金用于投资，违反借款契约约定。责令被审计单位立即出售股票，并归还借款。

出售股票，获得价款110万元。

借：银行存款　　　　　　　　　　　　　　　　　　　　　1 100 000
　　贷：长期股权投资　　　　　　　　　　　　　　　　　　　900 000
　　　　投资收益　　　　　　　　　　　　　　　　　　　　　200 000

归还借款，支付罚款1万元。

借：长期借款　　　　　　　　　　　　　　　　　　　　　1 000 000
　　营业外支出　　　　　　　　　　　　　　　　　　　　　　10 000
　　贷：银行存款　　　　　　　　　　　　　　　　　　　　1 010 000

6.5.3 应付债券的实质性程序

应付债券审计目标与认定的对应关系如表6.23所示,审计目标与审计程序的对应关系如表6.24所示。

表6.23 应付债券审计目标与认定的对应关系

审计目标	财务报表认定				
	存在	完整性	权利和义务	计价和分摊	列报
A 资产负债表中列示的应付债券存在	√				
B 所有应当列示的应付债券均已列示		√			
C 列示的应付债券为被审计单位应当履行的现时义务			√		
D 应付债券以恰当的金额列示在财务报表中,与之相关的计价调整已恰当记录				√	
E 应付债券已按照《企业会计准则》的规定在财务报表中作出恰当列报					√

表6.24 应付债券审计目标与审计程序的对应关系

审计目标	可供选择的审计程序	索引号
D	1.获取或编制应付债券明细表 (1)复核加计是否正确,并与报表数、总账数和明细账合计数核对是否相符 (2)检查非记账本位币应付债券的折算汇率及折算是否正确,折算方法是否前后期一致	
ABD	2.检查应付债券的增加。审阅债券发行申请和审批文件,检查发行债券所收入现金的收据、汇款通知单、送款登记簿及相关的银行对账单,核实其会计处理是否正确	
AC	3.对应付债券向证券承销商或包销商函证	
AD	4.检查债券利息费用的会计处理是否正确,资本化的处理是否符合规定 (1)对于分期付息、一次还本的债券,检查资产负债表日是否按摊余成本和实际利率计算确定债券利息费用,并正确记入"在建工程""制造费用""财务费用""研发费用"等科目;是否按票面利率计算确定应付未付利息,记入"应付利息"科目;是否按其差额调整"应付债券——利息调整"科目 (2)对于一次还本付息的债券,检查资产负债表日是否按摊余成本和实际利率计算确定债券利息费用,并正确记入"在建工程""制造费用""财务费用""研发费用"等科目;是否按票面利率计算确定应付未付利息,记入"应付债券——应计利息"科目;是否按其差额调整"应付债券——利息调整"科目	
ABD	5.检查到期债券的偿还。检查偿还债券的支票存根等相关会计记录,检查其会计处理是否正确	
AD	6.检查可转换公司债券是否将负债和权益成分分拆,可转换公司债券持有人行使转换权利,将其持有的债券转为股票时其会计处理是否正确	
C	7.若发行债券时已做抵押或担保,应检查相关契约的履行情况	
	8.根据评估的舞弊风险等因素增加的其他审计程序	
E	9.检查应付债券是否已按照《企业会计准则》的规定在财务报表中作出恰当列报	

项目 6 投资与筹资循环的审计

实例 6-6 注册会计师在审查某公司发行债券时发现:应付债券——面值 10 万元,应付债券——债券折价 4 万元,票面利率为 12%,被审计单位发行债券严重损害公司利益,怀疑其中存在违法行为。调阅发行债券的批文,规定发行价格为 10 万元,发行期为 3 年,利率为 12%。审查其凭证,会计分录如下。

借:银行存款　　　　　　　　　　　　　　　　　　　　　　60 000
　　应付债券——利息调整　　　　　　　　　　　　　　　　40 000
　　贷:应付债券——债券面值　　　　　　　　　　　　　　 100 000

所附原始凭证全部为该公司内部职工购入。

要求:请指出上述事项存在的问题,并进行调整。

分析

该公司发行债券违反章程规定,以折价方式发行,变相为职工谋福利,增加公司利息费用,减少所得税费用支出。非法折价发行的债券应限期收回。收回时编制会计分录如下。

借:银行存款　　　　　　　　　　　　　　　　　　　　　　40 000
　　贷:应付债券——利息调整　　　　　　　　　　　　　　 40 000

6.5.4　财务费用的实质性程序

财务费用审计目标与认定的对应关系如表 6.25 所示,审计目标与审计程序的对应关系如表 6.26 所示。

表6.25　财务费用审计目标与认定的对应关系

审计目标	财务报表认定					
	发生	完整性	准确性	截止	分类	列报
A　利润表中列示的财务费用已真实发生,且与被审计单位有关	√					
B　所有应当列示的财务费用均已列示		√				
C　与财务费用有关的金额及其他数据已恰当列示			√			
D　财务费用已列示于正确的会计期间				√		
E　财务费用已列示于恰当的账户					√	
F　财务费用已按照《企业会计准则》的规定在财务报表中作出恰当的列报						√

表6.26　财务费用审计目标与审计程序的对应关系

审计目标	可供选择的审计程序	索引号
C	1. 获取或编制财务费用明细表,复核加计是否正确,并与报表数、总账数和明细账合计数核对是否相符	

（续表）

审计目标	可供选择的审计程序	索引号
ABC	2. 实质性分析程序 （1）针对已识别需要运用分析程序的有关项目，并基于对被审计单位及其环境的了解，通过进行以下比较，同时考虑有关数据间关系的影响，以建立有关数据的期望值 ① 将本期财务费用各明细项目与上期进行对比，必要时比较本期各月份财务费用，如果有重大波动和异常情况应追查原因 ② 计算借款、应付债券平均实际利率并同以前年度及市场平均利率相比较 ③ 根据借款、应付债券平均余额、平均利率测算当期利息费用和应付利息，并与账面记录进行比较 ④ 根据银行存款平均余额和存款平均利率复核利息收入 （2）确定可接受的差异额 （3）将实际的情况与期望值相比较，识别需要进一步调查的差异 （4）如果其差额超过可接受的差异额，调查并获取充分的解释和恰当的佐证审计证据（如通过检查相关的凭证） （5）评估分析程序的测试结果	
E	3. 检查财务费用明细项目的设置是否符合规定的核算内容与范围，是否划清财务费用与其他费用的界限	
	4. 检查利息支出明细账	
ABC	（1）审查各项借款期末应计利息有无预计入账 （2）审查现金折扣的会计处理是否正确 （3）结合长短期借款、应付债券等的审计，检查财务费用中是否包括为购建或生产满足资本化条件的资产发生的应予资本化的借款费用 （4）检查融资租入的固定资产、购入有关资产超过正常信用条件延期支付价款、实质上具有融资性质的，采用实际利率法分期摊销未确认融资费用时计入财务费用数是否正确 （5）检查应收票据贴现息的计算与会计处理是否正确	
ABC	5. 检查利息收入明细账 （1）确认利息收入的真实性及正确性 （2）检查从其他企业或非银行金融机构取得的利息收入是否按规定计缴增值税 （3）检查采用递延方式分期收款、实质上具有融资性质的销售商品或提供劳务，采用实际利率法按期计算确定的利息收入是否正确	
ABC	6. 检查汇兑损益明细账，检查汇兑损益计算方法是否正确，核对所用汇率是否正确，前后期是否一致	
ABC	7. 检查"财务费用——其他"明细账，注意检查大额金融机构手续费的真实性与正确性	
D	8. 抽取资产负债表日前后__天的__张凭证，实施截止测试。若存在异常迹象，应考虑是否有必要追加审计程序，对于重大跨期项目应做必要调整	
	9. 根据评估的舞弊风险等因素增加的其他审计程序	
F	10. 检查财务费用是否已按照《企业会计准则》的规定在财务报表中作出恰当的列报	

实例 6-7 注册会计师在审查甲股份有限公司应付债券时，发现 2015 年 1 月该公司为生产线建设专门筹资发行 5 年期、面值为 1 000 万元的债券，票面利率为 10%，实际利率

为 9.5%。2015 年 12 月 31 日,该公司计提利息和摊销时,做如下会计分录。

借:财务费用　　　　　　　　　　　　　　　　　　　　950 000
　　应付债券——利息调整　　　　　　　　　　　　　　 50 000
　贷:应付债券——应计利息　　　　　　　　　　　　　1 000 000

要求:该公司会计处理是否存在问题,应如何调整?

分析

根据《企业会计准则》的规定,因建造固定资产而发生的借款利息符合资本化条件,应作为建造成本,而不应作为财务费用,因此,建议做如下会计调整。

借:在建工程　　　　　　　　　　　　　　　　　　　　950 000
　贷:财务费用　　　　　　　　　　　　　　　　　　　　950 000

6.5.5 实收资本(股本)的实质性程序

实收资本(股本)的审计目标与认定的对应关系如表 6.27 所示,审计目标与审计程序的对应关系如表 6.28 所示。

表6.27　实收资本(股本)审计目标与认定的对应关系

审计目标	财务报表认定				
	存在	完整性	权利和义务	计价和分摊	列报
A 资产负债表中列示的实收资本(股本)存在	√				
B 所有应当列示的实收资本(股本)均已列示		√			
C 实收资本(股本)以恰当的金额列示在财务报表中				√	
D 实收资本(股本)已按照《企业会计准则》的规定在财务报表中作出恰当列报					√

表6.28　实收资本(股本)审计目标与审计程序的对应关系

审计目标	可供选择的审计程序	索引号
C	1. 获取或编制实收资本(股本)明细表 (1)复核加计是否正确,并与报表数、总账数和明细账合计数核对是否相符 (2)以非记账本位币出资的,检查其折算汇率是否符合规定,折算差额的会计处理是否正确	
ABC	2. 审阅公司章程、股东(大)会、董事会会议记录中有关实收资本(股本)的规定。收集与实收资本(股本)变动有关的董事会会议纪要、股东(大)会决议、合同、协议、公司章程及营业执照,以及公司设立批文、验资报告等法律性文件,并更新永久性档案	
AC	3. 检查投入资本是否真实存在,审阅和核对与投入资本有关的原始凭证、会计记录,必要时向投资者函证实缴资本额,对有关财产和实物价值进行鉴定,以确定投入资本的真实性 (1)对于发行在外的股票,应检查股票的发行活动。检查的内容包括已发行股票的登记簿、募股清单、银行对账单、会计账面记录等。必要时,可向证券交易所和金融机构函证股票发行的数量 (2)对于发行在外的股票,应检查股票发行费用的会计处理是否符合有关规定	

(续表)

审计目标	可供选择的审计程序	索引号
ABC	4. 检查出资期限和出资方式、出资额,检查投资者是否按合同、协议、章程约定的时间和方式缴付出资额,是否已经注册会计师验证。若已验资,应审阅验资报告	
ABC	5. 检查实收资本(股本)增减变动的原因,查阅其是否与董事会纪要、补充合同、协议及其他有关法律性文件的规定一致,逐笔追查至原始凭证,检查其会计处理是否正确 (1)对于股份有限公司,应检查股票收回的交易活动。检查的内容包括已发行股票的登记簿、收回的股票、银行对账单、会计账面记录等 (2)以发放股票股利增资的,检查股东(大)会决议,检查相关增资手续是否办理,会计处理是否正确 (3)对于以资本公积、盈余公积和未分配利润转增资本的,应取得股东(大)会等资料,并审核是否符合国家有关规定,会计处理是否正确 (4)以权益结算的股份支付行权时增资,取得相关资料,检查是否符合相关规定,会计处理是否正确 (5)以回购股票及其他法定程序报经批准减资的,检查股东(大)会决议及相关的法律文件,手续是否办理,会计处理是否正确 (6)中外合作企业根据合同约定在合作期间归还投资的,检查以下内容 ① 如果是直接归还投资,则检查是否符合有关的决议与公司章程和投资协议的规定,款项是否已付出,会计处理是否正确 ② 如果是以利润归还投资,则还需检查是否与利润分配的决议相符,并检查与利润分配有关的会计处理是否正确	
D	6. 根据证券登记公司提供的股东名录,检查被审计单位及其子公司、合营企业与联营企业是否有违反规定的持股情况	
A	7. 检查认股权证及其有关交易,确定委托人及认股人是否遵守认股合约或认股权证中的有关规定	
D	8. 检查实收资本(股本)是否已按照《企业会计准则》的规定在财务报表中作出恰当列报	

实例 6-8 注册会计师李月、王江于 2016 年 3 月对联华股份有限公司 2015 年度的财务报表进行了审计。审计中发现如下问题。

W 公司是联华股份有限公司控股子公司。在对该公司"实收资本"项目实施审计程序时,发现 W 公司存在虚假入资情况。W 公司设立时,联华股份有限公司以货币资金出资 900 万元,联华股份有限公司所属的另外一家控股子公司 N 公司以货币资金出资 600 万元。在结合联华股份有限公司"其他应付款"项目审计时发现,有应付 W 公司往来款 900 万元,同时核对 W 公司的债权后确认有应收联华股份有限公司往来账项 900 万元。

李月、王江经查阅有关股东会议记录,了解到联华股份有限公司在向 W 公司投资时,以货币资金出资并交存于有关出资专户,W 公司已按照有关规定办理了工商登记注册手续。其后,联华股份有限公司又以资金往来的方式抽回投资。通过询问有关人员,确认上述交易事项属实。

要求:请指出该公司存在哪些问题,注册会计师应出具何种意见的审计报告。

分析

注册会计师李月、王江认为联华股份有限公司属抽回投资行为,该交易事项的存在,造

项目 6 投资与筹资循环的审计

成联华股份有限公司虚记"长期股权投资"科目和"其他应付款——W公司"科目900万元,而W公司虚记"其他应收款——联华股份有限公司"科目和"实收资本"科目900万元。为此,建议联华股份有限公司限期补充注册资本,同时因注册资本抽回对W公司影响的事项在本年度财务报表附注中披露,并出具保留意见的审计报告。

6.5.6 资本公积的实质性程序

资本公积是非经营性因素形成的不能计入实收资本的所有者权益,主要包括投资者实际缴付的出资额超过其资本份额的差额(如股本溢价、资本溢价)和其他资本公积等。

资本公积的审计目标与认定的对应关系如表6.29所示,审计目标与审计程序的对应关系如表6.30所示。

表6.29 资本公积审计目标与认定的对应关系

审计目标	财务报表认定				
	存在	完整性	权利和义务	计价和分摊	列报
A 资产负债表中列示的资本公积存在	√				
B 所有应当列示的资本公积均已列示		√			
C 资本公积以恰当的金额包括在财务报表中				√	
D 资本公积已按照《企业会计准则》的规定在财务报表中做出恰当列报					√

表6.30 资本公积审计目标与审计程序的对应关系

审计目标	可供选择的审计程序	索引号
C	1. 获取或编制资本公积明细表,复核加计是否正确,并与报表数、总账数和明细账合计数核对是否相符	
ABC	2. 首次接受委托的单位,应对期初的资本公积进行追溯查验,检查原始发生的依据是否充分	
AB	3. 收集与资本公积变动有关的股东(大)会决议、董事会会议纪要、资产评估报告等文件资料,更新永久性档案	
ABCD	4. 根据资本公积明细账,对"资本(股本)溢价"的发生额逐项审查至原始凭证 (1)对股本溢价,应取得董事会会议纪要、股东(大)会决议、有关合同、政府批文,以及追查至银行收款等原始凭证,结合相关科目的审计,检查会计处理是否正确,注意发行股票溢价收入的计算是否已扣除股票发行费用 (2)对资本公积转增资本的,应取得股东(大)会决议、董事会会议纪要、有关批文等,检查资本公积转增资本是否符合有关规定,会计处理是否正确 (3)若有同一控制下的企业合并,应结合长期股权投资科目,检查被审计单位(合并方)取得的被合并方所有者权益账面价值的份额与支付的合并对价账面价值的差额计算是否正确,是否依次调整本科目、盈余公积和未分配利润 (4)股份有限公司回购本公司股票进行减资的,检查其是否按注销的股票面值总额和所注销的库存股的账面余额,冲减资本公积 (5)检查与发行权益性证券直接相关的手续费、佣金等交易费用的会计处理是否正确,是否将与发行权益性证券间接相关的手续费计入本账户,若有,判断是否需要被审计单位调整	

（续表）

审计目标	可供选择的审计程序	索引号
ABCD	5. 根据资本公积明细账,对"其他资本公积"的发生额逐项审查至原始凭证 （1）检查以权益法核算的被投资单位除净损益以外所有者权益的变动,被审计单位是否已按其享有的份额入账,会计处理是否正确。处置该项投资时,应注意是否已转销与其相关的资本公积 （2）以自用房地产或存货转换为采用公允价值模式计量的投资性房地产,转换日的公允价值大于原账面价值的,检查其差额是否计入资本公积。处置该项投资性房地产时,原计入资本公积的部分是否已转销 （3）对可供出售金融资产形成的资本公积,结合相关科目检查金额和相关会计处理是否正确 ① 当可供出售金融资产转为采用成本或摊余成本计量时,已记入本科目的公允价值变动是否按规定进行了会计处理 ② 当可供出售金融资产发生减值时,已记入本科目的公允价值变动是否转入资产减值损失 ③ 当已减值的可供出售金融资产公允价值回升时,区分权益工具和债务工具分别确定其会计处理是否正确	
C	6. 检查资本公积各项目,考虑对所得税的影响	
C	7. 记录资本公积中不能转增资本的项目	
	8. 根据评估的舞弊风险等因素增加的审计程序	
D	9. 检查资本公积是否已按照《企业会计准则》的规定在财务报表中作出恰当列报	

实例 6-9 注册会计师计划对联华公司的所有者权益项目实施详细审计。在审阅联华公司"实收资本"明细账时,发现 2015 年 12 月 24 日 35 号凭证 1 500 000 元摘要为"收到李达投资款"。

审计人员首先调出 35 号凭证,其会计分录如下。
 借：银行存款   1 500 000
  贷：实收资本   1 500 000

所附原始凭证为银行进账单、收据及联华公司董事会与李达所签协议的复印件。审计人员仔细审阅了协议复印件,按照投资协议,李达须缴纳现金 1 500 000 元,同时享有该公司 1/3（即 1 000 000 元）的股份。

要求：请指出该公司会计处理存在的问题,并做出正确的会计分录。

分析

审计人员认为,根据协议,李达投资款中的 100 000 元应记入"实收资本"科目,另外 500 000 元应作为资本溢价记入"资本公积"科目。正确的会计分录如下。
 借：银行存款   1 500 000
  贷：实收资本   1 000 000
    资本公积——资本溢价   500 000

建议被审计单位做调账处理。

6.5.7 盈余公积的审计

盈余公积是企业按照规定从税后利润中提取的积累资金,是具有特定用途的留存收益,主要用于弥补亏损和转增资本,也可以按规定用于分配股利。盈余公积包括法定盈余公积和任意盈余公积。

盈余公积的审计目标与认定的对应关系如表6.31所示,审计目标与审计程序的对应关系如表6.32所示。

表6.31 盈余公积审计目标与认定的对应关系

审计目标	财务报表认定					
	存在	完整性	权利和义务	计价和分摊	列报
A 资产负债表中列示的盈余公积存在	√				
B 所有应当列示的盈余公积均已列示		√			
C 盈余公积以恰当的金额包括在财务报表中				√	
D 盈余公积已按照《企业会计准则》的规定在财务报表中作出恰当列报					√

表6.32 盈余公积审计目标与审计程序的对应关系

审计目标	可供选择的审计程序	索引号
C	1. 获取或编制盈余公积明细表,复核加计是否正确,并与报表数、总账数及明细账合计数核对是否相符	
AB	2. 收集与盈余公积变动有关的董事会会议纪要、股东(大)会决议,以及政府主管部门、财政部门批复等文件资料,进行审阅,并更新永久性档案	
ABC	3. 对法定盈余公积和任意盈余公积的发生额逐项审查至原始凭证 (1)审查法定盈余公积和任意盈余公积的计提顺序、计提基数、计提比例是否符合有关规定,会计处理是否正确 (2)审查盈余公积的减少是否符合有关规定,取得董事会会议纪要、股东(大)会决议,予以核实,检查有关会计处理是否正确	
AC	4. 如果是外商投资企业,应对储备基金、企业发展基金的发生额逐项审查至原始凭证,审查是否符合有关规定,会计处理是否正确	
AC	5. 如果是中外合作经营企业,应对利润归还投资的发生额审查至原始凭证,并与"实收资本——已归还投资"科目的发生金额核对,检查会计处理是否正确	
	6. 根据评估的舞弊风险等因素增加的审计程序	
D	7. 检查盈余公积的列报是否已按照《企业会计准则》的规定在财务报表中作出恰当列报	

实例 6-10 注册会计师在审查某企业"盈余公积"账户时,发现该企业在某年度提取了法定盈余公积金 17 800 元,会计凭证显示的提取比例为 5%。

注册会计师怀疑该企业未按规定比例提取法定盈余公积。因此,审计人员调阅了"实收资本"明细账,确定该企业的实收资本为 250 万元,又从"法定盈余公积"明细账查知当年的期初余额为 100 万元,未达到资本总额的 50%,同时查阅"本年利润"和"利润分配"账户,了解到该企业当年实现净利润 358 000 元,罚没支出 2 000 元。

要求:分析该企业提取盈余公积存在的问题,并提出建议。

分析

根据上述数据,企业应提取的法定盈余公积为 35 600[(358 000-2 000)×10%]元。这表明该企业未按规定比例 10% 提取法定盈余公积,少提 17 800 元。注册会计师建议该企业补提并调整有关的账簿记录。

借:利润分配——提取法定盈余公积　　　　　　　　　　　　17 800
　　贷:盈余公积——法定盈余公积　　　　　　　　　　　　　17 800

6.5.8 未分配利润的审计

未分配利润是指未进行分配的净利润,即这部分利润没有分配给投资者,也未指定用途。未分配利润是企业当年税后利润在弥补以前年度亏损、提取公积金和公益金以后加上上年末未分配利润,再扣除向所有者分配的利润后的结余额,是企业留于以后年度分配的利润。它是企业历年积存的利润分配后的余额,也是所有者权益的一个重要组成部分。企业的未分配利润通过"利润分配——未分配利润"明细科目核算,其年末余额反映历年积存的未分配利润(或未弥补亏损)。未分配利润的审计目标与认定的对应关系如表 6.33 所示,审计目标与审计程序的对应关系如表 6.34 所示。

表6.33　未分配利润审计目标与认定的对应关系

审计目标	财务报表认定				
	存在	完整性	权利和义务	计价和分摊	列报
A　资产负债表中列示的未分配利润存在	√				
B　所有应当列示的未分配利润均已列示		√			
C　未分配利润以恰当的金额包括在财务报表中,与之相关的计价调整已恰当列示				√	
D　未分配利润已按照《企业会计准则》的规定在财务报表中作出恰当列报					√

表6.34　未分配利润审计目标与审计程序的对应关系

审计目标	可供选择的审计程序	索引号
C	1. 获取或编制利润分配明细表,复核加计是否正确,与报表数、总账数及明细账合计数核对是否相符	
AC	2. 将未分配利润年初数与上年审定数核对是否相符,检查涉及损益的上年审计调整是否正确入账	
AB	3. 获取与未分配利润有关的董事会会议纪要、股东(大)会决议、政府部门批文及有关合同、协议、公司章程等文件资料,并更新永久性档案	
ABC	4. 检查董事会会议纪要、股东(大)会决议、利润分配方案等资料,对照有关规定确认利润分配的合法性	
ABC	5. 检查未分配利润变动的相关凭证,结合所获取的文件资料,确定其会计处理是否正确	

（续表）

审计目标	可供选择的审计程序	索引号
C	6. 了解本年利润弥补以前年度亏损的情况,确定本期末未弥补亏损的金额。如果已超过弥补期限,且已因为抵扣亏损而确认递延所得税资产的,应当进行调整	
ABC	7. 检查本期未分配利润变动除净利润转入以外的全部相关凭证,结合所获取的文件资料,确定其会计处理是否正确	
ABC	8. 结合以前年度损益调整科目的审计,检查以前年度损益调整的内容是否真实、合理,注意对以前年度所得税的影响。对重大调整事项应逐项核实其发生原因、依据和有关资料,复核数据的正确性	
	9. 根据评估的舞弊风险等因素增加的审计程序	
D	10. 检查未分配利润是否已按照《企业会计准则》的规定在财务报表中作出恰当列报。检查对资产负债表日后至财务报告批准报出日之间由董事会或类似机构所制定利润分配方案中拟分配的股利,是否在财务报表附注中单独披露	

6.5.9 应付股利的审计

应付股利的审计目标与认定的对应关系如表6.35所示,审计目标与审计程序的对应关系如表6.36所示。

表6.35 应付股利审计目标与认定的对应关系

审计目标	财务报表认定				
	存在	完整性	权利和义务	计价和分摊	列报
A 资产负债表中列示的应付股利存在	√				
B 所有应当列示的应付股利均已列示		√			
C 列示的应付股利为被审计单位应当履行的现时义务			√		
D 应付股利以恰当的金额包括在财务报表中				√	
E 应付股利已按照《企业会计准则》的规定在财务报表中作出恰当列报					√

表6.36 应付股利审计目标与审计程序的对应关系

审计目标	可供选择的审计程序	索引号
D	1. 获取或编制应付股利明细表,复核加计是否正确,并与报表数、总账数及明细账合计数核对相符	
ABC	2. 审阅公司章程、股东会(或股东大会)和董事会会议纪要中有关股利的规定,了解股利分配标准和发放方式是否符合有关规定并经法定程序批准	
ABCE	3. 检查应付股利的计提是否根据股东会(或股东大会)决定的利润分配方案,从税后可供分配利润中计算确定,并复核应付股利计算和会计处理的正确性	
ABC	4. 检查股利支付的原始凭证的内容、金额和会计处理是否正确	
ACD	5. 向主要股东函证,以确定未付股利的真实性和完整性	

项目 6 投资与筹资循环的审计

（续表）

审计目标	可供选择的审计程序	索引号
AC	6. 检查董事会或类似机构通过的利润分配方案中拟分配的现金股利或利润,是否按规定未做账务处理,并已在附注中披露	
	7. 根据评估的舞弊风险等因素增加的审计程序	
E	8. 检查应付股利的列报是否恰当,是否按主要投资者列示欠付的应付股利金额并说明原因	

技能训练

一、单项选择题

1. 为了确定"应付债券"账户期末余额的(　　),如果注册会计师认为有必要,可以直接向债权人及债券的承销人或包销人进行函证。
   A. 合法性　　　　B. 真实性　　　　C. 正确性　　　　D. 完整性

2. 对外投资业务的内部控制制度一般不包括(　　)。
   A. 严格的记名制度　　　　B. 严格的预算制度
   C. 完善的盘点制度　　　　D. 合理的职责分工

3. 下列对于筹资与投资循环主要特点不正确的提法是(　　)。
   A. 交易数量较少,但每笔业务的金额通常情况下额度很大
   B. 交易数量较大,但每笔业务的金额通常情况下额度很小
   C. 如果漏记或不恰当地对一笔业务进行会计处理,将会导致重大错误
   D. 筹资与投资循环交易必须遵守国家法律、法规

4. 按照有关规定,股本溢价应扣除相关发行费用减去(　　)后,方可计入资本公积。
   A. 发行股票冻结期间所产生的利息收入
   B. 发行股票冻结期间所产生的利息支出
   C. 发行股票期间所产生的利息收入
   D. 发行股票交易期间所产生的利息收入

5. 注册会计师审查股票发行费用的会计处理时,若股票溢价发行,应查实被审计单位按规定将各种发行费用(　　)。
   A. 先从溢价中抵销　　　　B. 作为长期待摊费用
   C. 作为递延资产　　　　　D. 作为当期管理费用

二、多项选择题

1. 在对被审计单位的长期借款进行实质性测试时,注册会计师一般应获取的审计证据包括(　　)。
   A. 长期借款明细表　　　　　　　　B. 长期借款的合同和授权批准文件
   C. 相关抵押资产的所有权证明文件　　D. 重大长期借款的函证回函

2. 注册会计师应重点调查的与长期投资相关的内部控制制度有(　　)。
   A. 职责分工制度　　B. 资产保管制度　　C. 记名登记制度　　D. 定期盘点制度

3. 在盘核长期投资资产时,应实施的审计步骤包括(　　)。
   A. 盘点库存证券,并填制盘点清单
   B. 仔细调查长期投资的相关内部控制
   C. 将盘点清单与长期投资明细表进行核对
   D. 将盘点情况形成记录,并列入审计工作底稿

4. 注册会计师确定长期投资是否已在资产负债表上恰当披露时,应当(　　)。

A. 检查资产负债表上长期投资项目的数额与审定数是否相符
B. 检查长期投资超过净资产的50%时,是否已在附注中恰当披露
C. 盘点股票、债券数量,并审查账实是否相符
D. 检查一年内到期的长期投资项目的数额与审定数是否相符

5. 作为负债项目的应付债券在审计时的3个重要目标是( )。
A. 完整性　　　B. 真实性　　　C. 估价　　　D. 披露

三、判断题

1. 注册会计师审查公开发行股票公司已发行的股票数量是否真实、是否已收到股款时,应向主要股东函证。（ ）

2. 如果发行记名债券,企业不仅应在债券存根簿中记载发行债券的日期,还应记载取得债券的日期,但在发行无记名债券时,仅在债券登记簿中登记发行债券的日期,而无须登记取得债券的日期。（ ）

3. 如果被审计单位低估或漏列负债,很难与债权人的记录相印证。因此,注册会计师对借款类项目实施函证程序对于确定借款的完整性来说是必要的。（ ）

4. 资本公积和盈余公积经过一定的授权批准手续均可用于弥补亏损、转增资本。（ ）

5. 未分配利润实质性测试的程序一般包括:1）检查利润分配比例是否符合合同、协议、章程及董事会会议纪要的规定,利润分配数额及年末未分配数额是否正确;2）根据审计结果调整本年损益数,直接增加或减少未分配利润,确定调整后的未分配利润数;3）确定未分配利润是否已在资产负债表上恰当披露。（ ）

四、操作题

1. 资料:北京长城会计师事务所承接了乙公司2015年度的财务报表审计工作。注册会计师李民具体负责筹资与投资业务的审计工作。审计过程发现以下事项。

（1）2015年4月1日乙公司经批准按面值发行2 000万元3年期、票面月利率4‰。到期一次还本付息的公司债券。所筹资金的60%用于基建工程(工期2年),40%用于补充流动资金。乙公司当年未计提债券利息,但进行了债券发行的账务处理。

（2）2015年1月1日,由于丁公司增加了新的投资者和资本,使乙公司在丁公司中持有的股权比例由原来的45%降至15%。乙公司因此将对丁公司的长期股权投资核算方法由权益法改为成本法,冲回自2011年至2014年按权益法已计入投资收益中的属于30%的部分,共计2 800万元,相应调整2015年度的投资损失。乙公司未对此计提长期投资减值准备。

要求:请代注册会计师提出审计建议,如需调账则做出调账分录(不考虑分录对所得税费用、营业税、期末结转损益类科目及对利润分配的影响）。

2. 资料:金华安达会计师事务所对建龙电气安装有限公司2015年度的财务报表进行审计。本次外勤工作日为2016年5月10日—2016年5月12日,共3天。注册会计师李萍于5月11日在审查该公司"盈余公积"项目时,了解到盈余公积账面资料如表6.37所示。

表6.37　盈余公积　　　　　　　　　　　　　元

明细项目	期初余额	本期增加	本期减少	期末余额
法定盈余公积	5 290 919.00	4 632 316.34		9 923 235.34
任意盈余公积	5 754 661.61	3 088 210.89		8 842 872.50
合计	11 045 580.61	7 720 527.23	0	18 766 107.84

在抽查"盈余公积"明细账贷方记录时,复核了本期计提的盈余公积数额。本期已查证的利润总额为5 976.45万元,并了解到该公司所得税税率为25%,法定盈余公积提取比例为税后利润的10%,任意盈余公积提取比例为税后利润的6%。假设期初余额上期已经查证是正确的。

要求:根据以上资料填写盈余公积查证表(见表6.38)。

表 6.38　盈余公积查证

被审计单位：＿＿＿＿＿　编制：＿＿＿＿＿　日期：＿＿＿＿＿　索引号：3121-1
截止日期：＿＿＿＿＿　复核：＿＿＿＿＿　日期：＿＿＿＿＿　页　次：＿＿＿＿＿

盈余公积内容	账面数				调整数		审定数			
	期初余额	本期增加	本期减少	期末余额	期初数调整	本期数调整	审定期初数	审定增加数	审定减少数	审定期末数
法定盈余公积										
任意盈余公积										
合计										
审计说明：										

项目 7
货币资金审计

知识目标
1. 了解货币资金业务的特性。
2. 了解货币资金内部控制内容及测试方法。
3. 了解货币资金审计目标及实质性程序。

能力目标
1. 能对被审计单位货币资金内部控制实施控制测试。
2. 能对库存现金、银行存款和其他货币资金实施实质性程序。
3. 能正确、规范地填写货币资金审计过程的审计工作底稿。

引例 **河北房县教育界贪污案**

衣着朴素、饮食粗糙、表情木讷,处处给人以老实砣子印象的任某,在任湖北省房县某镇教育组出纳兼会计期间,贪污公款 15 万元。这起建国以来房县教育界最大贪污案的告破,是房县检察院和审计局两家单位团结协作、共同努力的结果。

审计人员一进财务室,摆在面前的是一套混乱且残缺不全的会计资料:无财务报表,账簿记载不全,记账凭证上的"银行存款"和"库存现金"混为一谈,银行对账单不全,且银行对账单上记载的发生额大多未在账上反映,许多银行票据未作为原始凭证而弃之一旁……

审计人员在仔细检查任某的"货币资金"账时发现:1997 年 4 月的 17 号、18 号凭证(订在 1966 年 12 月的凭证中),以弥补 1989 年 3 月至 1994 年 7 月期间收支相抵后的亏损(超支)为名,分别冲减库存现金 19.4 万元和 6 354 元,计 20 余万元,且原始凭证是 1997 年 4 月初,县教育局指派的计划财科长等 3 人为该镇教育组办理的财务结算表,反映 1989 年 3 月至 1994 年 7 月财务超支 200 657.65 元,与任某的账毫厘不差。

任某从 1989 年 3 月起任该镇教育组出纳至 2001 年 2 月,其中 1994 年 1 月至 7 月还兼任会计。由于种种原因,至这次审计时尚未办理出纳移交手续。为什么会超支,超支的 20 余万元是什么钱,是从哪里来的钱等一系列问题,在审计人员心中成了一个谜团。

经过检察院和审计局的深入调查和仔细审查,发现任某通过收入不入账、虚列支出和人为调节超支等手段共虚列超支 26.3 万元。调账后,1989 年 3 月至 1994 年 7 月任某所在单位收支相抵后的余额为 6.2 万元,其中滞留在库存现金上 2.1 万元,银行存款上 1.1 万元,往来暂付上 3 万多元,超支 26.3 万元。减去此笔余额,为 20 多万元,与任某的账完全吻合!

至此,真相大白:任某为贪污而实施的账务处理早在 1994 年 7 月即已完成,因当时

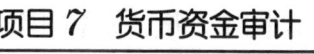

账面资金不足,"不辞辛苦"的任某在 1997 年 4 月以弥补事实上并不存在的超支为名,从账上拿走库存现金 20 多万元,抵减 1994 年 8 月至此次任某移交时的现金赤字 1.5 万元,任某将公款 18.4 万元隐瞒,从中贪污 15 万元。

货币资金是指企业生产经营过程中以货币形态存在的那部分资产,企业的许多经济活动都是通过货币资金的收支来进行的。货币资金是企业资产的重要组成部分,其流动性最强。由于它可以根据需要随时使用,用来购买一切商品,因此经常成为不法分子觊觎的对象。加强对货币资金的审计,对于保护货币资金的安全完整、维护财经法纪具有重要意义。

货币资金按其存放地点及内容可分为库存现金、银行存款、其他货币资金等。有价证券是指企业所持有的、可以随时变现、持有时间不超过一年的股票、债券等,实际上它是企业现金的一种储存方式。

7.1 货币资金的内部控制与控制测试

7.1.1 货币资金与各业务循环的关系

货币资金与前述的各个循环交易都具有直接或间接的关系。如果从循环的角度来看企业的运作,货币资金是各循环的枢纽,起着"资金池"的作用。

货币资金最初以投资或筹资的形式从投资者或债权人手中流入企业。企业用这些货币资金购买生产经营所需要的资源和劳务,并用购买的资源和劳务生产产品和提供服务,然后将这些完工的产品和服务出售给客户以换回货币资金,最后,换回的货币资金一部分作为股利或利息支付给投资者和债权人,另一部分用来购买新的资源和劳务,继续下一轮的循环。从整个企业的大循环中可以看出货币资金的重要性和中心地位,也可以看出货币资金在各个循环交易中的流转和流向。

具体来说,当企业发生销售与收款业务时,货币资金增加;当企业发生购货与付款业务时,货币资金减少;当企业进行生产循环,购买原料,支付工资、费用时,货币资金减少;当企业发生筹资业务,取得短期借款、筹集股本时,货币资金增加;当企业发生投资业务及支付利息时,货币资金减少。

7.1.2 了解货币资金的内部控制

1. 岗位分工及授权批准

① 单位应当建立货币资金业务的岗位责任制度,明确相关部门和岗位的职责权限,确保办理货币资金业务的不相容岗位相互分离、制约和监督。例如,出纳人员不得兼任稽核、会计档案保管和收入、支出、费用、债权债务账目的登记工作,单位不得由一人办理货币资金业务的全过程等。

② 单位办理货币资金业务,应当配备合格的人员,并根据具体情况进行岗位轮换。

③ 单位应当对货币资金业务建立严格的授权批准制度,明确审批人对货币资金的授权

批准方式、权限、程序、责任和相关控制措施,规定经办人办理货币资金业务的职责范围和工作要求。审批人应当根据货币资金授权批准制度的规定,在授权范围内进行审批,不得超越审批权限。经办人应当在职责范围规定内,按照审批人的批准意见办理货币资金业务。对于审批人超越授权范围审批的货币资金业务,经办人有权拒绝处理,并及时向审批人的上级授权部门报告。

④ 单位应当按照规定的程序办理货币资金支付业务。

1）支付申请。单位有关部门或个人用款时,应当提前向审批人提交货币资金支付申请,注明款项的用途、金额、预算、支付方式等内容,并附有效经济合同或相关证明。

2）支付审批。审批人根据其职责、权限和相应程序对支付申请进行审批。对不符合规定的货币资金支付申请,审批人应当拒绝批准。

3）支付复核。复核人应当对批准后的货币资金支付申请进行复核,复核货币资金支付申请的批准范围、权限、程序是否正确,手续及相关单证是否齐全,金额计算是否正确,支付方式、支付单位是否妥当等。复核无误后,交由出纳人员办理支付手续。

4）办理支付。出纳人员应当根据复核无误的支付申请,按规定办理货币资金支付手续,及时登记库存现金和银行存款日记账。

⑤ 单位对于重要货币资金支付业务,应当实行集体决策和审批,并建立责任追究制度,防范贪污、侵占、挪用货币资金等行为。

⑥ 严禁未经授权的机构或人员办理货币资金业务或直接接触货币资金。

2. 现金和银行存款的管理

① 单位应当加强现金库存限额的管理,超过库存限额的现金应及时存入银行。

② 单位必须根据《现金管理暂行条例》的规定,结合本单位的实际情况确定本单位现金的开支范围。不属于现金开支范围的业务应当通过银行办理转账结算。

③ 单位现金收入应当及时存入银行,不得用于直接支付单位自身的支出。因特殊情况需坐支现金的,应事先报经开户银行审查批准。单位借出款项必须执行严格的授权批准程序,严禁擅自挪用、借出货币资金。

④ 单位取得的货币资金收入必须及时入账,不得私设"小金库",不得设账外账,严禁收款不入账。

⑤ 单位应当严格按照《支付结算办法》等国家有关规定,加强银行账户的管理,严格按照规定开立账户,办理存款、取款和结算。单位应当定期检查、清理银行账户的开立及使用情况,发现问题,及时处理。单位应当加强对银行结算凭证的填制、传递及保管等环节的管理与控制。

⑥ 单位应当严格遵守银行结算纪律,不准签发没有资金保证的票据或远期支票,套取银行信用;不准签发、取得和转让没有真实交易和债权债务的票据,套取银行和他人资金;不准无理拒绝付款,任意占用他人资金;不准违反规定开立和使用银行账户。

⑦ 单位应当指定专人定期核对银行账户,每月至少核对一次,编制银行存款余额调节表,使银行存款账面余额与银行对账单调节相符。如果调节不符,应查明原因,及时处理。

⑧ 单位应当定期和不定期地进行现金盘点,确保现金账面余额与实际库存相符。如果发现不符,及时查明原因,做出处理。

3. 票据及有关印章的管理

① 单位应当加强与货币资金相关票据(支票、汇票、本票)的管理,明确各种票据的购买、保管、领用、背书转让、注销等环节的职责权限和程序,并专设登记簿进行记录,防止空白票据的遗失和被盗用。

② 单位应当加强银行预留印章的管理。财务专用章由专人保管,个人用章必须由本人或其授权人员保管,严禁一人保管支付款项所需的全部印章。按规定需要有关负责人签字或盖章的经济业务,必须严格履行签字或盖章手续。

4. 监督检查

① 单位应当建立对货币资金业务的监督检查制度,明确监督检查机构或人员的职责权限,定期和不定期地进行检查。

② 货币资金监督检查的内容主要包括如下内容。

- 货币资金业务相关岗位及人员的设置情况。重点检查是否存在货币资金业务不相容职务混岗现象。
- 货币资金授权批准制度的执行情况。重点检查货币资金支出的授权批准手续是否健全,是否存在越权审批行为。
- 支付款项印章保管情况。重点检查是否存在办理付款业务所需的全部印章交由一人保管的现象。
- 票据的保管情况。重点检查票据的购买、领用、保管手续是否健全,票据保管是否存在漏洞。

③ 对监督检查过程中发现的货币资金内部控制中的薄弱环节,应当及时采取措施,加以纠正和完善。

7.1.3 货币资金涉及的主要凭证和会计记录

货币资金审计涉及的主要凭证和会计记录如下。
① 现金总账、银行存款总账和其他货币资金总账。
② 现金日记账和银行存款日记账。
③ 支票、发票存根、现金缴款单、进账单等相关原始凭证。
④ 现金、银行存款收款凭证和付款凭证。
⑤ 现金盘点表。
⑥ 银行对账单。
⑦ 银行存款余额调节表。

7.1.4 货币资金内部控制制度测试

对货币资金的审计,必须首先对货币资金的内部控制制度进行测试,然后根据测试结果,确定货币资金审计的适当程序。

1. 抽取并审查收款凭证

在一个企业中,如果出纳员同时登记应收账款明细账,则很可能出现循环挪用的情况。为了测试货币资金收款的内部控制,应选取适当的样本量,抽取收款凭证,作如下检查。

① 核对收款凭证与存入银行账户的日期和金额是否相符。
② 核对现金、银行存款日记账的入账金额是否正确。
③ 核对收款凭证与银行对账单是否相符。
④ 核对收款凭证与应收账款等相关明细账的有关记录是否相符。
⑤ 核对实收金额与销货发票等相关凭证是否一致。

2. 抽取并检查付款凭证

为了测试货币资金付款内部控制,还应当选取适当样本及抽取付款凭证进行如下检查。

① 检查付款的授权批准手续是否符合规定。
② 核对现金、银行存款日记账的付出金额是否正确。
③ 核对付款凭证与银行对账单是否相符。
④ 核对付款凭证与应付账款等相关明细账的记录是否一致。
⑤ 核对实付金额与购货发票等相关凭证是否相符。

3. 抽取一定期间的现金、银行存款日记账与总账核对

① 抽取一定期间的现金、银行存款日记账,检查其有无计算错误,加总是否正确无误。如果发现问题较多,则说明被审计单位货币资金会计记录不够可靠。
② 应根据日记账提供的线索,核对总账中的现金、银行存款、应收账款、应付账款等有关账户的记录。

4. 查验一定期间的银行存款余额调节表的编制及复核

为了证实银行存款记录的正确性,必须抽取一定期间的银行存款余额调节表,将其同银行对账单、银行存款日记账及总账进行核对,确定被审计单位是否按月正确编制并复核银行存款余额调节表。

5. 检查外币资金的折算方法是否符合有关规定,并与上年度一致

着重检查企业的外币资金银行存款账户的余额是否按期末市场汇率折合为记账本位币金额,有关汇兑损益的计算和记录是否正确。

6. 评价货币资金内部控制

在完成上述程序后,应对货币资金内部控制进行评价,确定其可信赖的程度,分析其存在的薄弱环节,从而确定货币资金实质性程序的范围。

7.2 货币资金的实质性程序

7.2.1 货币资金的审计目标

货币资金的审计目标与认定的对应关系如表 7.1 所示。

项目 7 货币资金审计

表7.1 货币资金的审计目标与认定的对应关系

被审计单位：_____ 编制：_____ 日期：_____ 索引号：_____
截止日期：_____ 复核：_____ 日期：_____ 页　次：_____

审计目标	财务报表认定				
	存在	完整性	权利和义务	计价和分摊	列报
A 资产负债表中记录的货币资金是存在的	√				
B 所有应当记录的货币资金均已记录		√			
C 记录的货币资金由被审计单位拥有或控制			√		
D 货币资金以恰当的金额包括在财务报表中，与之相关的计价调整已恰当记录				√	
E 货币资金已按照《企业会计准则》的规定在财务报表中作出恰当列报					√

7.2.2 库存现金的实质性程序

1. 库存现金的审计目标与实质性程序

库存现金的审计目标与审计程序的对应关系如表 7.2 所示。

表7.2　库存现金的审计目标与审计程序的对应关系

审计目标	可供选择的审计程序	计划实施的审计程序	工作底稿索引号
D	1. 核对现金日记账与总账的金额是否相符，检查非记账本位币库存现金的折算汇率及折算金额是否正确		
ABCD	2. 监盘库存现金 （1）制订监盘计划，确定监盘时间 （2）将盘点金额与现金日记账余额进行核对，如果有差异，应要求被审计单位查明原因并做适当调整。如果无法查明原因，应要求被审计单位按管理权限批准后做出调整 （3）在非资产负债表日进行盘点时，应调整至资产负债表日的金额 （4）若有充抵库存现金的借条、未提现支票、未做报销的原始凭证，须在盘点表中注明，如果有必要，应做调整，特别要关注数家公司混用现金保险箱的情况		
ABD	3. 抽查大额库存现金收支。检查原始凭证是否齐全，记账凭证与原始凭证是否相符，账务处理是否正确，是否记录于恰当的会计期间等内容		
	4. 根据评估的舞弊风险等因素增加的其他审计程序		

2. 主要实质性程序操作

1）核对现金日记账与总账的余额是否相符。

审计人员测试库存现金余额的起点是核对现金日记账与总账的余额是否相符。如果不相符，应查明原因，并做出记录或适当调整。

2）监盘库存现金。

监盘库存现金是证实资产负债表所列现金是否存在的一项重要程序。通过监盘库存现金，可以查明被审计单位是否严格执行现金管理制度，有无以白条抵库、私人借款、挪用公款、私设小金库及贪污等舞弊问题。

企业盘点现金通常包括对已收到但未存入银行的现金、零用金、找换金等的盘点。盘点时，应对各部门经营的现金同时进行检查，以防止移东补西。一般先由出纳员开箱清点，然后将初点过的现金全部交审计人员当场复点。盘点中应注意，除盘点库存现金外，还应查看有无票据、证券、邮票等物件和凭证、单据、白条等。

监盘库存现金的步骤和方法如下。

① 确定库存现金盘点的时间和参加的人员。库存现金盘点的时间一般选择企业营业时间的上午上班前或下午下班时，以避开现金收支的高峰期。为防止有关人员在盘点前采取措施掩盖问题，审计人员不事先通知，而是采取突击盘点的方式。盘点时被审计单位会计主管人员和出纳员必须参加，并由审计人员进行监督盘点。

② 确定库存现金账面应有金额。在进行现金盘点前，应由出纳员将现金集中起来存入保险柜。必要时可加以封存，然后由出纳员把已办妥现金收付手续的收付款凭证登入库存现金日记账。如果被审计单位库存现金存放部门有两处或两处以上的，应同时进行盘点。

审阅库存现金日记账并同时与现金收付凭证相核对。一方面检查库存现金日记账的记录与凭证的内容是否相符，另一方面了解凭证日期与库存现金日记账日期是否相符或接近。

由出纳员根据库存现金日记账加计累计数额，结出现金结余额。

③ 实地盘点库存现金。启封保险柜，实点现金、未入账的凭单、有价证券等。

④ 编制库存现金监盘表。实地盘点清楚后，应当场及时做好记录。实存数应按不同币种、面值分别加总，并与审核后的现金余额表中的账面应有金额相核对，看其是否相符，如果不相符，须查明溢缺数及其原因，然后编制库存现金监盘表。企业会计主管人员和出纳员应在监盘表上签字，并加盖单位公章或财务专用章。如果盘点在资产负债日后进行，应倒推至资产负债表日的金额，将盘点调整后的金额与现金日记账金额进行核对。

库存现金实存额的审查，还应注意查明被审计单位对现金的出纳、保管和使用等是否执行现金管理制度，有无超额库存、以白条顶库、私人借支、挪用公款、私设"小金库"及贪污舞弊等行为。对现金保管条件予以检查，检查技术设施是否按照保管现金制度规定予以落实，是否合理完善，以促使企业单位加强现金管理，保证库存现金的安全和完整。

3）抽查大额库存现金收支。

检查大额库存现金收支的原始凭证是否齐全、原始凭证的内容是否完整、有无授权批准、记账凭证与原始凭证是否相符、账务处理是否正确、是否记录于恰当的会计期间等内容。

实例 7-1 2016年1月20日下午，由注册会计师王芳参加的现金盘点小组盘点了中瑞实业有限公司出纳员经管的现金，当天的现金日记账已登记完毕，结出现金余额为1 583.20元，清点结果如下。

（1）现金实存数：100元10张，50元5张，20元5张，10元16张，辅币15.70元。

（2）在保险柜内发现下列凭证，已付款但尚未制证出账。

① 职工朱敏 2015年12月15日借差旅费 400元，经领导批准。

② 职工冯伟借款一张,日期为2015年12月6日,金额为600元,未经批准,也没有说明用途。

(3) 门市部送来当天零售货款258元一包(不包括在实有数内)未送存银行,也没有入账。

(4) 待领工资848元,单独包封。

(5) 银行核定库存现金限额为3 000元。

(6) 经汇总2016年1月1日至20日,收入现金总额为4 924.60元,支出总额为5 573.50元。2015年12月31日现金账面余额为3 232.60元。

要求

(1) 根据盘点结果,编制库存现金监盘表。

(2) 提出审计意见。

分析

(1) 编制库存现金监盘表(见表7.3)。

表7.3 库存现金监盘表

被审计单位:中瑞实业有限公司　　编制:王芳　　日期:2016.1.20　　索引号:1001-1

截止日期:2015年12月31日　　复核:　　　　日期:　　　　页　次:

检查核对记录			现金盘点记录				
项　目	行　次	币种:人民币	币种:美元	面　额	币种:人民币		币种:美元	
^	^	^	^	^	数量	金额	数量	金额
盘点日账面库存结余额	1	2 583.70		100元	10	1 000		
盘点日未记账凭证收入金额	2	0		50元	5	250		
盘点日未记账凭证付出金额	3	400		20元	5	100		
盘点日账面应存金额	4=1+2-3	2 183.70		10元	16	160		
盘点实存金额	5	1 525.70						
应存金额与实存金额差异	6=4-5	-658						
追溯至报表日账面结存金额								
报表日至盘点日支出总额	7	5 573.50		其他		15.70		
报表日至盘点日收入总额	8	4 924.60		合计		1 525.70		
报表日应有账面金额	9=1+7-8	3 232.60		盘存地点: 盘点日期:2016.1.20 盘点人:李东 企业会计主管:章丽 审计人员:王芳					
报表日账面汇率	10			^					
合计				^					
调整数		0		^					
审定数		3 232.60		^					
审计说明:应对第6行的差异原因作出说明) 经审查盘亏658元,其中600元为白条,应催促冯伟尽快还款,另外58元,还须进一步审查。资产负债表日现金账面余额可以确认								

(2) 指出存在问题,提出审计意见。

① 盘点日库存现金账实不符,盘亏 658 元,除去白条 600 元,仍有 58 元须进一步查明。

② 职工朱敏借支的差旅费 400 元属于现金支出范围,且经过领导授权批准,可以作为已付款未出账的事项进行调节。

③ 职工冯伟借款 600 元,未经批准,也没有说明用途,属于白条,白条不能顶库,应催促其及时归还。

④ 现金收支入账不够及时,应按期及时入账。

7.2.3 银行存款的实质性程序

1. 银行存款的审计目标

银行存款的审计目标与实质性程序的对应关系如表 7.4 所示。

表7.4 银行存款的审计目标与实质性程序的对应关系

审计目标	可供选择的审计程序	计划实施的审计程序	工作底稿索引号
D	1. 获取或编制银行存款余额明细表 (1) 复核加计是否正确,并与总账数和日记账合计数核对是否相符 (2) 检查非记账本位币银行存款的折算汇率及折算金额是否正确		
ABD	2. 计算银行存款累计余额应收利息收入,分析比较审计单位银行存款应收利息收入与实际利息收入的差异是否恰当,评估利息收入的合理性,检查是否存在高息资金拆借,确认银行存款余额是否存在,利息收入是否已经完整记录		
ACE	3. 检查银行存单 编制银行存单检查表,检查是否与账面记录金额一致,是否被质押或限制使用,存单是否为被审计单位拥有 (1) 对已质押的定期存款,应检查定期存单,并与相应的质押合同核对,同时关注定期存单对应的质押借款有无入账 (2) 对未质押的定期存款,应检查开户证实书原件 (3) 对审计外勤工作结束日前已提取的定期存款,应核对相应的兑付凭证、银行对账单和定期存款复印件		
ABD	4. 取得并检查银行存款余额调节表 (1) 取得被审计单位的银行存款余额对账单,并与银行询证函回函核对,确认是否一致,抽样核对账面记录的已付票据金额及存款金额是否与对账单记录一致 (2) 获取资产负债表日的银行存款余额调节表,检查调节表中加计是否正确,调节后银行存款日记账余额与银行对账单余额是否一致 (3) 检查调节事项的性质及范围是否合理 1) 检查是否存在跨期收支和跨行转账的调节事项。编制跨行转账业务明细表,检查跨行转账业务是否同时对应转入和转出,未在同一期间完成的转账业务是否反映在银行存款余额调节表的调整事项中 2) 检查大额在途存款和未付票据 ① 检查在途存款的日期,查明发生在途存款的具体原因,追查期后银行对账单存款记录日期,确定被审计单位与银行记账时间差异是否合理,确定在资产负债表日是否需要审计调整		

（续表）

审计目标	可供选择的审计程序	计划实施的审计程序	工作底稿索引号
ABD	② 检查被审计单位的未付票据明细清单，查明被审计单位未及时入账的原因，确定账簿记录时间晚于银行对账单的日期是否合理 ③ 检查被审计单位未付票据明细清单中有记录，但截至资产负债表日银行对账单无记录且金额较大的未付票据，获取票据领取人的书面说明。确认资产负债表日是否需要进行调整 ④ 检查资产负债表日后银行对账单是否完整地记录了调节事项中银行未付票据金额 （4）检查是否存在未入账的利息收入和利息支出 （5）检查是否存在其他跨期收支事项 （6）当未经授权或授权不清支付货币资金的现象比较突出时，检查银行存款余额调节表中支付异常的领款、签字不全、收款地址不清、金额较大票据的调整事项，确认是否存在舞弊		
ACD	5. 函证银行存款余额，编制银行函证结果汇总表，检查银行回函 （1）向被审计单位在本期存过款的银行发函，包括零账户和账户已结清的银行 （2）确定被审计单位账面余额与银行函证结果的差异，对不符事项做出适当处理		
C	6. 检查银行存款账户存款人是否为被审计单位，若存款人非被审计单位，应获取该账户户主和被审计单位的书面声明，确认资产负债表日是否需要调整		
CE	7. 关注是否存在质押、冻结等对变现有限制或存于境外的款项，是否已做必要的调整和披露		
E	8. 对不符合现金及现金等价物条件的银行存款在审计工作底稿中予以列明，以考虑对现金流量表的影响		
ABD	9. 抽查大额银行存款收支的原始凭证，检查原始凭证是否齐全，记账凭证与原始凭证是否相符，账务处理是否正确，是否记录于恰当的会计期间等内容。检查是否存在非营业目的的大额货币资金转移，并核对相关账户的进账情况。如果有与被审计单位生产经营无关的收支事项，应查明原因并做相应的记录		
AB	10. 检查银行存款收支的截止是否正确。选取资产负债表日前后____张、____金额以上的凭证实施截止测试。关注业务内容及对应项目。如果有跨期收支事项，应考虑是否应进行调整		
	11. 根据评估的舞弊风险等因素增加的其他审计程序		

2. 主要实质性程序操作

1）获取或编制银行存款余额明细表，复核加计是否正确，并与总账数和日记账合计数核对是否相符。

2）函证银行存款。

向银行函证有3个目的：证实被审计单位银行存款的真实存在；了解被审计单位所欠银行的债务；发现被审计单位未登记的银行借款。因此，函证银行存款余额是证实资产负债表所列银行存款是否存在的一项重要审计程序。

银行存款函证的范围应当是被审计单位在被审计年度内存过款(含外埠存款、银行汇票存款、银行本票存款、信用证存款)的所有银行,包括银行存款账户已结清的银行。因为银行存款账户虽已结清,但仍可能有银行借款或其他负债存在。同时,即使审计人员已直接从某一银行取得了银行的账单和所有已付支票,还应向这一银行进行函证。

3）发函索取银行对账单。

由于双方存在未达账项,银行对账单与银行存款日记账往往不一致,须要编制银行存款余额调节表,检查双方余额是否相符。如果不相符,查明是由于漏列未达账项还是由于工作中的差错或其他原因所造成。还应注意审查是否有企业或银行单方存在金额相同的一收一付,而另一方并无记录的情况,若有这种情况,应详查有无出租出借银行存款账户的非法活动,值得注意的是,不能把出租出借银行存款账户的事项当作未达账项来调节。

4）取得并检查银行存款余额调节表,验证其正确性。

获取资产负债表日的银行存款余额调节表,检查调节表中加计是否正确,调节后银行存款日记账余额与银行对账单余额是否一致。

提示 凡是有银行存款的,均有可能出现未达账项。

5）检查一年以上定期存款或限定用途存款,验证其真实性。

一年以上的定期银行存款或限定用途的银行存款,不属于被审计单位的流动资产,应列于其他资产类下。对此,审计人员应查明情况,做出相应的记录。

6）抽查大额银行存款的收支,验证其合规性。

审计人员应抽查大额银行存款(含外埠存款、银行汇票存款、银行本票存款、信用证存款)收支的原始凭证,审查其内容是否完整,有无授权批准,并核对相关账户,如有与被审计单位生产经营业务无关的收支事项,应查明原因,并做相应的记录。

7）检查银行存款收支的截止,验证其正确性。

资产负债表上银行存款余额应当包括被审计单位当年最后一天收到的所有存放于银行的款项,不得包括其后收到的款项;同样,年终前开出的支票,不得在年后入账。进行银行存款截止测试,即验证银行存款收支的日期是否正确时,审计人员应当在清点支票及支票存根时,确定各银行账户最后一张支票的号码,同时查实该号码之前的所有支票均已开出。在结账日未开出的支票及其后开出的支票,均不得作为结账日的存款收付入账。

实例 7-2 某科技公司为一家上市公司,经营困难,某会计师事务所第一次接受审计。以前年度会计师均出具了标准无保留意见的审计报告,2015 年年报,该所注册会计师顶住压力,出具了保留意见审计报告。公司注册资本 28 443 万元,业务范围包括高科纺织等。至 2015 年 12 月 31 日,公司资产 88 888 万元,负债 34 356 万元,净资产 54 532 万元。

该所 4 名从业人员对该公司进行了审计,其中一人担任银行存款审计,时间为 2016 年 3 月 20 日至 4 月 5 日,审计收费 30 万元。该所审计后,出具了对公司固定资产发表保留意见的审计报告。审计报告出具不久,公司被证监会查处,发现该公司于 2014 年有一笔大额(2 500 万元)借款未入账,并将此情况通报该所。

经查审计工作底稿,该所注册会计师发现银行审计方面存在未严格执行审计程序的问题。至会计报表日,公司银行存款余额为 5 716 万元,共有 19 个银行账户,其中 7 个账户余额为0。对0余额账户的审计,审计人员未进行函证,但获取的银行对账单上大都有注销账户的记录;对有余额的11个账户,审计人员对其中10个账户进行了函证,另一账户余额为16.56元,仅获取了对账单,未函证,后来发现的未入账的负债正与该未函证的账户相关。

实例 7-3 某会计师事务所接受环球有限公司的委托,对其2015年12月31日的资产负债表进行审计。在审查资产负债表"货币资金"项目时,发现该公司2015年12月31日银行存款账面余额为32 500元,审计人员向开户银行取得对账单一张,2015年12月31日的银行对账单存款余额为41 000元。另外,查有下列未达账款。

(1) 12月23日公司送存转账支票6 000元,银行尚未入账。
(2) 12月24日公司开出转账支票7 200元,持票人尚未到银行办理转账手续。
(3) 12月25日委托银行收款10 500元,银行已收妥入账,但收款通知尚未到达该公司。
(4) 12月30日银行代付水费3 200元,但银行付款通知单尚未到达该公司。

要求:根据上述资料,编制银行存款余额调节表,并提出银行存款数额是否真实的分析意见。

分析
(1) 编制银行存款余额调节表(见表7.5)。

表7.5 银行存款余额调节表
2015年12月31日

项目	金额	项目	金额
银行存款日记账余额	32 500	银行对账单余额	41 000
加:银行已收、企业未收款	10 500	加:企业已收、银行未收款	6 000
减:银行已付、企业未付款	3 200	减:企业已付、银行未付款	7 200
调节后余额	39 800	调节后余额	39 800

(2) 提出分析意见。

从银行存款余额调节表中可以看出,环球有限公司2015年12月31日银行存款的数额经调整后应为39 800元,从而证明公司银行存款账面余额32 500元是真实的。

7.2.4 其他货币资金的实质性程序

其他货币资金包括企业为到外地进行临时或零星采购而汇往采购地银行开立采购专户的款项所形成的外埠存款,企业为取得银行汇票按照规定存入银行的款项所形成的银行汇票存款,企业为取得银行本票按照规定存入银行的款项所形成的银行本票存款,企业为取得信用卡按照规定存入银行的款项所形成的信用卡存款,采用信用证结算方式的企业为开具信用证而存入银行信用证保证金专户的款项所形成的信用证存款,企业已存入证券公司但尚未进行短期投资的现金所形成的存出投资款等。

其他货币资金审计目标与实质性程序的对应关系如表7.6所示。

表7.6 其他货币资金的审计目标与实质性程序的对应关系

审计目标	可供选择的审计程序	计划实施的审计程序	工作底稿索引号
D	1. 获取或编制其他货币资金明细表 （1）复核银行汇票存款、银行本票存款、信用卡存款、信用证保证金存款、存出投资款、外埠存款等加计是否正确，并与总账数和日记账明细账合计数核对是否相符 （2）检查非记账本位币其他货币资金的折算汇率及折算是否正确		
ABD	2. 取得并检查其他货币资金余额调节表 （1）取得被审计单位银行对账单，检查被审计单位提供的银行对账单是否存在涂改或修改的情况，确定银行对账单金额的正确性，并与银行回函结果核对是否一致，抽样核对账面记录的已付款金额及存款金额是否与对账单记录一致 1）应将保证金账户对账单与相应的交易进行核对。检查保证金与相关债务的比例和合同约定是否一致，特别关注是否存在有保证金发生而被审计单位账面无对应保证事项的情形 2）若信用卡持有人是被审计单位职员，应取得该职员提供的确认书，并应考虑进行调整 （2）获取资产负债表日的其他货币资金存款余额调节表，检查调节表中加计是否正确，调节后其他货币资金日记账余额与银行对账单余额是否一致 （3）检查调节事项的性质和范围是否合理，如存在重大差异应做审计调整		
AC	3. 核查函证银行汇票存款、银行本票存款、信用卡存款、信用证保证金存款、存出投资款、外埠存款等期末余额，编制其他货币资金函证结果汇总表，检查银行回函		
C	4. 检查其他货币资金存款账户存款人是否为被审计单位，若存款人非被审计单位，应获取该账户户主和被审计单位的书面声明，确认资产负债表日是否需要调整		
E	5. 关注是否有质押、冻结等对变现有限制、或存放在境外、或有潜在回收风险的款项		
AB	6. 选取资产负债表日前后张、金额以上的凭证，对其他货币资金收支凭证实施截止测试，如果有跨期收支事项，应考虑是否进行调整		
ABD	7. 抽查大额其他货币资金收付记录，检查原始凭证是否齐全、记账凭证与原始凭证是否相符、账务处理是否正确、是否记录于恰当的会计期间等内容		
	8. 据评估的舞弊风险等因素增加的其他审计程序		
	9. 检查货币资金是否已按照企业会计准则的规定在财务报表中作出恰当列报		

实例 7-4 某公司在东北某大型钢铁厂设有办事处，派 4 名公关能力较强的人员常驻。通过各种关系和手段，这 4 名公关人员打通了这家钢铁厂的销售环节，能以优惠价格采购到各种钢材，其数量不仅能满足本厂生产需要，还能提供给其他单位。于是该公司决定，除保证本公司生产经营需要外，还要多搞一些钢材转手倒卖，从中获利。该公司便通过银行向某钢铁厂所在地工商银行某办事处汇去资金 280 万元，作为采购钢材的周转金。要求钢

材无论销往何地,其款项都要由公司办事处统一收取,每月只将净利润汇回公司特别开设的银行账户,以达到隐瞒利润、偷漏所得税的目的。

(1) 查证经过

查证人员对被查公司进行审查时发现,"其他货币资金——外埠存款"账户自上年1月份到本年2月份的借方余额一直为280万元。外埠存款是企业到外地进行临时性或零星采购材料时的暂时存款,采购业务一旦结束应抽回资金,撤销该类存款。而该公司的外埠存款挂了一年多,平时也没有什么增减变化,很值得怀疑。从发生这笔业务的记账凭证摘要中看出,该笔款项是用于向东北某钢铁厂采购钢材的。查证人员通过材料采购账户,发现每月都有从东北某钢铁厂购回的钢材,而且每次购买都是通过银行汇去现款进行结算的。这样,280万元的外埠存款就更值得怀疑。通过调查知道,被查公司在钢铁厂设有4人的办事处,他们除给公司采购钢材外可能还套购大批钢材进行转手倒卖。查证人员通过外调,找到了那4位工作人员,通过查阅他们记录的流水账和银行汇款记录,查明该办事处上年销售了各类钢材2万吨,销售收入达2 340万元(含增值税)。而被查公司账上并没有办事处汇回款项的记录,于是查证人员肯定该公司在搞"账外经营"。通过内查外调,发现该公司通过关系在本地工商银行某分理处另外开设了银行账户,却没有在公司账上反映。经查,上年一共汇入账外经营利润400万元,尚未支付过款项。经营过程中发生的增值税已向东北某钢铁厂所在地税务机关缴纳。

(2) 账项调整

1) 把账外经营利润转入公司账上。
借:银行存款　　　　　　　　　　　　　　　　　　　　　4 000 000
　　贷:本年利润　　　　　　　　　　　　　　　　　　　　　　4 000 000

2) 撤销外埠存款户。
借:银行存款　　　　　　　　　　　　　　　　　　　　　2 800 000
　　贷:其他货币资金——外埠存款　　　　　　　　　　　　　2 800 000

3) 要求注销在工商银行某分理处开设的非法银行账户,把款项转入被查公司的合法银行账户中。

技能训练

一、单项选择题

1. 2016年3月10日,注册会计师对被审计单位现金进行监盘后,确认实有现金为2 000元。公司3月9日账面库存现金余额为3 000元,3月10日发生的现金收支全部未登记入账,其中,收入金额为5 000元,支出金额为6 000元,2016年1月1日至3月9日现金收入总额为158 200元,现金支出总额为156 000元,则推断2015年12月31日库存现金余额为(　　)元。
　　A. 3 000　　　　B. 1 000　　　　C. 800　　　　D. 2 200

2. 在进行年度财务报表审计时,为了证实被审计单位在临近12月31日签发的支票未予入账,注册会计师实施的最有效审计程序是(　　)。
　　A. 审查12月31日的银行存款余额调节表　　B. 函证12月31日的银行存款余额
　　C. 审查12月31日的银行对账单　　　　　　D. 审查12月份的支票存根

3. 注册会计师了解被审计单位现金收入应于每日存入银行的主要目的是(　　)。
　　A. 确保交易经适当批准　　　　　　　　　B. 确保交易按授权进行

项目 7 货币资金审计

  C. 保护资产安全   D. 确保现金及收入记录完整
  4. 注册会计师能够确定下列各项职责中没有违反不相容职责的有( )。
   A. 银行出纳与编制银行存款余额调节表   B. 接受订单与批准赊销
   C. 现金出纳与登记现金日记账   D. 现金出纳与编制记账凭证
  5. 注册会计师在对库存现金进行盘点时,时间最好选择在上午上班或下午下班时进行,主要是为了证实( )认定。
   A. 完整性   B. 计价和分摊   C. 存在   D. 权利和义务

二、多项选择题

  1. 下列符合现金盘点要求的是( )。
   A. 盘点人员必须有出纳员、被审计单位会计主管和注册会计师
   B. 盘点之前应将已办理现金收付手续的收付凭证登入现金日记账
   C. 不同存放地点的现金应同时进行盘点
   D. 盘点时间应安排在现金收付业务进行前或结束后
  2. 良好的货币资金内控要求是( )。
   A. 控制现金坐支,当日现金收入应及时送存银行
   B. 货币资金收支与记账的岗位分离
   C. 全部收支及时、准确入账,并且支出要有核准手续
   D. 按月盘点现金,编制银行存款余额调节表
  3. 在下列审计程序中,属于库存现金、银行存款账户实质性程序的有( )。
   A. 监盘库存现金,编制库存现金监盘表
   B. 抽查大额现金和银行存款收支,看是否及时入账
   C. 抽查是否每月编制银行存款余额调节表
   D. 向开户银行函证银行存款余额
  4. 注册会计师实施的下列各项审计程序中能够证实银行存款是否存在的有( )。
   A. 分析定期存款占银行存款的比例   B. 检查银行存款余额调节表
   C. 函证银行存款余额   D. 检查银行存款收支的正确截止
  5. 注册会计师应当注意检查库存现金内部控制的建立和执行情况,并关注( )。
   A. 库存现金的收支是否按规定的程序和权限办理
   B. 是否存在与被审计单位经营无关的款项收支情况
   C. 是否存在出租、出借银行账户的情况
   D. 出纳与会计的职责是否严格分离

三、判断题

  1. 库存现金盘点一般适宜突击盘点。   (　　)
  2. 对企业库存现金进行盘点时,出纳员、会计部门负责人、审计人员必须同时在场。(　　)
  3. 被审计单位资产负债表中的现金数额,应以盘点日实有数额为准。   (　　)
  4. 银行存款余额调节表应由被审计单位根据不同的银行账户及货币种类分别编制。(　　)
  5. 函证银行存款的唯一目的是证实银行存款是否真实存在。   (　　)

四、操作题

  1. 资料:华晨会计师事务所在对三通铝业公司 2015 年度财务报表审计时,注册会计师张华负责审计货币资金项目。该公司在总部和营业部均设有出纳部门。为了顺利监盘库存现金,张华在监盘前一天通知该公司会计人员做好监盘准备。考虑到出纳日常工作安排,对总部和营业部库存现金的监盘分别定在上午 10 时和下午 3 时。监盘时,出纳把现金放入保险柜,并将已办妥现金收付手续的交易登记现金日记账,结出现金日记账余额;然后,张华当场盘点现金,在与现金日记账核对后填写库存现金盘点表,并在签字后形成审计工作底稿。

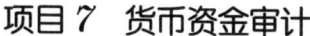

要求：请指出上述库存现金监盘工作中有哪些不当之处,并提出改进建议。

2. **资料**:2016年1月10日上午8时,安达会计师事务所派注册会计师王宏对永兴公司库存现金进行突击盘点。经过盘点,实际的情况如下。

（1）现钞有100元币10张,50元币13张,10元币16张,5元币19张,辅币5元5角。

（2）已收款尚未入账的收款凭证3张,计130元。

（3）已付款尚未入账的付款凭证5张,计520元。其中有马明借条一张,日期为2014年12月15日,金额220元,未经批准和说明用途。

（4）现金日记账账面记录:盘点日账面余额为2 087.58元;2016年1月1日至2016年1月10日收入现金4 566.16元,支出现金4 120元;2014年12月31日余额为1 066.04元。

要求

（1）编制库存现金监盘表(见表7.7)。

（2）指出该企业在现金管理中存在的问题,并提出改进建议。

表7.7　库存现金监盘表

被审计单位:＿＿＿＿＿　编制:＿＿＿＿＿　日期:＿＿＿＿＿　索引号:1001-1

截止日期:＿＿＿＿＿　复核:＿＿＿＿＿　日期:＿＿＿＿＿　页　次:＿＿＿＿＿

检查核对记录				现金盘点记录				
项　目	行　次	币种:人民币	币种:美元	面　额	币种:人民币		币种:美元	
					数量	金额	数量	金额
盘点日账面库存结余额	1			100元				
盘点日未记账凭证收入金额	2			50元				
盘点日未记账凭证付出金额	3			20元				
盘点日账面应存金额	4=1+2-3			1元				
盘点实存金额	5			5元				
应存金额与实存金额差异	6=4-5							
追溯至报表日账面结存金额								
报表日至盘点日支出总额	7			其他				
报表日至盘点日收入总额	8			合计				
报表日应有账面金额	9=1+7-8							
报表日账面汇率	10			盘存地点:				
合计				盘点日期:				
调整数				盘点人:				
				企业会计主管:				
审定数				审计人员:				
审计说明:(应对第6行的差异原因作出说明)								

3. **资料**:注册会计师王宏负责审查W股份有限公司2015年度财务报表货币资金项目。王宏于2016年2月10日审查银行存款时,拟抽查复核12月份银行存款余额调节表。12月份银行存款日记账的收支业务与银行对账单有关资料如下。

项目 7　货币资金审计

（1）12月31日，银行对账单（以下简称对账单）余额为23 546元，银行存款日记账（以下简称日记账）余额为220 000元。
（2）12月8日，对账单上收到外地汇款85 000元（查系外地某私营企业）。
（3）12月22日，对账单上有存款利息266元，日记账上为260元（查系记账凭证写错）。
（4）12月2日，对账单上有付出85 000元（查明转账支票），但日记账上无此记录。
（5）12月2日，日记账上付出4元，但对账单上无此记录（查系记账员误记）。
（6）12月31日，日记账上存入转账支票4 000元，但对账单上无此记录。
（7）12月31日，日记账上有付出转账支票2 000元，但对账单上无此记录。
（8）12月31日，对账单上收到托收款项5 500元，但日记账上无此记录。

要求：
（1）根据上述资料编制银行存款余额调节表（见表7.8）。
（2）根据上述情况，指出该企业银行存款管理上存在的问题。

表7.8　银行存款余额调节表

被审计单位：＿＿＿＿＿　　编制：＿＿＿＿＿　　日期：＿＿＿＿＿　　索引号：1002
截止日期：＿＿＿＿＿　　复核：＿＿＿＿＿　　日期：＿＿＿＿＿　　页　次：＿＿＿＿＿

元

项　目	金额	调节项目说明	是否需要审计调整
银行对账单余额			
加：企业已收，银行尚未入账合计金额			
其中：			
减：企业已付，银行尚未入账合计金额			
其中：			
调整后银行对账单余额			
企业银行存款日记账余额			
加：银行已收，企业尚未入账合计金额			
其中：			
减：银行已付，企业尚未入账合计金额			
其中：			
调整后企业银行存款日记账余额			
审计说明：			

项目 8
完成审计工作与出具审计报告

知识目标
1. 了解完成审计工作范围及审计差异。
2. 了解持续经营、或有事项、期后事项等项目审计目标及审计程序。
3. 了解管理层声明的内容。
4. 了解审计报告含义、类型和基本内容。

能力目标
1. 能编制审计差异汇总表。
2. 能正确判断期后事项,并对期后事项做出正确的处理意见。
3. 能正确确定审计意见类型,撰写各种类型的审计报告。

引例 **共同基金管理股份有限公司案例——出具保留意见审计报告仍承担高额赔偿**

按双方达成的协议,金氏资源有限公司将以成本价(通常包含 7%~8% 的利润率,向共同基金管理公司出售自然资源产业。共同基金管理股份有限公司从金氏资源有限公司处购买的石油和天然气产业价值,1969 年底已达 1 亿多美元,为此还专门设立了自然资源资本账户来加以管理。××是共同基金管理股份有限公司和金氏资源有限公司双方的审计师,××丹佛办事处既对总部设在丹佛的金氏资源有限公司进行审计,也负责共同基金管理股份有限公司的自然资源资本账户的审计。

金氏资源有限公司经常买进一些廉价的石油和天然气产业,然后立即以甚至高于原始成本 30 倍的高昂价格出售给共同基金管理股份有限公司,还精心安排霍克斯·拉芙交易、麦坎交易、布莱克利·沃尔科特交易等欺诈性的价值重估交易(第三方以远高于公允市价的价格购买某处石油和天然气产业 10% 左右的一小部分产权,但按照与金氏资源有限公司秘密签订的"附属协议",第三方不会遭受实际损失),使共同基金管理股份有限公司确信自然资源资本账户在增值。

为了避免承担不必要的责任,××对没有把握的资产升值,对 1969 年共同基金管理股份有限公司的财务报表以保留意见的方式予以回避:"类似以前年度,有些投资,在缺乏明确的市场价格的情况下,已由董事会按照注释 9 的方法估价。我们复核了这些评估,确认它们是按照既定方法进行的。但是由于我们不具备评估这些投资价值的专业能力,我们不准备对估价表示审计意见。"但是,美国法院仍然认为注册会计师没有使报告使用者避免实质上的损失,以报告使用者的实际损失而非审计收费的多少倍为标准,1981 年判决注册会计师赔偿 8 079 万美元,1982 年改判减少损失赔偿金约 1 000 万美元。

本案例给注册会计师的启示是:保密性原则的贯彻,使得注册会计师有了与被审计

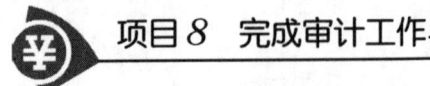

单位自由交流信息的特权,然而,审计的最根本目的,就是要充分揭露其对财务报表的判断,不能过于强调保密性原则而忽视了审计的根本目的;保留意见的审计报告并不能减轻法律责任;管理层声明书并不能减免注册会计师的法律责任,它在所有的证据中最没有证据力,充其量不过是提醒管理部门负有会计责任。

注册会计师按业务循环完成各财务报表项目的审计测试和一些特殊项目的审计工作后,在审计完成阶段应汇总审计测试结果,进行更具综合性的审计工作,如汇总审计差异,考虑被审计单位的持续经营假设的合理性,关注或有事项和期后事项对财务报表的影响,撰写审计总结,等等。在此基础上,应评价审计结果,在与客户沟通后,获取管理层声明,确定应出具审计报告的意见类型和措辞,进而编制并致送审计报告,终结审计工作。

8.1 完成审计工作

8.1.1 汇总审计差异

在完成按业务循环进行的控制测试、交易与财务报表项目的实质性程序,以及特殊项目的审计后,对审计项目组成员在审计中发现的被审计单位的会计处理方法与企业会计准则的不一致,即审计差异内容,审计项目经理应根据审计重要性原则予以初步确定并汇总,且应建议被审计单位进行调整,使经审计的财务报表所载信息能够公允地反映被审计单位的财务状况、经营成果和现金流量。对审计差异内容的"初步确定并汇总"直至形成"经审计的财务报表"的过程,主要是通过编制审计差异调整表和试算平衡表得以完成的。

1. 编制审计差异调整表

审计差异内容按照是否需要调整账户记录可分为核算错误和重分类错误。核算错误是因企业对经济业务进行了不正确的会计核算而引起的错误,用审计重要性原则来衡量每一项核算错误,又可把这些核算错误区分为建议调整的不符事项和不建议调整的不符事项(即未调整不符事项)。重分类错误是因企业未按企业会计准则列报财务报表而引起的错误,例如,企业在应付账款项目中反映的预付款项,在应收账款项目中反映的预收款项等。

对审计中发现的核算误差,如何运用审计重要性原则来划分建议调整的不符事项与未调整的不符事项,是正确编制审计差异调整表的关键。重要性具有数量和质量两个方面的特征,即注册会计师在划分建议调整的不符事项与未调整不符事项时,应当考虑核算误差的金额和性质两个因素。

1)第一次调整。

情况一:对于单笔核算误差超过所涉及财务报表项目(或账项)层次重要性水平的,应视为建议调整的不符事项。

情况二:对于单笔核算误差低于所涉及财务报表项目(或账项)层次重要性水平,但性质重要的,如涉及舞弊与违法行为的核算误差、影响收益趋势的核算误差、股本项目等不期望出现的核算误差,应视为建议调整的不符事项。

2)第二次调整。

对于单笔核算误差低于所涉及财务报表项目(或账项)层次重要性水平,并且性质不重要的,一般应视为未调整不符事项,但当若干笔同类型未调整不符事项汇总数超过财务报表项目(或账项)层次重要性水平时,应从中选取几笔转为建议调整的不符事项,记入调整分录汇总表,使未调整不符事项汇总金额降至项目层次重要性水平之下。

3)第三次调整。

所有项目错报的合计数与报表层次重要性水平相比较,如果超过报表层次重要性水平,则应从中选取几笔转为建议调整的不符事项,记入调整分录汇总表,使未调整不符事项汇总金额降至报表层次重要性水平之下。

4)第四次调整。

考虑前期未调整的、继续影响本期的错报金额,如果与第三次调整后的合计数超过报表层次的重要性水平,则继续调整,直至剩下的未调整不符事项汇总金额低于报表层次重要性水平。

5)第五次调整。

考虑期后事项、或有事项的影响,调整方法同上。

实例 8-1 从报表项目看,假设只考虑应收账款项目,其重要性水平为30万元,报表层次重要性水平300万元。

1)第一次调整。

情况一:在应收账款项目中,如果单笔核算误差超过项目层次重要性水平30万元,就要建议调整。例如,发现一笔40万元的错报,肯定要调整,因为超过了项目层次重要性水平30万元。

情况二:如果单笔核算误差低于30万元,但性质重要,也要建议调整。例如,发现一笔15万元的错报,是与另外一家单位串通舞弊造成的,建议调整,因为其性质重要。

2)第二次调整。

应收账款项目内,单笔核算误差低于30万元,性质也不重要,就单笔看,应该不建议调整。但是如果应收账款项目内这种未调整的不符事项太多,以至于合计起来的数超过了项目层次重要性水平,也要调整。例如,发现一笔15万元的错报,金额不超过30万元,性质也不重要,不建议调整;后来又发现一笔20万元的错报,同样是金额不超过30万元,性质也不重要,不应该建议调整。两笔错报分开来看,都未超过重要性水平,而且性质也不重要,但加起来的总额为35万元,大于应收账款项目层次重要性水平30万元。此时,从中选择几笔错报,将其调到重要性水平之下,此例中将20万元那笔错报转为建议调整。假如还有一笔8万元的错报,同样满足性质不重要,金额也未超过重要性水平,还是建议调20万元的错报,因为剩下的两笔错报15万元和8万元,加起来的金额为23万元,不超过重要性水平30万元。总之,调整的原则是项目调整结束时,不建议调整的错报应满足:第一,每笔金额不超过重要性水平,性质不重要;第二,加起来的金额不超过重要性水平。即相当于两次调整机会,第一次单独看一个项目,第二次合起来看。这两次调整都是与财务报表项目(或账项)层次重要性水平相比较的。

3）第三次调整。

经过前两次调整以后,应收账款项目留个"小尾巴",固定资产也有个"小尾巴"……每个项目都有个"小尾巴",第三次调整是将所有项目的"小尾巴"加起来,与报表层次的重要性水平相比较,如果超过报表层次的重要性水平,则继续建议调整,直至剩下的未调整的不符事项金额低于报表层次重要性水平。值得注意的是,如果重要性水平是采用分配的方法确定的,则不会出现第三次调整的情况,因为如果每项都低于项目层次的重要性水平,合起来的金额也不会超过报表层次的重要性水平。因此,第三次调整的前提是重要性水平的确定方法采用的是不分配的方法。

4）第四次调整。

仍以上述情况为例,如前所述,假设报表层次的重要性水平为300万元,应收账款、固定资产等所有账户已经经过了前面3次调整,最后不建议调整的金额加起来有280万元,低于报表层次重要性水平。但是以前未调整,继续影响本期的错报还有50万元,合起来有330万元,超过报表层次重要性水平300万元,所以还要调整。至于是调上期的错报还是调本期的,都不重要,只是把握好一个原则,使得调整后的错报金额低于报表层次的重要性水平就可以了。

5）第五次调整。

审计结束后,发现期后事项,或有事项也可能调整,调整原则和方法同上。

在进行审计差异调整时,最多可能有5次调整的机会。注意,后3次调整时错报、漏报的金额合计是与报表层次重要性水平相比较的。

无论是建议调整的不符事项、重分类错误还是未调整不符事项,在审计工作底稿中通常都是以会计分录的形式反映的。由于审计中发现的错误往往不止一两项,为便于审计项目的各级负责人综合判断、分析和决定,也为了便于有效编制试算平衡表和代编经审计的财务报表,通常需要将这些建议调整的不符事项、重分类错误及未调整不符事项分别汇总至账项调整分录汇总表、重分类调整分录汇总表与未更正错报汇总表。3张汇总表的参考格式分别如表8.1、表8.2和表8.3所示。

表8.1 账项调整分录汇总表

序号	内容及说明	索引号	调整内容				影响利润表 +（-）	影响资产负债表 +（-）
			借方项目	借方金额	贷方项目	贷方金额		

与被审计单位的沟通:

参加人员:

被审计单位:

审计项目组:

被审计单位的意见:

结论:

是否同意上述审计调整:

被审计单位授权代表签字: 日期:

表8.2 重分类调整分录汇总表

序 号	内容及说明	索引号	调整项目和金额			
			借方项目	借方金额	贷方项目	贷方金额

与被审计单位的沟通:
参加人员:_____
被审计单位:_____
审计项目组:_____
被审计单位的意见:_____

结论:
是否同意上述审计调整:_____
被审计单位授权代表签字:_____ 日期:_____

表8.3 未更正错报汇总表

序 号	内容及说明	索引号	调整内容				备 注
			借方项目	借方金额	贷方项目	贷方金额	

未更正错报的影响:
项目　　　　　　　金额　　　　　　　百分比　　　　　　　计划百分比
1. 总资产　　　　_____　　　　　　_____　　　　　　_____
2. 净资产　　　　_____　　　　　　_____　　　　　　_____
3. 销售收入　　　_____　　　　　　_____　　　　　　_____
4. 费用总额　　　_____　　　　　　_____　　　　　　_____
5. 毛利　　　　　_____　　　　　　_____　　　　　　_____
6. 净利润　　　　_____　　　　　　_____　　　　　　_____
结论:_____
被审计单位授权代表签字:_____ 日期:_____

注册会计师确定了建议调整的不符事项和重分类错误后,应以书面方式及时征求被审计单位对需要调整财务报表事项的意见。若被审计单位予以采纳,应取得被审计单位同意调整的书面确认;若被审计单位不予采纳,应分析原因,并根据未调整不符事项的性质和重要程度,确定是否在审计报告中予以反映,以及如何反应。

2. 编制试算平衡表

试算平衡表是注册会计师在被审计单位提供未审财务报表的基础上,考虑调整分录、重分类分录等内容以确定已审数与报表披露数的表式。有关资产负债表和利润表的试算平衡表的参考格式分别如表 8.4 和表 8.5 所示。

需要说明以下几点。

① 试算平衡表中的"期末未审数"和"审计前金额"列,应根据被审计单位提供的未审计财务报表填列。

② 试算平衡表中的"账项调整"和"调整金额"列,应根据经被审计单位同意的账项调整分录汇总表填列。

③ 试算平衡表中的"重分类调整"列,应根据经被审计单位同意的重分类调整分录汇总表填列。

④ 在编制试算平衡表后,应注意核对相应的勾稽关系。例如,资产负债表试算平衡表左边的"期末未审数"列合计数、"期末审定数"列合计数应分别等于其右边相应各列合计数;资产负债表试算平衡表左边的"账项调整"列中的借方合计数与贷方合计数之差应等于右边的"账项调整"列中的贷方合计数与借方合计数之差;资产负债表试算平衡表左边的"重分类调整"列中的借方合计数与贷方合计数之差应等于右边的"重分类调整"列中的贷方合计数与借方合计数之差,等等。

表8.4 资产负债表试算平衡表

单位：元

项目	期末未审数	账项调整 借方	账项调整 贷方	重分类调整 借方	重分类调整 贷方	期末审定数	项目	期末未审数	账项调整 借方	账项调整 贷方	重分类调整 借方	重分类调整 贷方	期末审定数
货币资金							短期借款						
交易性金融资产							交易性金融负债						
应收票据							应付票据						
应收账款							应付账款						
预付款项							预收款项						
应收利息							应付职工薪酬						
应收股利							应交税费						
其他应收款							应付利息						
存货							应付股利						
一年内到期的非流动资产							其他应付款						
其他流动资产							一年内到期的非流动负债						
可供出售金融资产							其他流动负债						
持有至到期投资							长期借款						
长期应收款							应付债券						
投资性房地产							长期应付款						
固定资产							专项应付款						
在建工程							预计负债						
工程物资							递延所得税负债						
固定资产清理							其他非流动负债						
无形资产							所有者权益（或股东权益）						
开发支出							实收资本（或股本）						
商誉							资本公积						
长期待摊费用							盈余公积						
递延所得税资产							未分配利润						
其他非流动资产													
合计							合计						

表8.5 利润表试算平衡表

被审计单位：_____ 编制：_____ 日期：_____ 索引号：_____
截止日期：_____ 复核：_____ 日期：_____ 页　次：_____

项　目	审计前金额	调整金额 借方	调整金额 贷方	审定金额
一、营业收入				
减：营业成本				
营业税金及附加				
销售费用				
管理费用				
财务费用				
资产减值损失				
加：公允价值变动损益				
投资收益				
二、营业利润				
加：营业外收入				
减：营业外支出				
三、利润总额				
减：所得税费用				
四、净利润				

实例 8-2 注册会计师王宏在审计 TH 股份有限公司 2015 年度财务报表时索取了资产负债表和利润表的资料，如表 8.6 和表 8.7 所示。

表8.6 资产负债表
会企 01 表

编制单位：TH 股份有限公司　　　　　2015 年 12 月 31 日　　　　　　　　　　元

资　产	期末余额	年初余额	负债和所有者权益（或股东权益）	期末余额	年初余额
流动资产：			流动负债：		
货币资金	815 128	1 406 112	短期借款	50 000	300 000
交易性金融资产		15 000	交易性金融负债		
应收票据	66 000	246 000	应付票据	100 000	200 000
应收账款	1 598 000	349 100	应付账款	1 953 800	952 012
预付款项	100 000	100 000	预收款项		

(续表)

资　产	期末余额	年初余额	负债和所有者权益（或股东权益）	期末余额	年初余额
应收利息			应付职工薪酬	183 012	1 138 00
应收股利			应交税费	223 731	34 600
其他应收款	5 200	5 200	应付利息		1 000
存货	2 534 715	2 580 000	应付股利	32 215	
一年内到期的非流动资产			其他应付款	50 000	50 000
其他流动资产	50 000	50 000	一年内到期的非流动负债		1 000 000
流动资产合计	5 169 043	4 751 412	其他流动负债		
非流动资产：			流动负债合计	2 592 758	2 651 412
可供出售金融资产					
持有至到期投资			非流动负债：		
长期应收款			长期借款	1 160 000	600 000
长期股权投资	250 000	250 000	应付债券		
投资性房地产			长期应付款		
固定资产	2 208 500	1 100 000	专项应付款		
在建工程	628 000	1 700 000	预计负债		
工程物资	300 000		递延所得税负债		
固定资产清理			其他非流动负债		
生产性生物资产			非流动负债合计	1 160 000	600 000
油气资产			负债合计	3 752 758	3 251 412
无形资产	540 000	600 000	所有者权益（或股东权益）：		
开发支出			实收资本（或股本）	5 000 000	5 000 000
商誉			资本公积		
长期待摊费用			减：库存股		
递延所得税资产			盈余公积	124 771	100 000
其他非流动资产			未分配利润	218 014	50 000
非流动资产合计	3 926 500	3 650 000	所有者权益（或股东权益）合计	5 342 785	5 150 000
资产总计	9 095 543	8 401 412	负债和所有者权益（或股东权益）总计	9 095 543	8 401 412

表8.7 利润表

会企02表

编制单位：TH股份有限公司　　　　　　　　2015年12月　　　　　　　　　　　元

项　　目	本期金额	上期金额
一、营业收入	4 258 900	（略）
减：营业成本	3 054 700	
营业税金及附加	2 820	
销售费用	20 000	
管理费用	657 100	
财务费用	41 500	
资产减值损失	30 900	
加：公允价值变动收益（损失以"-"号填列）		
投资收益（损失以"-"号填列）	31 500	
其中：对联营企业和合营企业的投资收益		
二、营业利润（亏损以"-"号填列）	483 380	
加：营业外收入	50 000	
减：营业外支出	19 700	
其中：非流动资产处置损失		
三、利润总额（亏损总额以"-"号填列）	513 680	
减：所得税费用	128 420	
四、净利润（净亏损以"-"号填列）	385 260	
五、每股收益：		
（一）基本每股收益		
（二）稀释每股收益		

在审计过程中发现了以下问题，记录在审计工作底稿中。TH股份有限公司接受所有审计调整事项。（所得税税率为25%，增值税税率为17%，城市建设维护税税率为7%，教育费附加为3%，盈余公积的计提比例为10%）

（1）有一笔购买200万元原材料的欠款业务未登记入账。

（2）实施函证发现应向某单位收取的80万元销售货款并不存在，该笔业务没开出增值税专用发票，也没有结转相应的产品销售成本。

（3）将该年度的主营业务收入120万元，挂在应付账款中，未做销售处理，增值税已入账。

（4）有一笔100万元的3年期长期借款，于2015年11月底到期，依然按"长期借款"

项目列报。

（5）将一笔 50 万元的广告费计入了管理费用。

要求：根据上述资料编制审计差异调整表和试算平衡表。

假设以上调整账项均经被审计单位同意调整，有关账项调整结果如表 8.8、表 8.9 所示，资产负债表和利润表的试算平衡如表 8.10、表 8.11 所示。

表8.8　账项调整分录汇总表　　　　　　　　　　　　　　　　　　　　　元

序号	内容及说明	索引号	调整内容				影响利润表+(-)	影响资产负债表+(-)
			借方项目	借方金额	贷方项目	贷方金额		
1	漏记购买材料欠款	（略）	存货	2 000 000	应付账款	2 000 000		+2 000 000
2	多记销售收入	（略）	营业收入	800 000	应收账款	800 000	-800 000	-800 000
3	将出售产品挂在应付账款项目	（略）	应付账款	1 200 000	营业收入	1 220 000	+1 200 000	-1 200 000
4	由于调增利润而调增所得税费用	（略）	所得税费用	100 000	应交税费	100 000	-100 000	+100 000
5	结转调整事项损益	（略）	营业收入	400 000	所得税费用 未分配利润	100 000 300 000		

表8.9　重分类调整分录汇总表　　　　　　　　　　　　　　　　　　　元

序号	内容及说明	索引号	调整项目和金额			
			借方项目	借方金额	贷方项目	贷方金额
1	将一年内到期的长期借款列在"长期借款"项目	（略）	长期借款	1 000 000	一年内到期的非流动负债	1 000 000
2	将应计入销售费用的支出计入了管理费用	（略）	销售费用	500 000	管理费用	500 000

表8.10 资产负债表试算平衡表

单位：元

项目	期末未审定数	账项调整 借方	账项调整 贷方	重分类调整 借方	重分类调整 贷方	期末审定数	项目	期末未审定数	账项调整 借方	账项调整 贷方	重分类调整 借方	重分类调整 贷方	期末审定数
货币资金	815 128					815 128	短期借款	50 000					50 000
交易性金融资产							交易性金融负债						
应收票据	66 000					66 000	应付票据	100 000					100 000
应收账款	1 598 000		800 000			798 000	应付账款	1 953 800			1 200 000	2 000 000	2 753 800
预付款项	100 000					100 000	预收款项						
应收利息							应付职工薪酬	183 012					183 012
应收股利							应交税费	223 731		149 500			373 231
其他应收款	5 200					5 200	应付利息	32 215					32 215
存货	2 534 715	2 000 000				4 534 715	应付股利						
一年内到期的非流动资产							其他应付款	50 000					50 000
其他流动资产	50 000					50 000	一年内到期的非流动负债					1 000 000	1 000 000
可供出售金融资产							其他流动负债						
持有至到期投资							长期借款	1 160 000			1 000 000		160 000
长期应收款							应付债券						
长期股权投资	250 000					250 000	长期应付款						
投资性房地产							专项应付款						
固定资产	2 208 500					2 208 500	预计负债						
在建工程	628 000					628 000	递延所得税负债						
工程物资	300 000					300 000	其他非流动负债						
固定资产清理							所有者权益（或股东权益）：						
无形资产	540 000					540 000	实收资本（或股本）	5 000 000					5 000 000
开发支出							资本公积						
商誉							盈余公积	124 771					124 771
长期待摊费用							未分配利润	218 014		250 500			468 514
递延所得税资产													
其他非流动资产													
合计	9 095 543	2 000 000	800 000			10 295 543	合计	9 095 543	1 200 000	2 400 000	1 000 000	1 000 000	10 295 543

表8.11 利润表试算平衡表工作底稿　　　　　　　　　　　　　　　　元

项　目	审计前金额	调整金额 借方	调整金额 贷方	审定金额
一、营业收入	4 258 900	800 000	1 200 000	4 658 900
减：营业成本	3 054 700			3 054 700
营业税金及附加	2 820	66 000		68 820
销售费用	20 000	500 000		520 000
管理费用	65 7100		500 000	15 7100
财务费用	41 500			41 500
资产减值损失	30 900			30 900
加：公允价值变动损益				
投资收益	31 500			31 500
二、营业利润	483 380	1 366 000	1 100 000	81 7380
加：营业外收入	50 000			50 000
减：营业外支出	19 700			19 700
三、利润总额	513 680	1 366 000	1 770 000	847 680
减：所得税费用	128 420	341 550	425 000	211 920
四、净利润	385 260	1 024 500	1 275 000	635 760

8.1.2 考虑持续经营假设

持续经营假设是指被审计单位在编制财务报表时，假定其经营活动在可预见的将来会继续下去，不拟也不必终止经营或破产清算，可以在正常的经营过程中变现资产、清偿债务。持续经营假设是会计确认和计量的4项基本假定之一，对财务报表的编制和审计关系重大。是否以持续经营假设为基础编制财务报表，对会计确认、计量和列报将产生很大影响。

1. 持续经营审计目标及实质性程序

持续经营审计目标及实质性程序如表8.12所示。

表8.12 持续经营审计目标及实质性程序

被审计单位：_____　　编制：_____　　日期：_____　　索引号：_____
截止日期/期间：_____　　复核：_____　　日期：_____　　页　次：_____

一、审计目标

考虑管理层在编制财务报表时运用持续经营假设的适当性，并考虑是否存在需要在财务报表中披露的有关持续经营能力的重大不确定性。

项目 8 完成审计工作与出具审计报告

二、审计实质性程序

可供选择的审计程序	计划实施的审计程序	工作底稿索引号
1. 考虑是否存在可能导致对持续经营能力产生重大疑虑的事项或情况及相关经营风险,并填写附表		
2. 根据管理层是否对持续经营能力作出评估,执行下列程序 （1）如果管理层没有对持续经营作出初步评估,应与管理层讨论运用持续经营假设的理由,是否存在上述事项或情况,并提请管理层对持续经营能力作出评估 （2）如果管理层已作出评估,确定管理层评估持续经营能力涵盖的期间是否符合企业会计准则的规定 （3）评价管理层作出的评估,包括考虑管理层作出评估的过程、依据的假设及应对计划		
3. 询问管理层,是否存在超出评估期间对持续经营存在重大影响的事项		
4. 如果有情况或事项导致对被审计单位的持续经营假设产生重大疑虑,应当取得管理层提出的应对计划及相关的资料和证据,执行以下程序 （1）如果管理层计划变卖资产,考虑： ① 变卖资产是否受到限制 ② 管理层决定变卖资产的变现能力 ③ 资产的处置可能带来的直接或间接影响 （2）如果管理层计划借款,考虑： ① 借款融资的可能性 ② 借款融资的可行性 （3）如果管理层计划重组债务,考虑： ① 现有的或已承诺的债务重组协议 ② 履行债务重组协议的可行性 （4）如果管理层计划削减或延缓开支,考虑： ① 削减管理费用、延缓维修项目或研发项目、以租赁资产代替外购资产的可行性 ② 削减或延缓开支可能带来的直接或间接影响 （5）如果管理层计划增加所有者权益,考虑： ① 现有的或已承诺的新增投资协议 ② 现有的或已承诺的减少股利支付协议或加速投资方现金交款协议		
5. 判断管理层提出的应对计划是否可行,以及应对计划的结果是否能够改善持续经营能力,执行以下程序 （1）如果存在相关的预测性财务信息,复核并评价这些信息,包括编制预测信息的基本假设 ① 考虑被审计单位生成相关信息的信息系统的可靠性 ② 考虑管理层作出现金流量预测所依赖的假设是否存在充分的依据 ③ 将最近若干期间的预测性财务信息与实际结果进行比较 ④ 将本期的预测性财务信息与截至目前的实际结果进行比较 （2）与管理层分析和讨论最近的中期财务报表 （3）复核借款协议条款并确定是否存在违约情况		

(续表)

可供选择的审计程序	计划实施的审计程序	工作底稿索引号
（4）阅读股东会会议、董事会会议及相关委员会会议有关财务困境的记录 （5）向被审计单位的律师询问是否存在针对被审计单位的诉讼或索赔，并向其询问管理层对诉讼或索赔结果及其财务影响的估计是否合理 （6）确认财务支持协议的存在性、合法性和可行性，并对提供财务支持的关联方或第三方的财务能力作出评价 ①检查与财务支持协议相关的文件和资料 ②获取关联方或第三方向被审计单位提供财务支持的批准文件 ③取得被审计单位律师的书面声明，证明关联方或第三方提供的财务支持协议具有法律效力 ④检查关联方或第三方的财务报表、关联方或第三方作出的除向被审计单位提供财务支持以外的其他财务承诺等，分析关联方或第三方是否有足够的能力以履行财务支持义务 ⑤询问关联方或第三方管理层，了解其是否同意被审计单位在年度报表中详细披露财务支持计划 （7）考虑被审计单位准备如何处理尚未履行的被审计单位订单 （8）复核期后事项并考虑其是否可能改善或影响持续经营能力 （9）如果现金流量分析对考虑事项或情况的未来结果是重要的，应当实施下列审计程序 ①考虑被审计单位生成相关信息的信息系统的可靠性 ②考虑管理层作出现金流量预测所依赖的假设是否存在充分的依据 ③将最近若干期间的预测性财务信息与实际结果进行比较 ④将本期的预测性财务信息与截至目前的实际结果进行比较		
6. 向管理层获取有关应对计划的书面声明		
7. 根据获取的审计证据，确定可能导致对持续经营能力产生重大疑虑的事项或情况是否存在重大不确定性，并根据取得的审计证据考虑其对审计报告的影响		

2. 汇总持续经营疑虑事项

被审计单位出现下述一项或多项事项或情况，均应填制持续经营疑虑事项汇总表，并获取相关审计证据及管理层对持续经营能力作出的书面评价。持续经营疑虑事项汇总表如表8.13所示。

表8.13 持续经营疑虑事项汇总表

被审计单位：＿＿＿＿＿　编制：＿＿＿＿＿　日期：＿＿＿＿＿　索引号：＿＿＿＿＿
截止日期/期间：＿＿＿＿＿　复核：＿＿＿＿＿　日期：＿＿＿＿＿　页　次：＿＿＿＿＿

事项或情况	是/否	底稿索引号	事项或情况	是/否	底稿索引号
一、财务方面	×	×	3.失去主要市场、特许权或主要供应商		

(续表)

事项或情况	是/否	底稿索引号	事项或情况	是/否	底稿索引号
1. 无法偿还到期债务			4. 人力资源或重要原材料短缺		
2. 无法偿还即将到期且难以展期的借款			三、其他方面	×	×
3. 无法继续履行重大借款合同中的有关条款			1. 严重违反有关法律、法规或政策		
4. 存在大额的逾期未缴税金			2. 异常原因导致停工、停产		
5. 累计经营性亏损数额巨大			3. 有关法律、法规或政策变化可能造成重大不利影响		
6. 过度依赖短期借款筹资			4. 经营期限即将到期且无意继续经营		
7. 无法获得供应商的正常商业信用			5. 投资者未履行协议、合同、章程规定的义务,并有可能造成重大不利影响		
8. 无法获得开发必要新产品或进行必要投资所需资金			6. 因自然灾害、战争等不可抗力因素遭受严重损失		
9. 资不抵债			四、被审计单位管理层是否拟(已)采取以下改善措施	×	×
10. 营运资金出现负数			1. 出售资产		
11. 经营活动产生的现金流量净额为负数			2. 售后回租资产		
12. 大股东长期占用巨额资金			3. 取得担保借款		
13. 重要子公司无法持续经营且未进行处理			4. 实施资产置换与债务重组		
14. 存在大量长期未做处理的不良资产			5. 获得新的投资		
15. 存在对外巨额担保等或有事项引发的或有负债			6. 削减或延缓开支		
二、经营方面	×	×	7. 获得重要原材料的替代品		
1. 关键管理人员离职且无人替代			8. 开拓新的市场		
2. 主导产品不符合国家产业政策					

3. 审计结论与报告

注册会计师应当根据获取的审计证据,确定可能导致对被审计单位持续经营能力产生重大疑虑的事项或情况是否存在重大不确定性,并考虑对审计报告的影响。

(1) 被审计单位在编制财务报表时运用持续经营假设是适当的

如果认为被审计单位在编制财务报表时运用持续经营假设是适当的,但可能导致对持续经营能力产生重大疑虑的事项或情况存在重大不确定性,注册会计师应当考虑如下内容。

① 财务报表是否已充分描述导致对持续经营能力产生重大疑虑的主要事项或情况,以及管理层针对这些事项或情况提出的应对计划。

② 财务报表是否已清楚指明可能导致对持续经营能力产生重大疑虑的事项或情况存在重大不确定性,被审计单位可能无法在正常的经营过程中变现资产、清偿债务。

如果财务报表已作出充分披露,注册会计师应当出具无保留意见的审计报告,并在审计意见段之后增加强调事项段,强调可能导致对持续经营能力产生重大疑虑的事项或情况存在重大不确定性的事实,并提醒财务报表使用者注意财务报表附注中对有关事项的披露。

当被审计单位存在多项可能导致对其持续经营能力产生重大疑虑的事项或情况存在重大不确定性时,如果注册会计师难以判断财务报表的编制基础是否适合继续采用持续经营假设,应将其视为对注册会计师的审计范围构成重大限制。在这种情况下,如果财务报表已作出充分披露,注册会计师应当考虑出具无法表示意见的审计报告,而不是在意见段之后增加强调事项段。

如果财务报表未能作出充分披露,注册会计师应当出具保留意见或否定意见的审计报告。审计报告应当具体提及可能导致对持续经营能力产生重大疑虑的事项或情况存在重大不确定性的事实,并指明财务报表未对该事实作出披露。

(2)被审计单位将不能持续经营,但财务报表仍然按持续经营假设编制

如果判断被审计单位将不能持续经营,但财务报表仍然按照持续经营假设编制,注册会计师应当出具否定意见的审计报告。

(3)被审计单位将不能持续经营,以其他基础编制财务报表

如果管理层认为编制财务报表时运用持续经营假设不再适当,选用了其他基础编制财务报表,注册会计师应当实施补充的审计程序。如果认为管理层选用的其他编制基础是适当的,且财务报表已作出充分披露,注册会计师可以出具无保留意见的审计报告,并考虑在审计意见段之后增加强调事项段,提醒财务报表使用者关注管理层选用的其他编制基础。

(4)管理层拒绝对持续经营能力作出评估或评估期间未能涵盖自资产负债表日起的12个月

对持续经营能力作出适当评估是管理层的责任。当存在以下情况时,注册会计师应当提请管理层对持续经营能力作出评估或将评估期间延伸至自资产负债表日起的12个月。

① 管理层没有对持续经营能力作出评估。

② 管理层未就现已知悉的、在评估期间以后将会发生的事项或情况对持续经营能力的影响作出评估。

③ 管理层评估持续经营能力涵盖的期间少于自资产负债表日起的12个月。

8.1.3 或有事项

1. 或有事项的含义

或有事项是指过去的交易或事项形成的,其结果须由某些未来事项的发生或不发生才能决定的不确定事项。常见的或有事项主要包括:未决诉讼或仲裁、债务担保、产品质量保证(含产品安全保证)、承诺、亏损合同、重组义务、环境污染整治等。

项目 8 完成审计工作与出具审计报告

或有事项对企业的财务状况和经营成果产生重要影响,企业应在会计报表或会计报表附注中予以反映。因此,注册会计师应当对或有事项实施必要的审计程序。由于或有事项本质上属于不确定事项,相应地,其重大错报风险较高,因此,注册会计师须予以充分关注。

2. 或有事项的审计程序

或有事项审计目标与实质性程序如表 8.14 所示。

表8.14 或有事项审计目标与实质性程序

被审计单位:_____ 编制:_____ 日期:_____ 索引号:_____
截止日期/期间:_____ 复核:_____ 日期:_____ 页次:_____

一、审计目标
(1) 确定或有事项是否存在和完整。
(2) 确定或有事项的会计处理是否符合《企业会计准则》的规定。
(3) 确定或有事项的列报是否恰当。

二、审计实质性程序

可供选择的审计程序	计划实施的审计程序	工作底稿索引号
1. 向被审计单位管理层询问其确定、评价与控制或有事项方面的有关方针政策和工作程序		
2. 向被审计单位管理层索取下列资料,作必要的审核和评价 (1) 被审计单位有关或有事项的全部文件和凭证 (2) 被审计单位与银行之间的往来函件,以查找有关票据贴现、应收账款保理、票据背书和对其他债务的担保 (3) 被审计单位的债务说明书,包括对或有事项的说明,即说明已知的或有事项均已在财务报表中作了适当反映		
3. 与治理层就遵循法律、法规的情况进行讨论,更新与遵循法律、法规有关的永久性档案,复核与监管部门的往来信函以发现违反法律、法规的迹象,确定需要包括在管理层声明书中的声明事项		
4. 向被审计单位的法律顾问和律师进行函证,以获取法律顾问和律师对被审计单位资产负债表日业已存在的,以及资产负债日至复函日期间存在的或有事项的确认证据。分析被审计单位在审计期间所发生的法律费用,从法律顾问和律师处复核发票,视其是否足以说明存在或有事项,特别是未决诉讼或未决税款估价等方面的问题		
5. 复核上期和税务机构的税收结算报告,了解被审计期间有关纳税方面可能发生的争执之处		
6. 向与被审计单位有业务往来的银行寄发含有要求银行提供被审计单位或有事项的询证函,如商业票据贴现、应收账款保理、票据背书情况和为其他单位的银行借款进行担保的情况(包括担保事项的性质、金额、担保期间等)		
7. 询问有关销售人员并获取被审计单位对产品质量保证方面的记录,确定存在损失的可能性		
8. 审阅截至审计工作完成日止被审计单位历次董事会会议纪要和股东大会会议记录,确定是否存在未决诉讼或仲裁、未决索赔、税务纠纷、债务担保、产品质量保证等方面的记录		

（续表）

可供选择的审计程序	计划实施的审计程序	工作底稿索引号
9. 查询被审计单位对未来事项和协议的财务承诺，并向被审计单位管理层询问。获取并审阅截至审计外勤工作完成日止历次股东大会、董事会和管理层会议记录及其他重要文件（包括被审计单位的重要合同和往来通信档案等），确定是否存在不可撤销的财务承诺事项		
10. 向被审计单位管理层获取书面声明，保证其已按照《企业会计准则》的规定，对其全部或有事项作了恰当反映		
11. 针对评估的舞弊风险等因素增加的审计程序		
12. 确定或有事项是否已按照《企业会计准则》的规定在财务报表中作出恰当列报 （1）预计负债 ① 预计负债的种类、形成原因，以及经济利益流出不确定性的说明 ② 各类预计负债的期初、期末余额和本期变动情况 ③ 与预计负债有关的预期补偿金额和本期已确认的预期补偿金额 （2）或有负债 ① 或有负债的种类及其形成原因，包括已贴现商业承兑汇票、未决诉讼、未决仲裁、对外提供担保等形成的或有负债 ② 经济利益流出不确定性的说明 ③ 或有负债预计产生的财务影响，以及获得补偿的可能性；无法预计的，应当说明原因 （3）或有资产很可能会给企业带来经济利益的，应当披露其形成的原因、预计产生的财务影响等 （4）在涉及未决诉讼、未决仲裁的情况下，按照以上披露要求披露全部或部分信息，预期对企业造成重大不利影响的，企业无须披露这些信息，但应当披露该未决诉讼、未决仲裁的性质，以及没有披露这些信息的事实和原因		

注：1. 涉及预计负债和或有事项的经济业务通常包括：未决诉讼或仲裁、债务担保、产品质量保证、承诺、应收票据贴现、应收账款保理、票据背书等。
2. 涉及预计负债的部分应结合预计负债的审计程序进行。

8.1.4 期后事项

期后事项是指资产负债表日至审计报告日之间发生的事项，以及审计报告日后发现的事实。

1. 期后事项的种类

注册会计师审计需关注的期后事项有两类。一类是资产负债表日后调整事项，即对资产负债表日已经存在的情况提供了新的或进一步证据的事项。这类事项影响财务报表金额，须提请被审计单位管理层调整财务报表及与之相关的披露信息。另一类是资产负债表日后非调整事项，即表明资产负债表日后发生的情况的事项。这类事项虽不影响财务报表金额，但可能影响财务报表的正确理解，须提请被审计单位管理层在财务报表附注中作适当披露。

（1）资产负债表日后调整事项

这类事项既为被审计单位管理层确定资产负债表日账户余额提供信息，也为注册会计师核实这些余额提供补充证据。如果这类期后事项的金额重大，应提请被审计单位对本期财务报表及相关的账户金额进行调整。

（2）资产负债表日后非调整事项

这类事项因不影响资产负债表日财务状况，而不需要调整被审计单位的本期财务报表。但如果被审计单位的财务报表因此可能受到误解，就应在财务报表中以附注的形式予以适当披露。

根据期后事项的上述定义，期后事项可以按时段划分为3个时段：资产负债表日后至审计报告日期间发生的事项为第一时段期后事项；审计报告日后至财务报表报出日期间发现的事实为第二时段期后事项；财务报表报出日后期间发现的事实称为第三时段期后事项。

其中，资产负债表日是指财务报表涵盖的最近期间的截止日期；财务报表批准日是指被审计单位董事会或类似机构批准财务报表报出的日期；财务报表报出日是指被审计单位对外披露已审计财务报表的日期。在实务中审计报告日与财务报表批准日通常是相同的日期。

期后事项的具体种类如表8.15所示。

表8.15 期后事项汇总

被审计单位：_____ 编制：_____ 日期：_____ 索引号：_____
截止日期/期间：_____ 复核：_____ 日期：_____ 页次：_____

期　间	期后事项	工作底稿索引号
资产负债表日至审计报告日	1. 调整事项 （1）资产负债表日后诉讼案件结案，法院判决证实了企业在资产负债表日已经存在现时义务，需要调整原先确认的与该诉讼案件相关的预计负债，或确认一项新负债 （2）资产负债表日后取得确凿证据，表明某项资产在资产负债表日发生了减值或需要调整该项资产原先确认的减值金额 （3）资产负债表日后进一步确定了资产负债表日前购入资产的成本或售出资产的收入 （4）资产负债表日后发现了财务报表舞弊或差错 （5）其他	
	2. 非调整事项 （1）资产负债表日后发生重大诉讼、仲裁、承诺 （2）资产负债表日后资产价格、税收政策、外汇汇率发生重大变化 （3）资产负债表日后因自然灾害导致资产发生重大损失 （4）资产负债表日后发行股票和债券及其他巨额举债 （5）资产负债表日后资本公积转增资本 （6）资产负债表日后发生巨额亏损 （7）资产负债表日后发生企业合并或处置子公司 （8）资产负债表日后企业利润分配方案中拟分配的及经审议批准宣告发放的股利或利润 （9）其他	
审计报告日至财务报表报出日		
财务报表报出后		

2. 期后事项的审计程序

期后事项审计目标和实质性程序如表8.16所示。

表8.16 期后事项审计目标和实质性程序

被审计单位：_____ 编制：_____ 日期：_____ 索引号：_____
截止日期/期间：_____ 复核：_____ 日期：_____ 页　次：_____

一、审计目标
（1）确定期后事项是否存在和完整。
（2）确定期后事项的会计处理是否符合《企业会计准则》的规定。
（3）确定期后事项的列报是否恰当。

二、审计实质性程序

可供选择的审计程序	计划实施的审计程序	工作底稿索引号
1. 检查被审计单位建立的、用于识别期后事项的政策和程序		
2. 取得并审阅股东大会、董事会和管理层的会议记录，以及涉及诉讼的相关文件等，查明识别资产负债表日后发生的对本期财务报表产生重大影响的事项，包括调整事项和非调整事项。调整事项包括截止日后已证实重大资产发生的减值、大额的销售退回、已确定获取或支付的大额赔偿、期后进一步确定了期前购入资产的成本或售出资产的收入、期后发现了财务报表舞弊或差错等；非调整事项包括期后发生的重大诉讼、仲裁、承诺、董事会批准了的利润分配方案、股票和债券的发行、巨额举债、资本公积转增资本、巨额亏损、企业合并或处置子公司、自然灾害导致资产重大损失、资产价格、税收政策、外汇汇率发生较大变动等		
3. 在尽量接近审计报告日时，查阅股东会、董事会及其专门委员会在资产负债表日后举行的会议纪要，并在不能获取会议纪要时询问会议讨论的事项		
4. 在尽量接近审计报告日时，查阅最近的中期财务报表、主要会计科目、重要合同和会计凭证，如果认为必要和适当，还应当查阅预算、现金流量预测及其他相关管理报告		
5. 在尽量接近审计报告日时，查阅被审计单位与客户、供应商、监管部门等的往来信函		
6. 在尽量接近审计报告日时，向被审计单位律师或法律顾问询问有关诉讼和索赔事项		
7. 在尽量接近审计报告日时，就以下内容（但不限于）向管理层询问可能影响财务报表的期后事项 （1）根据初步或尚无定论的数据做出会计处理的项目的现状 （2）是否发生新的担保、借款或承诺 （3）是否出售或购进资产，或者计划出售或购进资产 （4）是否已发行或计划发行新的股票或债券，是否已签订或计划签订合并或清算协议 （5）资产是否被政府征用或因不可抗力而遭受损失 （6）在风险领域和或有事项方面是否有新进展 （7）是否已做出或考虑做出异常的会计调整 （8）是否已发生或可能发生影响会计政策适当性的事项		

(续表)

可供选择的审计程序	计划实施的审计程序	工作底稿索引号
8. 结合期末账户余额的审计,对应予调整的资产负债表日后事项进行审计,着重查明资产负债表日后的重大购销业务和重大的收付款业务,有无不寻常的转账交易或调整分录		
9. 查询被审计单位在资产负债表日或审计期间已存在的重大财务承诺,并向被审计单位管理层询问,确定是否存在导致需调整或披露的期后事项		
10. 在财务报表报出后,如果知悉在审计报告日已存在的、可能导致修改审计报告的事实,也应当考虑是否需要修改财务报表,并与管理层讨论,同时根据具体情况采取适当措施		
11. 针对评估的舞弊风险等因素增加的审计程序		
12. 确定期后事项是否已按照《企业会计准则》的规定在财务报表中作出恰当列报 (1) 每项重要的资产负债表日后非调整事项的性质、内容,及其对财务状况和经营成果的影响;无法作出估计的,应当说明原因 (2) 资产负债表日后,企业利润分配方案中拟分配的,以及经审议批准宣告发放的股利或利润		

注:1. 期后事项的审计程序至少在两个时点执行:即将完成外勤工作时和提交审计报告时。两个时点间的间隔时间越长,注册会计师对期后事项的审计就需要越多的时间和精力。

2. 期后事项的审计程序取决于项目组的专业判断,可根据被审计单位的具体情况予以增减。

3. 期后事项应与销售确认、应付款项等的期后测试程序结合考虑,尤其是要对舞弊迹象保持警觉。例如,记录虚假销售的分录很可能在资产负债表日后转回,注册会计师在审计期后销售退回、应收账款贷方记录等时就应保持警觉。又如,缺乏商业实质的交易也往往是舞弊的迹象。

4. 查阅会计记录应重点关注的项目:与借款、固定资产销售相关的收款记录;与异常开支有关的付款记录;销售和应收账款中的大额退货、折让或贷项记录;异常的会计分录。

3. 知悉资产负债表日后至审计报告日期间期后事项时的考虑

在实施了上述用以识别期后事项的审计程序后,如果知悉对财务报表有重大影响的期后事项,注册会计师应当考虑这些事项在财务报表中是否得到恰当的会计处理或予以充分披露。

如果所知悉的期后事项属于调整事项,注册会计师应当考虑被审计单位是否已对财务报表做出适当的调整;如果所知悉的期后事项属于非调整事项,注册会计师应当考虑被审计单位是否在财务报表附注中予以充分披露。

4. 知悉审计报告日后至财务报表报出日期间期后事项时的考虑

在审计报告日后至财务报表报出日前,如果知悉可能对财务报表产生重大影响的事实,注册会计师应当考虑是否需要修改财务报表,并与管理层讨论,同时根据具体情况采取适当措施。

如果注册会计师认为期后事项的影响足够重大,确定需要修改财务报表的,也还需要根据管理层是否同意修改财务报表或审计报告是否已经提交等具体情况采取适当措施。

5. 知悉财务报表报出日后期间期后事项时的考虑

在财务报表报出后,如果知悉在审计报告日已存在的、可能导致修改审计报告的事实,注册会计师应当考虑是否需要修改财务报表,并与管理层进行讨论。同时,注册会计师还需要根据管理层是否修改财务报表,是否采取必要措施确保所有收到原财务报表和审计报告

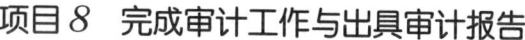

的人士了解这一情况,是否临近公布下一期财务报表等具体情况采取适当措施。

课堂训练

注册会计师于 2016 年 2 月 28 日结束了对广东某燃气热水器厂 2015 年度财务报表审计工作,在审计结束前发现下列情况。

(1) A 用户在使用该厂热水器时,造成了人身伤亡,用户于 2016 年 1 月 20 日对该厂提起诉讼,要求该厂赔偿 50 万元。法院至今还未审理完毕。

(2) B 用户在使用该厂热水器时,造成了人身伤亡,用户于 2016 年 1 月 20 日对该厂提起诉讼,法院于 2 月 13 日审理完毕,该厂应赔偿用户 50 万元。

(3) C 用户在使用该厂热水器时,造成了人身伤亡,用户于 2015 年 11 月 20 日对该厂提起诉讼,法院于 2016 年 2 月 13 日审理完毕,该厂应赔偿用户 100 万元。

要求:

(1) 上述 3 个事项中,是否存在期后事项,请指出。如果存在期后事项,请问是资产负债表日后调整事项还是非调整事项,注册会计师应建议被审计单位做何种处理?

(2) 上述 3 个事项中,是否存在或有事项,请指出。如果存在或有事项,请问是直接或有事项还是间接或有事项,注册会计师应建议被审计单位做何种处理?

8.1.5 获取律师声明书

在对被审计单位期后事项和或有事项等进行审计时,注册会计师往往要向被审计单位的法律顾问和律师进行函证,以获取资产负债表日业已存在的,以及资产负债表日至复函日这一时期内存在的期后事项和或有事项等有关的审计证据。被审计单位律师对函证问题的答复和说明,就是律师声明书。

对律师的函证通常以被审计单位的名义,通过寄发审计询证函的方式实施。律师声明书所用的格式和措辞并没有定式。单位不同或情况不同,出具的声明书也不相同。参考格式 8-1 和参考格式 8-2 分别列示了律师询证函和律师询证函复函的范例。

参考格式8-1

律师询证函

××律师事务所并××律师:

本公司已聘请会计师事务所对本公司__年__月__日(以下简称资产负债表日)的资产负债表,以及截至资产负债表日的该年度利润表、股东权益变动表和现金流量表进行审计。为配合该项审计,谨请贵律师基于受理本公司委托的工作(诸如常年法律顾问、专项咨询和诉讼代理等),提供下述资料,并函告××会计师事务所。

一、请说明存在于资产负债表日并且自该日起至本函回复日止本公司委托贵律师代理进行的任何未决诉讼。该说明中谨请包含以下内容:

1. 案件的简要事实经过与目前的发展进程;

2. 在可能范围内,贵律师对于本公司管理层就上述案件所持看法及处理计划(如庭外和解设想)的了解,以及您对可能发生结果的意见;

3. 在可能范围内,您对损失或收益发生的可能性及金额的估计。

二、请说明存在于资产负债表日并且自该日起至本函回复日止,本公司曾向贵律师咨询的其他诸如未决诉讼、追索债权、被追索债务,以及政府有关部门对本公司进行的调查等可能涉及本公司法律责任的事件。

三、请说明截至资产负债表日,本公司与贵律师事务所律师服务费的结算情况(如有可能,请依服务项目区分)。

四、若无上述一及二事项,为节省您宝贵的时间,烦请填写本函背面"律师询证函复函"并签章后,按以下地址,寄往××会计师事务所(地址:××市××路××号;邮编××××××)。

谢谢合作!

××公司(盖章)

公司负责人(签章)

年　月　日

参考格式8-2

律师询证函复函

××会计师事务所:

本律师于××期间,除向××公司提供一般性法律咨询服务,并未接受委托、代理进行或咨询如前述一、二项所述之事宜。

另截至　年　月　日止,该公司
□未积欠本律师事务所任何律师服务费。
□尚有本律师事务所的律师服务费计人民币____元,未予付清。

律师事务所律师:(签章)　年　月　日

注册会计师应根据该律师的职业水准和声誉情况来确定律师声明书的可靠性。如果注册会计师对代理被审计单位重大法律事务的律师并不熟悉,则应查询诸如该律师的职业背景、声誉及其在法律界的地位等情况,并考虑从律师协会获取信息。

如果律师声明书表明或暗示律师拒绝提供信息,或者隐瞒信息,注册会计师应将其视为审计范围受到限制。

8.1.6 管理层声明

管理层声明是指被审计单位管理层向注册会计师提供的关于财务报表的各项陈述。

1. 管理层对财务报表责任的认可

注册会计师应当就下列事项获取书面声明。

① 管理层认可其设计和实施内部控制以防止或发现并纠正错报的责任。

② 管理层认为注册会计师在审计过程中发现的未更正错报,无论是单独还是汇总起来考虑,对财务报表整体均不具有重大影响。未更正错报项目的概要应当包含在书面声明中或附于书面声明后。

上述两个事项与管理层对财务报表的责任密切相关。首先,设计良好并得到有效执行的内部控制,可以有效防止或发现并纠正错报,是使财务报表按照适用的会计准则和相关会计制度的规定编制的制度保证。管理层认可这一责任,是认可对财务报表责任的基础。其次,管理层在批准财务报表前必须保证财务报表不存在重大错报,因此,对于注册会计师在审计过程中发现的错报,如果管理层不准备调整,或者不准备全部调整,则需要确认这些错报无论是单独还是汇总起来考虑,对财务报表整体均不具有重大影响。当然,注册会计师需要对重要性独立作出职业判断,并根据错报的严重程度独立出具适当的审计报告。

2. 将管理层声明作为审计证据

（1）将管理层声明作为审计证据的特定情形

如果合理预期不存在其他充分、适当的审计证据，注册会计师应当就对财务报表具有重大影响的事项向管理层获取书面声明。

注册会计师要求管理层提供的书面声明可仅限于单独或汇总起来对财务报表产生重大影响的事项。必要时，注册会计师应将对声明事项重要性的理解告知管理层。

（2）收集审计证据以支持管理层声明

审计证据的可靠性受其来源和性质的影响，从外部独立来源获取的审计证据比从其他来源获取的审计证据更可靠。由于管理层声明是来自于被审计单位内部的一种证据，较之外部独立来源的证据，不具有独立性，证明力较弱，其本身不能构成充分、适当的审计证据，并作为发表审计意见的基础。当管理层声明的事项对财务报表具有重大影响时，注册会计师应当实施下列审计程序。

① 从被审计单位内部或外部获取佐证证据。

② 评价管理层声明是否合理并与获取的其他审计证据（包括其他声明）一致。

③ 考虑作出声明的人员是否熟知所声明的事项。

（3）管理层声明不能替代其他审计证据

注册会计师不应以管理层声明替代能够合理预期获取的其他审计证据。例如，注册会计师不能以管理层承诺应收账款可以全部收回的声明，替代其他应当实施的审计程序，而是应当通过检查应收账款期后回收情况、分析应收账款的账龄和债务人的信用等级等因素，评价其可收回性。如果不能获取对财务报表具有或可能具有重大影响的事项的充分、适当的审计证据，而这些证据预期是可以获取的，即使已收到管理层就这些事项作出的声明，注册会计师仍应将其视为审计范围受到限制。

（4）管理层声明与其他审计证据相矛盾时的处理

如果管理层的某项声明与其他审计证据相矛盾，注册会计师应当调查这种情况。必要时，重新考虑管理层作出的声明的可靠性。

3. 管理层声明书

管理层声明包括书面声明和口头声明。书面声明作为审计证据通常比口头声明可靠。

书面声明可采用管理层声明书、注册会计师提供的列示其对管理层声明的理解并经管理层确认的函、董事会及类似机构的相关会议纪要或已签署的财务报表副本等形式。

管理层声明书是列示管理层所作声明的书面文件。下面重点介绍管理层声明书的要点。

（1）总体要求

当要求管理层提供声明书时，注册会计师应当要求将声明书径送注册会计师本人。声明书应当包括要求列明的信息，标明适当的日期并经签署。

（2）主要内容

管理层声明一般包括以下3个方面的内容。

① 关于财务报表。

② 关于信息的完整性。

③ 关于确认、计量和列报。

上述事项，因其复杂程度和重要程度的不同，注册会计师可以将其全部列入管理层声明书中，也可以就此向管理层获取专项声明。

（3）签署日期

管理层声明书标明的日期通常与审计报告日一致。但在某些情况下，注册会计师也可能在审计过程中或审计报告日后就某些交易或事项获取单独的声明书。

（4）签署人

管理层声明书通常由管理层中对被审计单位及其财务负主要责任的人员签署。在某些情况下，注册会计师也可以向管理层中的其他人员获取管理层声明书。

参考格式8-3列示了一种管理层声明书的范例。

参考格式8-3

管理层声明书

××会计师事务所××注册会计师：

本公司已委托贵事务所对本公司20××年12月31日的资产负债表、20××年度的利润表、股东权益变动表和现金流量表及财务报表附注进行审计，并出具审计报告。

为配合贵事务所的审计工作，本公司作出如下声明。

1. 本公司承诺，按照《企业会计准则》和《××会计制度》的规定编制财务报表是我们的责任。

2. 本公司已按照《企业会计准则》和《××会计制度》的规定编制20××年度财务报表，财务报表的编制基础与上年度保持一致，本公司管理层对上述财务报表的真实性、合法性和完整性承担责任。

3. 设计、实施和维护内部控制，保证本公司资产安全和完整，防止或发现并纠正错报，是本公司管理层的责任。

4. 本公司承诺财务报表不存在重大错报。贵事务所在审计过程中发现的未更正错报，无论是单独还是汇总起来，对财务报表整体均不具有重大影响。未更正错报汇总（见附件）附后。

5. 关于信息的完整性，本公司已向贵事务所提供了：

（1）全部财务信息和其他数据；

（2）全部重要的决议、合同、章程、纳税申报表等相关资料；

（3）全部股东会和董事会的会议记录。

6. 关于确认、计量和列报，本公司所有经济业务均已按规定入账，不存在账外资产或未计负债。

7. 本公司认为所有与公允价值计量相关的重大假设是合理的，恰当地反映了本公司的意图和采取特定措施的能力；用于确定公允价值的计量方法符合《企业会计准则》的规定，并在使用上保持了一贯性；本公司已在财务报表中对上述事项作出恰当披露。

8. 本公司不存在导致重述比较数据的任何事项。

9. 本公司已提供所有与关联方和关联方交易相关的资料，并已根据《企业会计准则》和《××企业会计准则》的规定恰当披露了所有重大关联方交易。

10. 本公司已提供全部或有事项的相关资料。除财务报表附注中披露的或有事项外，本公司不存在其他应披露而未披露的诉讼、赔偿、背书、承兑、担保等或有事项。

11. 除财务报表附注披露的承诺事项外，本公司不存在其他应披露而未披露的承诺事项。

12. 本公司不存在未披露的影响财务报表公允性的重大不确定事项。

13. 本公司已采取必要措施防止或发现舞弊及其他违反法规行为，未发现：

（1）涉及管理层的任何舞弊行为或舞弊嫌疑的信息；

（2）涉及对内部控制产生重大影响的雇员的任何舞弊行为或舞弊嫌疑的信息；

（3）涉及对财务报表的编制具有重大影响的其他人员的任何舞弊行为或舞弊嫌疑的信息。

14. 本公司严格遵守合同约定的条款，不存在因未履行合同而对财务报表产生重大影响的事项。

15. 本公司对资产负债表上列示的所有资产均拥有合法权利，除已披露事项外，无其他被抵押、质押资产。

16. 本公司编制财务报表所依据的持续经营假设是合理的,没有计划终止经营或破产清算。

17. 本公司已提供全部资产负债表日后事项的相关资料,除财务报表附注中披露的资产负债表日后事项外,本公司不存在其他应披露而未披露的重大资产负债表日后事项。

18. 本公司管理层确信:

(1) 未收到监管机构有关调整或修改财务报表的通知;

(2) 无税务纠纷。

19. 其他事项。

注册会计师认为重要而需声明的事项,或者管理层认为必要而声明的事项。例如:

(1) 本公司在银行存款或现金运用方面未受到任何限制。

(2) 本公司对存货均已按照《××会计制度》的规定予以确认和计量,受托代销商品或不属于本公司的存货均未包括在会计记录内,在途物资或由代理商保管的货物均已确认为本公司存货。

(3) 本公司不存在未披露的大股东及关联方资金占用和担保事项。

×× 有限责任公司

法定代表人(签名并盖章)

财务负责人(签名并盖章)

二×××年×月×日

附件:未更正错报汇总表(略)

4. 审计总结

审计项目经理在完成审计实质性程序后应当对审计工作底稿进行全面复核,并在此基础上撰写审计总结,概括地说明审计计划执行情况及审计目标是否实现。

审计总结一般应包括以下内容。

① 客户简介。阐述被审计单位的概况及其所处行业等信息。

② 审计概况。主要阐述审计过程、审计计划的执行情况(包括所采用的审计方法、审计计划执行偏差及其原因等)、审计的总体评价、应引起部门经理和主任会计师注意的重大事项(包括期后事项、或有负债等)。

③ 审计中发现的主要问题和建议的重要调整事项。

④ 审计结论。说明拟出具的审计报告的意见类型及对被审计单位经营管理的评价与建议。

实例 8-3 我们接受委托,审计了××旅游公司 2015 年度的财务报表。审计工作从 2016 年 2 月 12 日开始,于 2016 年 2 月 26 日结束。本次审计基本按审计计划执行,在审计计划的执行过程中未出现大的偏差。在审计过程中,我们调查了解了公司的生产经营情况,以及本期重大事项,实施了我们认为必要的审计程序。

××旅游公司是××市公共交通总公司的下属子公司,从总体上看,财务基础较好,公司的内部控制制度完善且执行情况良好,审计资料准备充分,又能积极配合,所以本次审计进展顺利,并能如期完成。

在对××旅游公司的审计过程中,我们发现:

1. ××旅游公司旅行社系旅游公司下属单位,于 2015 年 2 月 2 日承包给赵一成,财务独立核算,税费自主缴纳,××旅游公司不纳入合并范围。

2. 本年度购入客车 3 辆,价值为 981 215.5 元;从关联方公交公司购入 2 辆金龙牌客车,价值为 42 万元;从关联方××出租公司购入毕加索公务车 1 辆,价值为 32 000 元;报废客车3辆,处置固定资产收入8 448元。年末固定资产中尚有汽车67辆汽车,行驶证为××市公共交通总公司。

4. 以关联方××出租公司的实物(车辆)作抵押并由公交公司作担保取得贷款289万元。

5. 本年度所得税尚未汇算清缴。

由于上述第2事项的存在,拟出具保留意见审计报告。

8.2 出具审计报告

8.2.1 审计报告的基本内容

审计报告是指注册会计师根据中国注册会计师审计准则的规定,在实施审计工作的基础上对被审计单位财务报表发表审计意见的书面文件。审计报告的基本内容包括:标题,收件人,引言段,管理层对财务报表的责任段,注册会计师的责任段,审计意见段,注册会计师的签名和盖章,会计师事务所的名称、地址及盖章,报告日期。

1. 标题

审计报告的标题应当统一规范为"审计报告"。

2. 收件人

审计报告的收件人是指注册会计师按照业务约定书的要求致送审计报告的对象,一般是指审计业务的委托人。审计报告应当载明收件人的全称。

3. 引言段

审计报告的引言段应当说明被审计单位的名称和财务报表已经过审计,并包括下列内容。

① 指出构成整套财务报表的每张财务报表的名称。

② 提及会计报表附注。

③ 指明财务报表的日期和涵盖的期间。

根据《企业会计准则》的规定,整套财务报表包括资产负债表、利润表、所有者(股东)权益变动表和现金流量表。此外,由于财务报表附注是财务报表不可或缺的重要组成部分,因此,也应提及财务报表附注。财务报表有反映时点的,也有反映期间的,注册会计师应在引言段中指明财务报表的日期和涵盖的期间。

4. 管理层对财务报表的责任段

管理层对财务报表的责任段应当说明,按照适用的会计准则和相关会计制度的规定编制财务报表是管理层的责任,这种责任包括:

① 设计、实施和维护与财务报表编制相关的内部控制,以使财务报表不存在由于**舞弊**或错误而导致的重大错报;

② 选择和运用恰当的会计政策;

③ 作出合理的会计估计。

在审计报告中指明管理层的责任,有利于区分管理层和注册会计师的责任,降低财务报表使用者误解注册会计师责任的可能性。

5. 注册会计师的责任段

注册会计师的责任段应当说明下列内容。

① 注册会计师的责任是在实施审计工作的基础上对财务报表发表审计意见。注册会计师按照中国注册会计师审计准则的规定执行了审计工作。中国注册会计师审计准则要求注册会计师遵守职业道德规范,计划和实施审计工作以对财务报表是否不存在重大错报获取合理保证。

② 审计工作涉及实施审计程序,以获取有关财务报表金额和披露的审计证据。选择的审计程序取决于注册会计师的判断,包括对由于舞弊或错误导致的财务报表重大错报风险的评估。在进行风险评估时,注册会计师考虑与财务报表编制相关的内部控制,以设计恰当的审计程序,但目的并非对内部控制的有效性发表意见。审计工作还包括评价管理层选用会计政策的恰当性和作出会计估计的合理性,以及评价财务报表的总体列报。

③ 注册会计师相信已获取的审计证据是充分、适当的,为其发表审计意见提供了基础。如果接受委托,结合财务报表审计对内部控制的有效性发表意见,注册会计师应当省略第②项中"但目的并非对内部控制的有效性发表意见"的术语。

6. 审计意见段

审计意见段应当说明,财务报表是否按照适用的会计准则和相关会计制度的规定编制,是否在所有重大方面公允反映了被审计单位的财务状况、经营成果和现金流量。

7. 注册会计师的签名和盖章

审计报告应当由注册会计师签名并盖章。注册会计师在审计报告上签名并盖章,有利于明确法律责任。

8. 会计师事务所的名称、地址和盖章

审计报告应当载明会计师事务所的名称和地址,并加盖会计师事务所公章。

9. 报告日期

审计报告应当注明报告日期。审计报告的日期不应早于注册会计师获取充分、适当的审计证据(包括管理层认可对财务报表的责任且已批准财务报表的证据),并在此基础上对财务报表形成审计意见的日期。

注册会计师在确定审计报告日期时,应当考虑:应当实施的审计程序已经完成,应当提请被审计单位调整的事项已经提出,被审计单位已经做出调整或拒绝做出调整,管理层已经正式签署财务报表。

8.2.2 标准审计报告

标准审计报告是指注册会计师出具的不附加说明段、强调事项段或任何修饰性用语的无保留意见的审计报告。

当注册会计师完成审计工作,获取了充分、适当的审计证据,如果认为财务报表符合下列所有条件,注册会计师应当出具无保留意见的审计报告。

① 财务报表已经按照适用的会计准则和相关会计制度的规定编制,在所有重大方面公允反映了被审计单位的财务状况、经营成果和现金流量。

② 注册会计师已经按照中国注册会计师审计准则的规定计划和实施审计工作,在审计过程中未受到限制。

当出具无保留意见的审计报告时,注册会计师应当以"我们认为"作为意见段的开头,并使用"在所有重大方面""公允反映"等术语。无保留意见的审计报告意味着,注册会计师通过实施审计工作,认为被审计单位财务报表的编制符合合法性和公允性的要求,合理保证财务报表不存在重大错报。

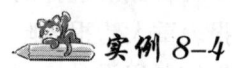

实例 8-4

审计报告

浩华审字〔2016〕第 116 号

甘肃独一味生物制药股份有限公司全体股东:

我们审计了后附的甘肃独一味生物制药股份有限公司(以下简称独一味公司)财务报表,包括 2015 年 12 月 31 日的资产负债表,2015 年度的利润表、股东权益变动表、现金流量表及财务报表附注。

一、管理层对财务报表的责任

按照《企业会计准则》的规定,编制财务报表是独一味公司管理层的责任。这种责任包括:设计、实施和维护与财务报表编制相关的内部控制,以使财务报表不存在由于舞弊或错误而导致的重大错报;选择和运用恰当的会计政策;作出合理的会计估计。

二、注册会计师的责任

我们的责任是在实施审计工作的基础上对财务报表发表审计意见。我们按照中国注册会计师审计准则的规定执行了审计工作。中国注册会计师审计准则要求我们遵守职业道德规范,计划和实施审计工作以对财务报表是否不存在重大错报获取合理保证。

审计工作涉及实施审计程序,以获取有关财务报表金额和披露的审计证据。选择的审计程序取决于注册会计师的判断,包括对由于舞弊或错误导致的财务报表重大错报风险的评估。在进行风险评估时,我们考虑与财务报表编制相关的内部控制,以设计恰当的审计程序,但目的并非对内部控制的有效性发表意见。审计工作还包括评价管理层选用会计政策的恰当性和作出会计估计的合理性,以及评价财务报表的总体列报。

我们相信,我们获取的审计证据是充分、适当的,为发表审计意见提供了基础。

三、审计意见

我们认为,独一味公司财务报表已经按照《企业会计准则》的规定编制,在所有重大方面公允反映了独一味公司 2015 年 12 月 31 日的财务状况,以及 2015 年度的经营成果和现金流量。

国富浩华会计师事务所有限公司	中国注册会计师:赵燕
中国北京	中国注册会计师:官岩
	二〇一六年四月六日

8.2.3 非标准审计报告

非标准审计报告是指标准审计报告以外的其他审计报告,包括带强调事项段的无保留意见的审计报告和非无保留意见的审计报告。

1. 带强调事项段的无保留意见的审计报告

（1）强调事项段的含义

审计报告的强调事项段是指注册会计师在审计意见段之后增加的对重大事项予以强调的段落。

（2）增加强调事项段的情形

① 对持续经营能力产生重大疑虑。当存在可能导致对持续经营能力产生重大疑虑的事项或情况但不影响已发表的审计意见时，注册会计师应当在审计意见段之后增加强调事项段对此予以强调。

注册会计师如果认为被审计单位在编制财务报表时运用持续经营假设是适当的，但可能导致对持续经营能力产生重大疑虑的事项或情况存在重大不确定性，注册会计师应当作如下考虑。

- 财务报表是否已充分描述导致对持续经营能力产生重大疑虑的主要事项或情况，以及管理层针对这些事项或情况提出的应对计划。
- 财务报表是否已清楚指明可能导致对持续经营能力产生重大疑虑的事项或情况存在重大不确定性，被审计单位可能无法在正常的经营过程中变现资产、清偿债务。

如果财务报表已作出充分披露，注册会计师应当出具无保留意见的审计报告，并在审计意见段之后增加强调事项段，强调可能导致对持续经营能力产生重大疑虑的事项或情况存在重大不确定性的事实，并提醒财务报表使用者注意会计报表附注中对有关事项的披露。

② 重大不确定事项。当存在可能对财务报表产生重大影响的不确定事项（持续经营问题除外）但不影响已发表的审计意见时，注册会计师应当考虑在审计意见段之后增加强调事项段，对此予以强调。

不确定事项是指其结果依赖于未来行动或事项，不受被审计单位的直接控制，但可能影响财务报表的事项。例如，被审计单位受到其他单位起诉，指控其侵犯专利权，要求其停止侵权行为并赔偿造成的损失，法院已经受理但尚未审理。

③ 其他审计准则规定增加强调事项段的情形。除上述两种情形及其他审计准则规定的增加强调事项段的情形外，注册会计师不应在审计报告的审计意见段之后增加强调事项段或任何解释性段落，以免财务报表使用者产生误解。

由于增加强调事项段是为了提醒财务报表使用者关注某些事项，并不影响注册会计师的审计意见，为了使财务报表使用者明确这一点，注册会计师应当在强调事项段中指明，该段内容仅用于提醒财务报表使用者关注，并不影响已发表的审计意见。

带强调事项段的无保留意见的审计报告如下。

实例 8-5

审 计 报 告

浩华审字〔2016〕第 135 号

咸阳偏转股份有限公司全体股东：

我们审计了后附的咸阳偏转股份有限公司（以下简称咸阳偏转公司）财务报表，包括 2015 年 12 月 31 日的资产负债表和合并资产负债表，2015 年度的利润表和合并利润表、股东权益变动表和合并股东权益变动表、现金流量表和合并现金流量表，以及财务报表附注。

项目 8　完成审计工作与出具审计报告

一、管理层对财务报表的责任

按照《企业会计准则》的规定编制财务报表是咸阳偏转公司管理层的责任。这种责任包括：设计、实施和维护与财务报表编制相关的内部控制，以使财务报表不存在由于舞弊或错误而导致的重大错报；选择和运用恰当的会计政策；作出合理的会计估计。

二、注册会计师的责任

我们的责任是在实施审计工作的基础上对财务报表发表审计意见。我们按照中国注册会计师审计准则的规定执行了审计工作。中国注册会计师审计准则要求我们遵守职业道德规范，计划和实施审计工作以对财务报表是否不存在重大错报获取合理保证。

审计工作涉及实施审计程序，以获取有关财务报表金额和披露的审计证据。选择的审计程序取决于注册会计师的判断，包括对由于舞弊或错误导致的财务报表重大错报风险的评估。在进行风险评估时，我们考虑与财务报表编制相关的内部控制，以设计恰当的审计程序，但目的并非对内部控制的有效性发表意见。审计工作还包括评价管理层选用会计政策的恰当性和作出会计估计的合理性，以及评价财务报表的总体列报。

我们相信，我们获取的审计证据是充分、适当的，为发表审计意见提供了基础。

三、审计意见

我们认为，咸阳偏转公司财务报表已经按照《企业会计准则》的规定编制，在所有重大方面公允反映了咸阳偏转公司 2015 年 12 月 31 日的财务状况，以及 2015 年度的经营成果和现金流量。

四、强调事项

我们提醒财务报表使用者关注，如财务报表附注十所述，咸阳偏转公司主营业务严重萎缩，连年亏损，2015 年 12 月 3 日陕西省咸阳市中级人民法院宣告咸阳偏转股份有限公司破产重整，2016 年 2 月 9 日第二次债权人会议表决通过了《咸阳偏转股份有限公司重整计划草案》，正在等待咸阳市中级人民法院裁定批准，咸阳偏转公司持续经营能力存在重大不确定性。本段内容不影响已发表的审计意见。

国富浩华会计师事务所有限公司	中国注册会计师：潘要文
中国北京	中国注册会计师：雷军锋
	二〇一六年三月二十三日

2. 非无保留意见的审计报告

非无保留意见的审计报告包括保留意见的审计报告、否定意见的审计报告和无法表示意见的审计报告。

当出具非无保留意见的审计报告时，注册会计师应当在注册会计师的责任段之后、审计意见段之前增加说明段，即审计报告中位于审计意见段之前用于描述注册会计师对财务报表发表保留意见、否定意见或无法表示意见理由的段落，以清楚地说明导致所发表意见或无法发表意见的所有原因，并在可能的情况下，指出其对财务报表的影响程度。

影响发表非无保留意见的情形如下：

① 注册会计师与管理层的分歧。主要指注册会计师与管理层在被审计单位会计政策的选用、会计估计的作出或财务报表的披露方面存在分歧。

② 审计范围受到限制。审计范围可能受到两方面的限制。一是客观环境造成的限制。例如，由于被审计单位存货的性质或位置特殊等原因导致注册会计师无法实施存货监盘等。在客观环境造成限制的情况下，注册会计师应当考虑是否可能实施替代审计程序，以获取充分、适当的审计证据。二是管理层造成的限制。例如，管理层不允许注册会计师观察存货盘点，或者不允许对特定账户余额实施函证等。在管理层造成限制的情况下，注册会计师应当提请管理层解除限制。如果管理层不配合，注册会计师应当考虑这一事项对风险评估的影响，以及是否可能实施替代审计程序，以获取充分、适当的审计证据。

（1）保留意见的审计报告

如果认为财务报表整体是公允的,但还存在下列情形之一,注册会计师应当出具保留意见的审计报告。

① 会计政策的选用、会计估计的作出或财务报表的披露不符合适用的会计准则和相关会计制度的规定,虽影响重大,但不至于出具否定意见的审计报告。

② 因审计范围受到限制,不能获取充分、适当的审计证据,虽影响重大,但不至于出具无法表示意见的审计报告。

当出具保留意见的审计报告时,注册会计师应当在审计意见段中使用"除……的影响外"等术语。如果因审计范围受到限制,注册会计师还应当在注册会计师的责任段中提及这一情况。

应当指出的是,只有当注册会计师认为财务报表就其整体而言是公允的,但还存在对财务报表产生重大影响的情形时,才能出具保留意见的审计报告。

保留意见的审计报告如下。

实例 8-6

审计报告

中审亚太审〔2015〕第 020160 号

云南绿大地生物科技股份有限公司全体股东:

我们审计了后附的云南绿大地生物科技股份有限公司(以下简称绿大地公司)财务报表,包括 2014 年 12 月 31 日的合并资产负债表及资产负债表,2014 年度的合并利润表及利润表、合并现金流量表及现金流量表、合并所有者权益变动表及所有者权益变动表,以及财务报表附注。

一、管理层对财务报表的责任

按照《企业会计准》则的规定编制财务报表是绿大地公司管理层的责任。这种责任包括:设计、实施和维护与财务报表编制相关的内部控制,以使财务报表不存在由于舞弊或错误而导致的重大错报;选择和运用恰当的会计政策;作出合理的会计估计。

二、注册会计师的责任

我们的责任是在实施审计工作的基础上对财务报表发表审计意见。除本报告"三、导致保留意见的事项"所述事项外,我们按照中国注册会计师审计准则的规定执行了审计工作。中国注册会计师审计准则要求我们遵守职业道德规范,计划和实施审计工作以对财务报表是否不存在重大错报获取合理保证。

审计工作涉及实施审计程序,以获取有关财务报表金额和披露的审计证据。选择的审计程序取决于注册会计师的判断,包括对由于舞弊或错误导致的财务报表重大错报风险的评估。在进行风险评估时,我们考虑与财务报表编制相关的内部控制,以设计恰当的审计程序,但目的并非对内部控制的有效性发表意见。审计工作还包括评价管理层选用会计政策的恰当性和作出会计估计的合理性,以及评价财务报表的总体列报。

我们相信,我们获取的审计证据是充分、适当的,为发表审计意见提供了基础。

三、导致保留意见的事项

1. 由于受审计手段的限制,我们无法获取充分适当的审计证据对绿大地公司部分交易是否属于关联交易,以及交易的真实性、公允性进行判定。这些交易可能对 2013 年度和 2014 年度的财务报告造成重大影响。

2. 2015 年度绿大地公司依据中联资产评估有限公司中联评报字〔2015〕第 274 号评估报告,对马龙县月望基地土地使用权和文山广南林地使用权计提了无形资产减值准备 58 300 500.00 元;依据退回苗木统计表、死亡苗木现场勘验记录,确认 2015 年苗木销售退回 158 310 200.00 元(其中属 2015 年退回的 2014 年苗木销售 74 528 760.00 元),确认 2013 年苗木销售退回 23 485 195.00 元(全部为 2014 年退回的 2013 年苗木销售);依据死亡苗木现场勘验记录,确认 2014 年发生的苗木损失 155 082 643.25 元,并列入营业外支出。由于无法取得与上述事项相关的充分、适当的证据,我们无法判断上述资产余额、净值及交易事项的准确性和合理性。

四、审计意见

我们认为,除上述事项可能造成的影响外,绿大地公司财务报表已经按照《企业会计准则》的规定编制,在所有重大方面公允反映了绿大地公司2014年12月31日的财务状况,以及2014年度的经营成果和现金流量。

五、强调事项

我们提醒财务报表使用者关注,如财务报表附注"十二、其他重要事项"所述,2015年3月17日,绿大地公司收到中国证券监督管理委员会的《调查通知书》(监稽查总队调查通字10006号),绿大地公司因涉嫌信息披露违规,中国证券监督管理委员会正对绿大地公司立案调查,截至本报告日稽查仍在进行中。本段内容不影响已发表的审计意见。

中审亚太会计师事务所有限公司　　　　　　　　　　中国注册会计师:方自维
中国北京　　　　　　　　　　　　　　　　　　　　中国注册会计师:刘蓉晖
　　　　　　　　　　　　　　　　　　　　　　　　二〇一五年四月二十九日

（2）否定意见的审计报告

如果认为财务报表没有按照适用的会计准则和相关会计制度的规定编制,未能在所有重大方面公允反映被审计单位的财务状况、经营成果和现金流量,注册会计师应当出具否定意见的审计报告。

当出具否定意见的审计报告时,注册会计师应当在审计意见段中使用"由于上述问题造成的重大影响""由于受到前段所述事项的重大影响"等术语。应当指出的是,只有当注册会计师认为财务报表存在重大错报会误导使用者,以至于财务报表的编制不符合适用的会计准则和相关会计制度的规定,未能从整体上公允反映被审计单位的财务状况、经营成果和现金流量时,注册会计师才出具否定意见的审计报告。

否定意见审计报告的参考格式如下。

审 计 报 告

ABC股份有限公司全体股东:

我们审计了后附的ABC股份有限公司(以下简称ABC公司)财务报表,包括20××年12月31日的资产负债表,20××年度的利润表、股东权益变动表和现金流量表,以及财务报表附注。

一、管理层对财务报表的责任

按照《企业会计准则》和《××会计制度》的规定编制财务报表是ABC公司管理层的责任。这种责任包括:设计、实施和维护与财务报表编制相关的内部控制,以使财务报表不存在由于舞弊或错误而导致的重大错报;选择和运用恰当的会计政策;作出合理的会计估计。

二、注册会计师的责任

我们的责任是在实施审计工作的基础上对财务报表发表审计意见。我们按照中国注册会计师审计准则的规定执行了审计工作。中国注册会计师审计准则要求我们遵守职业道德规范,计划和实施审计工作以对财务报表是否不存在重大错报获取合理保证。

审计工作涉及实施审计程序,以获取有关财务报表金额和披露的审计证据。选择的审计程序取决于注册会计师的判断,包括对由于舞弊或错误导致的财务报表重大错报风险的评估。在进行风险评估时,我们考虑与财务报表编制相关的内部控制,以设计恰当的审计程序,但目的并非对内部控制的有效性发表意见。审计工作还包括评价管理层选用会计政策的恰当性和作出会计估计的合理性,以及评价财务报表的总体列报。

我们相信,我们获取的审计证据是充分、适当的,为发表审计意见提供了基础。

三、导致否定意见的事项

如财务报表附注××所述,ABC 公司的长期股权投资未按照《企业会计准则》的规定采用权益法核算。如果按权益法核算,ABC 公司的长期投资账面价值将减少××万元,净利润将减少××万元,从而导致 ABC 公司由赢利××万元变为亏损××万元。

四、审计意见

我们认为,由于受到前段所述事项的重大影响,ABC 公司财务报表没有按照《企业会计准则》和《××会计制度》的规定编制,未能在所有重大方面公允反映 ABC 公司 20××年 12 月 31 日的财务状况,以及 20××年度的经营成果和现金流量。

××会计师事务所　　　　　　　　　　　　　　中国注册会计师:×××
（盖章）　　　　　　　　　　　　　　　　　　　　　（签名并盖章）
中国××市　　　　　　　　　　　　　　　　　中国注册会计师:×××
　　　　　　　　　　　　　　　　　　　　　　　　（签名并盖章）
　　　　　　　　　　　　　　　　　　　　　　二〇××年×月×日

（3）无法表示意见的审计报告

如果审计范围受到限制可能产生的影响非常重大和广泛,不能获取充分、适当的审计证据,以至于无法对财务报表发表审计意见时,注册会计师应当出具无法表示意见的审计报告。

当出具无法表示意见的审计报告时,注册会计师应当删除注册会计师的责任段,并在审计意见段中使用"由于审计范围受到限制可能产生的影响非常重大和广泛""我们无法对上述财务报表发表意见"等术语。

只有当审计范围受到限制可能产生的影响非常重大和广泛,不能获取充分、适当的审计证据,以至于无法确定财务报表的合法性与公允性时,注册会计师才应当出具无法表示意见的审计报告。

无法表示意见不同于否定意见,它通常仅仅适用于注册会计师不能获取充分、适当的审计证据。如果注册会计师发表否定意见,必须获得充分、适当的审计证据。无论是无法表示意见还是否定意见,都只有在非常严重的情形下采用。

无法表示意见的审计报告列示如下。

实例 8-7

审计报告

勤信审字〔2010〕第 1036 号

广夏（银川）实业股份有限公司全体股东:

我们接受委托,审计后附的广夏（银川）实业股份有限公司（以下简称广夏实业公司）财务报表,包括 2009 年 12 月 31 日的资产负债表及合并资产负债表,2009 年度的利润表及合并利润表、现金流量表及合并现金流量表、所有者权益变动表及合并所有者权益变动表,以及财务报表附注。

一、管理层对财务报表的责任

按照《企业会计准则》的规定编制财务报表是广夏实业公司管理层的责任。这种责任包括:设计、实施和维护与财务报表编制相关的内部控制,以使财务报表不存在由于舞弊或错误而导致的重大错报;选择和运用恰当的会计政策;作出合理的会计估计。

二、导致无法表示意见的事项

（一）如财务报表附注十.1 所述,广夏实业公司经债务重组后仍资不抵债,主要经营性资产已被法院拍卖。我们尚未获取管理层针对广夏实业公司持续经营能力具体可行的改善措施,且截至审计报告日,广夏实业公司已被最大债权人申请破产重整,法院是否受理存在重大不确定性。因此,我们无法判断广夏实业公司继续按照持续经营假设编制的2009年度财务报表是否适当。

（二）我们无法实施必要的审计程序,以对广夏实业公司财务报表所反映的应收广夏（银川）贺兰山葡萄酿酒有限公司的款项人民币1.61亿元（详见财务报表附注十.②存在及可收回金额获取充分、适当的审计证据）。

（三）广夏实业公司未对2009年12月31日的价值为450.61万元存货进行盘点。我们无法实施存货监盘,也无法实施替代审计程序,以对期末存货的数量和状况获取充分、适当的审计证据。

三、审计意见

由于上述事项可能产生的影响非常重大和广泛,我们无法对广夏实业公司财务报表发表意见。

中勤万信会计师事务所有限公司　　　　　　　　　　中国注册会计师：王永新
中国北京　　　　　　　　　　　　　　　　　　　　中国注册会计师：刘汉军
　　　　　　　　　　　　　　　　　　　　　　　　报告日期：二〇一〇年四月十八日

技能训练

一、单项选择题

1. 在资产负债表日或以前已经存在,资产负债表日后得以证实并对按资产负债表日存在状况编制财务报表产生重大影响的事项是(　　)。
   A. 调整事项　　　B. 非调整事项　　　C. 或有事项　　　D. 强调事项
2. 标准审计报告是指(　　)的审计报告。
   A. 不带强调事项段的无保留意见　　　B. 带强调事项段的无保留意见
   C. 否定意见　　　　　　　　　　　　D. 无法表示意见
3. 如果注册会计师的审计范围受到了非常重大和广泛的限制,则应出具(　　)审计报告。
   A. 带强调事项段的无保留意见　　　　B. 保留意见
   C. 否定意见　　　　　　　　　　　　D. 无法表示意见
4. 下列(　　)是可用于否定意见的专业术语。
   A. 由于上述审计范围受到限制可能产生的影响非常重大和广泛
   B. 我们认为,×公司财务报表……
   C. 除了前段所述……可能产生的影响外
   D. 我们认为,由于受到前段所述事项的重大影响
5. 当被审计单位作出的会计估计不恰当但所涉及的金额不大,远远低于重要性水平时,注册会计师对该报表应出具审计报告的类型是(　　)。
   A. 无保留意见　　　　　　　　　　　B. 保留意见
   C. 否定意见　　　　　　　　　　　　D. 带强调事项段的无保留意见

二、多项选择题

1. 与试算平衡表有关的下列勾稽关系中,正确的有(　　)。
   A. 资产负债表试算平衡表左边的"账项调整"栏中的借方合计数与贷方合计数之差,应等于右边的"账项调整"栏中的贷方合计数与借方合计数之差
   B. 资产负债表试算平衡表左边的"重分类调整"栏中的借方合计数与贷方合计数之差,应等于右边的"重分类调整"栏中的贷方合计数与借方合计数之差
   C. 资产负债表试算平衡表中各项目"期末未审数"栏中的数额,应等于该公司提供的同期相应未经审计的资产、负债、所有者权益类会计科目的期末余额
   D. 资产负债表试算平衡表中"未分配利润"项目的"期末审定数"栏中的数额,应等于利润表试算平衡表中"未分配利润"项目的"审定金额"栏中的数额
2. 以下关于注册会计师对期后事项责任的表述中,正确的有(　　)。

A. 注册会计师应当实施必要的审计程序,获取充分、适当的审计证据,以确定截至审计报告日后发生的、需要在财务报表中调整或披露的事项是否均已得到识别
B. 在外勤审计工作完成后,注册会计师没有责任针对期后事项实施审计程序
C. 在审计报告日至财务报表公布日之间,获知可能影响财务报表的期后事项,注册会计师应当及时与被审计单位讨论,必要时实施适当的审计程序
D. 在财务报表公布后,注册会计师没有义务专门对财务报表进行查询

3. 下列项目中属调整事项的有( )。
A. 资产负债表日被审计单位会计人员认为可以收回的大额应收款项,因资产负债表日后债务人突然破产而无法收回
B. 被审计单位由于某种原因被起诉,法院于资产负债表日后作出判决,被审计单位应赔偿对方的损失
C. 资产负债表日后偶然性的大笔损失,如发生火灾
D. 资产负债表日后由于政府禁止继续销售某种产品所造成的存货市价下跌

4. 下列属于需要在财务报表上披露而非调整的事项是( )。
A. 资产负债表日后发生重大诉讼、仲裁、承诺
B. 资产负债表日后资产价格、税收政策、外汇汇率发生重大变化
C. 资产负债表日后因自然灾害导致资产发生重大损失
D. 资产负债表日后发生企业合并或处置子公司

5. 在财务报表公布日后获知审计报告日已经存在但尚未发现的期后事项,注册会计师可能采取的措施有( )。
A. 与被审计单位管理层讨论如何处理
B. 采取措施防止财务报表使用者信赖该审计报告
C. 提请管理层修改财务报表
D. 修改审计报告

三、判断题

1. 如果被审计单位不接受对期后事项调整或披露的建议,注册会计师应根据准则要求发表保留意见或否定意见。( )
2. 调整事项是指表明资产负债表日后发生情况的事项。( )
3. 审计报告日期是指审计报告撰写日。( )
4. 审计报告的日期不应早于注册会计师获取充分、适当的审计证据的日期。( )
5. 审计报告的收件人应该是被审计单位管理层。( )

四、操作题

1. 资料:注册会计师 LM 在审计 XK 股份有限公司 2015 年度财务报表时索取了资产负债表和利润表的资料,如表 8.17 和表 8.18 所示。

表8.17 资产负债表

会企 01 表

编制单位:XK 股份有限公司　　　2015 年 12 月 31 日　　　　　　　　　　　　元

资　产	期末余额	年初余额	负债和所有者权益(或股东权益)	期末余额	年初余额
流动资产:			流动负债:		
货币资金	1 015 128	1 306 311	短期借款	250 000	200 000
交易性金融资产		211 000	交易性金融负债		
应收票据	66 000	246 000	应付票据	100 000	200 000

（续表）

资　产	期末余额	年初余额	负债和所有者权益(或股东权益)	期末余额	年初余额
应收账款	1 124 680	34 9100	应付账款	1 453 800	1 152 011
预付款项	50 000	100 000	预收款项		
应收利息			应付职工薪酬	210 152	113 800
应收股利			应交税费	170 571	30 600
其他应收款	2 500	5 200	应付利息		1 200
存货	2 534 715	2 580 000	应付股利	32 215	
一年内到期的非流动资产			其他应付款	50 000	50 000
其他流动资产	50 000	50 000	一年内到期的非流动负债		
流动资产合计	4 843 023	4 847 611	其他流动负债		
非流动资产：			流动负债合计	2 266 738	1 747 611
可供出售金融资产					
持有至到期投资			非流动负债：		
长期应收款			长期借款	1 160 000	720 000
长期股权投资	250 000	250 000	应付债券		
投资性房地产			长期应付款		
固定资产	2 208 500	2 120 000	专项应付款		
在建工程	2 628 000	1 700 000	预计负债		
工程物资	300 000		递延所得税负债		
固定资产清理			其他非流动负债		
生产性生物资产			流动负债合计	1 160 000	720 000
油气资产			负债合计	3 426 738	2 467 611
无形资产	540 000	700 000	所有者权益(或股东权益)：		
开发支出			实收资本(或股本)	7 000 000	7 000 000
商誉			资本公积		
长期待摊费用			减：库存股		
递延所得税资产			盈余公积	124 771	100 000
其他非流动资产			未分配利润	218 014	50 000
非流动资产合计	5 926 550	4 770 000	所有者权益(或股东权益)合计	7 342 785	7 150 000
资产总计	10 769 523	9 617 611	负债和所有者权益(或股东权益)总计	10 769 523	9 617 611

表8.18 利润表

会企02表

编制单位：XK股份有限公司　　　　2015年　　　　　　　　　　　　　　　　元

项　目	本期金额	上期金额
一、营业收入	5 429 086	（略）
减：营业成本	4 137 099	
营业税金及附加	13 620	
销售费用	27 700	
管理费用	447 210	
财务费用	51 400	
资产减值损失	3 960	
加：公允价值变动收益（损失以"-"号填列）		
投资收益（损失以"-"号填列）	25 800	
其中：对联营企业和合营企业的投资收益		
二、营业利润（亏损以"-"号填列）	773 897	
加：营业外收入	58 000	
减：营业外支出	22 713	
其中：非流动资产处置损失		
三、利润总额（亏损总额以"-"号填列）	809 184	
减：所得税费用	202 296	
四、净利润（净亏损以"-"号填列）	606 888	
五、每股收益：		
（一）基本每股收益		
（二）稀释每股收益		

在审计过程中发现了以下问题，记录在审计工作底稿中。XK股份有限公司接受所有审计调整事项。（该公司坏账准备计提的比例为5%，所得税税率为25%，增值税税率为17%，城市建设维护税税率为7%，教育费附加为3%，盈余公积的计提比例为10%。）

（1）应收账款各明细账情况（见表8.19）（坏账准备账户余额为56 234元）。

表8.19 应收账款明细账

客户名称	账面余额/元
A	351 000
B	409 500
C	327 600
D	142 814
E	-50 000
合计	1 180 914

(2)多结转产品销售成本 356 000 元。

(3)多计提了 220 000 元计入管理费用的折旧费用。

(4)出售产品收入 100 000 元,挂在应付账款中,未做销售处理,增值税已记入相应账户。

要求:根据上述资料编制审计差异调整表和试算平衡表。

2. 安华会计师事务所接受委托对利达股份有限公司(以下简称利达公司)2015 年度财务报表进行审计,审计工作于 2016 年 3 月 1 日完成。注册会计师确定的报表的重要性水平为 150 万元。

安华会计师事务所的注册会计师在审计过程中发现该公司存在以下情况。

(1)2015 年 11 月 10 日,利达公司受到甲公司起诉。甲公司声称利达公司侵犯了该公司的软件版权,要求利达公司予以赔偿,赔偿金额为 50 万元。

利达公司在年末编制财务报表时,根据诉讼情况认为对甲公司的赔偿可能性达 50% 以上,最可能发生的赔偿金额为 30 万元。利达公司未进行账务处理,但是在财务报表附注中进行了适当披露。

(2)利达公司为 B 公司向银行借款 800 万元提供担保。2015 年 10 月,B 公司因经营严重亏损,进行破产清算,无力偿还已到期的该笔银行借款。银行因此向法院起诉,要求利达公司承担担保连带责任,支付借款本息 880 万元。考虑到 B 公司能以破产财产来清偿债务,利达公司未做账务处理。2016 年 3 月 13 日,法院终审判决银行胜诉,并于 3 月 25 日执行完毕。利达公司拒绝在 2015 年度财务报表中做出相应处理。

(3)利达公司持有 60 万股对 C 公司的股票作为交易性金融资产,2016 年 2 月 13 日该项股票投资价格大幅度下跌,已经由买入时的每股 1.5 元下跌至每股 0.9 元。对此,利达公司未进行账务处理。

(4)利达公司已经连续两年出现亏损,并且推迟支付已经到期的债务 800 万元。注册会计师通过评价管理层的具体改善措施,认为编制财务报表所依据的持续经营假设是合理的。对此,利达公司已经在财务报表附注中进行了适当披露。

(5)利达公司在 H 国有一家海外子公司,其财务报表由当地会计师事务所审计,审计后报表显示其净资产为 200 万元。安华会计师事务所的注册会计师无法对其他会计师事务所的工作进行复查。

要求:

(1)判断上述事项中哪些是期后事项,哪些是或有事项。对于发生于不同时段的期后事项,指出注册会计师应当承担的责任有何区别。

(2)如果不考虑重要性水平,请分别针对事项(1)、(2)、(3)指出注册会计师应如何处理。如果需要调整,请写出调整分录。

(3)如果利达公司拒绝接受上述审计调整或披露建议,指出注册会计师应分别对上述 5 种事项出具何种类型的审计报告。

参考文献

[1] 王青梅,刘淑琴.审计原理与实务[M].北京:中国商业出版社,2013.

[2] 中国注册会计师协会.审计[M].北京:经济科学出版社,2010.

[3] 赖秋萍.审计学原理与实务[M].四川:西南财经大学出版社,2015.

[4] 卢传锋.新编审计案例[M].北京:中国市场出版社,2014.

[5] 王英姿.审计学原理与实务[M].上海:上海财经大学出版社,2007.

[6] 秦荣生,卢春泉.审计学[M].北京:中国人民大学出版社,2008.

[7] 申建英,周炳伟.新编审计基础与实务[M].2版.北京:电子工业出版社,2013.

[8] 中国注册会计师协会.中国注册会计师执业准则(2006)[M].北京:经济科学出版社,2006.

[9] 注册会计师考试辅导教材研究组.注册会计师全国统一考试辅导教材[M].北京:清华大学出版社,2015

[10] 丁瑞玲,吴溪.审计学[M].北京:经济科学出版社,2015.

尊敬的老师：

　　您好。

　　请您认真、完全地填写以下表格的内容(务必填写每一项)，索取相关图书的教学资源。

教学资源索取表

书　　名			作 者 名	
姓　　名		所在学校		
职　　称		职　　务		讲授课程
联系方式 电话：		E-mail：		微信号：
地址(含邮编)				
贵校已购本教材的数量(本)				
所需教学资源				
系／院主任姓名				

　　　　　　　　系／院主任：_____（签字）

　　　　　　　　　　　　　　　（系／院办公室公章）

　　　　　　　　　　　　　　　20____年____月____日

注意：

① 本配套教学资源仅向购买了相关教材的学校老师免费提供。

② 请任课老师认真填写以上信息，并**请系／院加盖公章**，然后传真到(010)80115555转735253索取配套教学资源。也可将加盖公章的文件扫描后，发送到presshelp@126.com索取教学资源。

南京大学出版社
http://www.NjupCo.com